Estiba y trincaje
de mercancías en contenedor

Francisco Fernández Sasiaín

Con la colaboración de:

www.logisnet.com

Colección: Biblioteca de logística
Director: David Soler

Estiba y trincaje
de mercancías en contenedor
1.ª edición, 2014

© 2014, Francisco Fernández Sasiaín
© de esta edición, incluido el diseño de la
cubierta, ICG Marge, SL

Edita: Marge Books
Brutau, 160 - 08203 Sabadell (Barcelona)
Tel. 931 429 486 - marge@margebooks.com
www.margebooks.com

Gestión editorial: Hèctor Soler, Neus Piñol
Edición: Míriam López
Compaginación: Mercedes Lara
Impresión: Safekat, SL (Madrid)

Edición impresa: ISBN 978-84-15340-78-2
Edición digital: ISBN 978-84-15340-57-7
Depósito Legal: B-12761-2014

Procedencia de las ilustraciones:
La autoría de las fotografías e ilustraciones en
general corresponden al autor de esta obra, ex-
cepto las que se referencian a continuación:

Ángel Mir, 116a, 116b
Archivo FFS, 46, 60, 62, 66, 69, 70b, 70c, 84a,
110, 127, 129, 131, 133, 134, 136a, 136b,
137, 142b, 144, 205a, 220a, 222b, 240b,
241, 244, 247, 248c, 253b, 258a
Archivo Marge, 53, 111d, 150, 165, 200
Box Loader, 140
C.P. Sand Transport AS, 86b
Cargowiz, 209
China International Marine Containers
(CIMC), 44b, 139b,
CIMC Container, 87b
Cronos Group, 74a
Dunite rocks, 114b
Emirates SkyCargo, 48
Environmental Packaging Technologies, Inc.
(EPT), 71, 73
ETC, 122
GDV-Container Handbook, 243b
Hapag Lloyd, 225
Iceland Supply, 42
J.B. Costa, 240a
Jungheinrich AG, 110a
Locatelli, 111c
Maersk Line, 183
Mafi Transport-Systeme GmbH, 43b
Ministerio de Transportes y Comunicaciones de
Perú, 139c
Sard, 112b
Schmitz Cargobull, 139a
Tec Container, SA, 136c
United European Car Carriers, 43a
Vrontos, 112a
Waterplex, 72
Yale, 110b

 El papel empleado en este libro no ha sido blanqueado con cloro elemental (CI_2).

A Verónica, mi amor, mi compañera y mi amiga

*A mi familia, amigos y amigas; en especial
a M.ª Teresa y José, por su amor incondicional*

*A Teresa y Francisco, que, aunque ya no estén con nosotros,
siempre tendrán un lugar en mi corazón*

*A mis compañeras y compañeros de Progeco Vigo, SA,
y de la Asociación de Profesorado Asociado
de la Universidad de Vigo*

Nota del editor

El contenido de esta obra es fundamentalmente informativo y didáctico. En ningún caso se debe considerar sustitutivo o alternativo de las legislaciones y normativas sobre sujeción de cargas de ámbito nacional e internacional, que son las que siempre deben aplicarse para adoptar en cada caso las medidas apropiadas de seguridad en el transporte, con independencia de cualquier recomendación que se pueda dar en esta obra.

La editorial y el autor no garantizan la exactitud ni la veracidad de los datos contenidos en esta obra, ni ofrecen ningún tipo de garantía implícita ni explícita, ni asumen responsabilidad civil alguna sobre daños o perjuicios que puedan acaecer por el uso de dichos datos. Habida cuenta de que los cálculos técnicos expuestos se basan en directrices y recomendaciones de organizaciones internacionales, cualquier cálculo que el lector realice deberá ser cotejado con su fuente de origen, con independencia de lo indicado en la obra.

Si desea hacer llegar algún comentario al autor, puede hacerlo a través del web www.estibaytrincaje.net.

Índice

El autor 17
Prefacio 19
Introducción 21

Capítulo 1
Tipología de las mercancías 23

1 Mercancías según su presentación 23
    1.1 Carga general 24
    1.2 Carga a granel 26
    1.3 Carga rodada 28
    1.4 Carga seca 29
2 Mercancías de naturaleza especial 29
    2.1 Carga sobredimensionada 29
    2.2 Carga a temperatura controlada 30
    2.3 Mercancías peligrosas 32
    2.4 Otras mercancías 38

Capítulo 2
Las unidades de transporte de carga 39

1 Consideraciones previas a la estiba 39
2 Clasificación de las UTC según el modo de transporte principal 40

2.1 Transporte marítimo 41
2.2 Transporte terrestre 43
2.3 Transporte aéreo 47

Capítulo 3
Envase y embalaje 51

1 Envase. 51
2 Embalaje 52
   2.1 Identificación de la mercancía y marcado del embalaje 54
3 Criterios de selección del envase y el embalaje 57
4 Principales materiales de envase y embalaje 58
   4.1 Madera 58
   4.2 Papel y cartón 61
   4.3 Otros materiales de envase y embalaje 63
   4.4 Materiales auxiliares de embalaje 64
5 Los embalajes del transporte multimodal 66
   5.1 Palés 66
   5.2 Grandes recipientes para graneles 69
   5.3 Otros embalajes multimodales 70
   5.4 Embalajes específicos para contenedores 71
6 Seguro y embalaje 74

Capítulo 4
El contenedor de transporte 77

1 Origen del contenedor 78
2 Normalización del contenedor. 80
3 Tipología de los contenedores 82
   3.1 Contenedores para carga general 82
   3.2 Contenedores para graneles y cargas bajo control
       de temperatura 85
4 Características del contenedor 87
   4.1 Dimensiones 87
   4.2 Pesos 91
   4.3 Materiales y componentes 95

4.4 Resistencia estructural 97
5 Identificación, codificación y marcado. 98
  5.1 Identificación. 99
  5.2 Codificación 101
  5.3 Marcado 104

Capítulo 5
Medios de manipulación y transporte de mercancías y contenedores

. . . . 109

1 Medios de manipulación de mercancías para la estiba
en contenedor. 109
  1.1 Medios para la estiba en contenedores estándares. 113
  1.2 Medios para la estiba en contenedores abiertos 114
  1.3 Acceso de los medios de estiba a los contenedores 115
2 Medios de manipulación de contenedores. 117
  2.1 Manipulación de contenedores en depósito. 118
  2.2 Manipulación y transporte de contenedores en terminal 120
3 Medios de transporte de contenedores. 128
  3.1 El buque portacontenedores 128
  3.2 El semirremolque portacontenedores 138
  3.3 El vagón portacontenedores 140
4 Fuerzas en el transporte y coeficientes de aceleración 141
  4.1 Fuerzas que intervienen en el transporte 141
  4.2 Coeficientes de aceleración 146

Capítulo 6
Logística del contenedor

. . . . 157

1 Logística del contenedor en las operaciones de comercio internacional . 157
2 Operadores de tráfico de contenedores 161
3 Modalidades de carga e infraestructuras logísticas 163
  3.1 El depósito de contenedores 163
  3.2 La terminal de contenedores 164
4 Inspección de contenedores 166
  4.1 Criterio básico de inspección 168

4.2 Criterios legales de inspección   169
4.3 Criterios profesionales de inspección   170
5 Transporte marítimo de contenedores   176
5.1 Tráfico marítimo de contenedores   177
5.2 Logística del transporte marítimo de contenedores   180
6 Costos del transporte marítimo de contenedores   182
6.1 Costos previos al embarque.   184
6.2 Flete marítimo, recargos y descuentos   185
6.3 Costos posteriores al desembarque   186
6.4 Costos de demora y de paralización.   188
7 Legislación internacional del transporte marítimo de contenedores . . .   189
7.1 Contrato de compraventa internacional de mercancías   189
7.2 Contrato de transporte internacional de mercancías   190

Capítulo 7
Estiba de mercancías en contenedor   195

1 Conceptos clave para la estiba de mercancías en contenedor.   196
1.1 Ratios masa/volumen y volumen/masa   196
1.2 Factor de estiba.   197
1.3 Densidad de la mercancía.   198
1.4 Presión en los embalajes   199
2 Principios básicos de estiba de mercancías en contenedor   201
2.1 Principios de estiba relativos a la seguridad de la mercancía. . . .   201
2.2 Principios de estiba relativos a la seguridad de las personas   203
2.3 Principios de estiba relativos a la seguridad del transporte.   206
3 Cálculo de la capacidad del contenedor y optimización de la carga . . .   208
3.1 Estiba de bidones.   209
3.2 Estiba de palés   212
4 Cargas concentradas en contenedor   217
4.1 Resistencia transversal del contenedor   218
4.2 Resistencia longitudinal del contenedor   219
4.3 Cálculo de vigas longitudinales de madera para el apoyo
de cargas concentradas rígidas   220
5 Factores ambientales y estiba de mercancías en contenedor   222
5.1 Factores ambientales en contenedores estándares   222
5.2 Factores ambientales en contenedores frigoríficos.   224

Capítulo 8
Trincaje de mercancías en contenedor 231

1 Técnicas de trincaje 231
2 Materiales de trincaje 233
  2.1 Coeficientes de seguridad de los materiales de trincaje 233
  2.2 Materiales de amarre 236
  2.3 Materiales de bloqueo 254
3 Fuerza de rozamiento 260
4 Cálculos de trincaje según el Código CTU de 1997 263
  4.1 Amarre por encima 263
  4.2 Amarre en bucle 270
  4.3 Amarre de tirantes 271
  4.4 Amarre directo 274
  4.5 Resumen de los cálculos de trincaje según el Código CTU de 1997 279
5 Novedades en los cálculos de trincaje según el Código CTU de 2014 . . 281
  5.1 Bloqueo con bolsas hinchables 281
  5.2 Amarre por encima 282
  5.3 Amarre en bucle 284
  5.4 Amarre directo y de tirantes 285
  5.5 Otras novedades 285
  5.6 Resumen de las novedades en los cálculos de trincaje
     según el Código CTU de 2014 286
6 Cálculo del número de amarres necesarios 286
  6.1 Cálculo del número de amarres necesarios para sujetar una única
     unidad de carga 286
  6.2 Cálculo del número de amarres necesarios para sujetar múltiples
     unidades de carga estibadas en varias filas y apiladas en diversas capas 286
7 Conclusiones 288

Capítulo 9
Casos prácticos 291

1 Estiba y trincaje de cajas en un contenedor estándar para transporte
  combinado por carretera y marítimo en zona C 291
2 Estiba y trincaje de tres cajones en un contenedor de techo abierto
  de 40′ para transporte multimodal por carretera y marítimo en zona C . . 297

3 Carga de un bloque de granito en un contenedor estándar de 20'
   para transporte unimodal marítimo en zona C.   305
4 Estiba y trincaje de dos cajones en un contenedor plataforma
   de 40' para transporte combinado por carretera, ferroviario
   y marítimo en zona C   309
5 Trincaje de dos máquinas elevadoras en un contenedor plataforma
   de 40' para transporte unimodal marítimo en zona C   315
6 Estiba de una máquina perforadora en un contenedor plataforma de 40'   317

Bibliografía.   319
Webs de interés   321

El autor

Francisco Fernández Sasiaín es ingeniero industrial, en la especialidad de organización industrial, por la Escuela Técnica Superior de Ingeniería Industrial (ETSII) de la Universidad de Vigo (Galicia, España), y ha completado su formación con diversos cursos superiores de especialización: logística por la ETSII, comisario de averías por el Colegio de Oficiales de la Marina Mercante Española (COMME) y prevención de riesgos laborales en las especialidades de seguridad, higiene y psicosociología y ergonomía, entre otros.

Su carrera profesional se ha desarrollado en dos áreas: la docencia y el transporte de contenedores de carga.

En la actualidad colabora como docente en la Universidad de Vigo, donde imparte materias relacionadas con la ingeniería del transporte, el comercio internacional, la logística internacional y la organización de empresas. Participa, entre otros, como conferenciante en los siguientes másteres:

- Máster en Comercio Internacional de la Escuela Universitaria de Estudios Empresariales de la Universidad de Vigo.
- Máster en Dirección y Gestión de la Logística y la Cadena de Suministro del Grupo de Ingeniería de Organización de la Universidad de Vigo.

Cuenta con veinte años de experiencia en el transporte de contenedores y trabaja desde hace doce como director de operaciones en una empresa auxiliar de transporte marítimo en el puerto de Vigo.

Más información disponible en el web www.estibaytrincaje.net.

Prefacio

A mediados de la década de 1990, tras finalizar mis estudios de ingeniería industrial y después de haber desarrollado mi labor profesional durante casi dos años en el campo de la docencia, me incorporé al sector del transporte marítimo de contenedores. Si bien he trabajado de manera directa (como director o jefe de departamento) e indirecta (relaciones interdepartamentales, entre empresas de un mismo grupo o entre empresas clientes y proveedoras) en prácticamente todos los eslabones del transporte de contenedores –empresas exportadoras, importadoras, de transporte de contenedores por carretera, navieras y agencias consignatarias de buques portacontenedores, terminales y depósitos de contenedores, almacenes de consolidación y desconsolidación de cargas completas y grupaje, etc.–, durante mi trayectoria profesional he mantenido una tendencia a la especialización en los procedimientos de estiba y trincaje de mercancías en contenedor.

Entre los problemas más significativos a los que tuve que hacer frente al incorporarme al sector del transporte en contenedor figuraba el alto índice de siniestralidad de las mercancías, de los contenedores y de los medios de transporte, principalmente causado –a mi juicio, y entre otros motivos– por la falta de información sobre cómo debía estibarse y sujetarse la mercancía en el contenedor. Pude comprobar entonces que muy pocas compañías navieras facilitaban orientación en este aspecto a las empresas clientes, y que la mayoría se limitaban a imputar responsabilidades a estas últimas (empresas cargadoras o exportadoras) cuando los daños por mala estiba o sujeción de la mercancía eran un hecho consumado, sin que se hubiese ejercido ningún tipo de acción preventiva. Una carencia que se reflejaba en la escasa documentación en español sobre dichos temas, ya que los pocos libros, manuales o recomendaciones al respecto estaban editados en inglés o en alemán.

Más de dos décadas después, sobre la base de una amplia trayectoria profesional en este campo consolidada con un enriquecedor trabajo de formación continua, la presente obra ve la luz con el objetivo de que cualquier actor de la cadena logística del transporte de contenedores –empresas exportadoras, importadoras, transitarias, agencias consignatarias, gestoras de terminales o depósitos, etc.– adquiera los conocimientos suficientes para estimar capacidades de carga y estibar y trincar correctamente mercancías en contenedor, tras determinar la configuración óptima de carga y la sujeción adecuada para que no sufran daños durante el transporte. Un objetivo que apunta asimismo a la concienciación de la importancia de la correcta estiba y sujeción de las mercancías y que se verá cumplido si con este libro se logra prevenir, cuando menos, un siniestro.

Introducción

La presente obra trata sobre la estiba y el trincaje de mercancías en contenedor, procedimientos desarrollados progresivamente a lo largo de diversos capítulos que permiten afianzar conceptos fundamentales relativos a la tipología de las mercancías, las unidades de transporte de carga, los envases y los embalajes, el contenedor de transporte, los medios de manipulación y transporte de mercancías y contenedores y la logística del contenedor.

La estiba consiste en la adecuada distribución y colocación de la carga en una unidad de transporte de carga (UTC) o en un medio de transporte. A fin de distinguirla de la estiba de la UTC (en este caso, el contenedor) a bordo de un medio de transporte (por ejemplo, un buque portacontenedores), la estiba de mercancía en el interior de la UTC se conoce también como *consolidación*.

El trincaje o sujeción se efectúa mediante la colocación de dispositivos de amarre o bloqueo que impiden que la carga se desplace durante el transporte. Siguiendo con el ejemplo anterior, se puede considerar trincaje tanto la sujeción de la mercancía en el interior del contenedor como la fijación del contenedor a bordo del buque.

La exposición de los conceptos básicos necesarios para llevar a cabo estos procedimientos constituye la parte descriptiva de la obra, que abarca los capítulos 1 a 6. Los capítulos 7 y 8, más técnicos, tratan sobre la estiba y el trincaje de las mercancías en contenedor, respectivamente, y el capítulo 9 ilustra mediante diversos casos prácticos los razonamientos desarrollados a lo largo de todo el libro.

Aunque en la obra se describen las diferentes tipologías de mercancías y todos los modos de transporte, su contenido, enmarcado en la normativa y las recomendaciones de organismos internacionales como la Organización Marítima Internacional, la Organización Internacional del Trabajo y la Organización de las Naciones Unidas, se inscribe en la estiba y el trincaje de carga general en el ámbito del transporte internacional marítimo y terrestre.

Si bien la mayor parte del libro hace referencia a los contenedores marítimos o de transporte, considerados las UTC por excelencia del transporte intermodal al ser aptos para los modos por carretera, ferroviario y marítimo, los conceptos expuestos son válidos para otro tipo de contenedores como las cajas móviles, los contenedores para suministro en alta mar, los semirremolques embarcados en buques de transbordo rodado, etc.

La obra ha sido concebida como una herramienta para optimizar la estiba y practicar un trincaje adecuado que permita prevenir siniestros en el transporte de mercancías contenerizadas, con el consiguiente ahorro de costos en el flete unitario de mercancía –al optimizar la estiba y, por ende, la capacidad del contenedor– y en los eventuales gastos derivados de la reparación de los daños, deterioros, demoras, incumplimientos de plazo, etc.

Por todo ello, se ha procurado exponer los conceptos técnicos con la mayor sencillez posible, a partir de nociones básicas de física, con el deseo de que el lector no experto pueda poner en práctica la mayoría de los conceptos y las recomendaciones que se plasman en el libro, cuya aplicación se analiza en detalle en el capítulo de casos prácticos.

Por último, con este mismo objetivo, dado que la lengua más utilizada en el comercio y la logística internacionales es el inglés, se ha considerado oportuno indicar las equivalencias en este idioma de ciertos términos clave para facilitar la comunicación entre los diferentes actores que intervienen en la cadena de transporte internacional.

Capítulo 1

Tipología de las mercancías

La presentación y la naturaleza de las mercancías, el objeto esencial de las compraventas de materias primas y productos, determinan las condiciones, los modos y los medios en que se transportan desde la entidad vendedora hasta la compradora. De acuerdo con estos dos aspectos fundamentales, en este capítulo se describen los diferentes tipos de mercancías según su presentación para el transporte, así como aquellas cuyo tránsito, por su naturaleza especial, requiere unas condiciones específicas.

1 Mercancías según su presentación

En función de sus características físicas y de los medios que se emplean para transportarlas, las mercancías se definen como carga general, a granel, rodada o seca.

Diferencia entre *modos* y *medios* de transporte

- Se define como *modo de transporte* la forma en que la mercancía es transportada. Los modos de transporte son el terrestre (transporte ferroviario y transporte por carretera), el marítimo (por mares, océanos o vías navegables interiores), el aéreo y por tubería.
- Los *medios de transporte* son las herramientas o vehículos que permiten transportar la mercancía en los diferentes modos (por ejemplo, un buque en el modo marítimo, un vagón en el ferroviario, etc.).

1.1   Carga general

Son aquellas mercancías que, con independencia de su estado de agregación (sólido, líquido o gaseoso), se transportan como unidades individuales de carga y pueden contabilizarse por bultos (cajas, paquetes, barriles, atados, etc.). Por ejemplo, una caja de zapatos, una botella de vino, una plancha de acero o una bombona de gas.

Estas mercancías pueden manejarse por medios manuales (carga manual) o mecánicos (carretillas elevadoras, grúas con gancho, etc.) que permiten la manipulación individual de cada unidad de carga o bulto.[1]

En el transporte por carretera, la carga general puede transportarse en diferentes tipos de camiones, tanto en contenedores como en semirremolques; en el aéreo, directamente en las bodegas de carga de los aviones o bien en contenedores de carga aérea, y en el modo ferroviario, en distintos tipos de vagones y contenedores.

En el caso del transporte marítimo,[2] la carga general se transporta mediante:

– Contenedores a bordo de buques portacontenedores.
– Buques de carga general.
– Buques de transbordo rodado o ro-ro *(roll-on/roll-off)*.

La carga general puede transportarse embalada o sin embalar, y según su presentación se describe como carga fraccionada o carga unitizada.

1.1.1   Carga embalada y sin embalar

La carga general se suele transportar en embalajes cuya forma, capacidad y resistencia se ajustan a las características de la mercancía. No obstante, en ocasiones la carga se transporta sin ningún tipo de embalaje que la proteja, ya que sus características permiten un transporte seguro aun careciendo de él. Es el caso, por ejemplo, de un bloque de granito o de una plancha o un tubo de acero (véase la figura 1.1).

---

[1] Dado que esta obra tiene por objeto la estiba y la sujeción de mercancías en contenedor, los medios descritos en ella son los que permiten la manipulación y el transporte de la carga contenerizada. Los medios de manipulación y transporte de mercancías y contenedores se describen en el capítulo 5.

[2] En lo sucesivo, toda referencia al modo marítimo incluye tanto la navegación por mar como por vías navegables interiores (ríos, lagos y canales).

Carga contenerizada

Carga flejada

Figura 1.1. Descarga de tubos sueltos, sin embalar, de un contenedor marítimo (izquierda) y unitización de la carga mediante el atado de los tubos con flejes de poliéster (derecha).

1.1.2 Carga fraccionada y carga unitizada

Cuando la mercancía se presenta en bultos individuales como sacos, cajas, etc., se denomina *carga fraccionada* o *suelta*. Si dichos bultos se agrupan en unidades superiores de carga o embalaje, la carga se considera *unitizada* o *agrupada*.

En función del embalaje con el que se agrupe la carga, existen diversos tipos de carga unitizada, entre los que se encuentran los siguientes:

- **Carga paletizada**
  Consiste en agrupar varios bultos, como sacos o cajas, sobre un palé para manipular o almacenar la carga de manera conjunta.

- **Carga preeslingada**
  Consiste en abrazar varios bultos con eslingas[3] que permitan su elevación conjunta. Por ejemplo, un atado de barras de acero preeslingadas para estibarlas a bordo de un buque con una grúa con gancho.

---

[3] Una eslinga es un accesorio de elevación, de uno o varios ramales, cuyos extremos terminan en una gaza, una anilla o un gancho o bien están unidos y forman una eslinga sin fin. Hay eslingas de múltiples configuraciones y materiales (cable de acero, cadena de acero, poliéster, etc.).

- **Carga contenerizada**

  Se considera contenerizada aquella carga que agrupa varios bultos en un contenedor (véase la figura 1.1, izquierda).

- **Carga flejada**

  Es aquella que agrupa varios bultos mediante flejes para formar una sola unidad de carga (véase la figura 1.1, derecha).

Una misma mercancía puede pasar por diferentes fases de fraccionamiento o unitización durante su transporte. En el ejemplo de la figura 1.1 se parte de una carga fraccionada en origen, unitizada después en un contenedor para proceder a un transporte intermodal. Posteriormente, dicha mercancía es descargada en destino como carga suelta y se agrupa de nuevo en varias unidades mediante flejes para transportarlas en camión.

1.2   Carga a granel

La constituyen aquellas mercancías que se transportan en grandes cantidades y cuyo único recipiente es el propio medio de transporte (bodega de buque, vagón de ferrocarril, contenedor, cisterna, etc.).

La cantidad transportada se mide en unidades de masa o de volumen (por ejemplo, en toneladas o en metros cúbicos, respectivamente). La carga a granel puede ser sólida o líquida.

1.2.1   Graneles sólidos

Son graneles sólidos los granos de cereal, minerales como el carbón y la bauxita, el cemento, la astilla de madera, la sal, etc.

Estas mercancías se manipulan mediante cintas transportadoras, palas, grúas con cuchara, sistemas de caída por gravedad silo-tolva, transportadores de tornillo sin fin o helicoidales, transportadores neumáticos,[4] etc.

---

[4] Los transportadores neumáticos se denominan también *bombas neumáticas*. Aunque el término *bombeo* es aplicable técnicamente a la impulsión de fluidos (en general, líquidos y gases), determinados graneles sólidos adoptan, en ciertas condiciones, características similares a las de los fluidos. Por ejemplo, el cemento, al que se inyecta aire para fluidificarlo y después se bombea a los silos o las bodegas de los buques cementeros con bombas neumáticas de tornillo de tipo Fuller-Kinyon.

En el modo terrestre, por carretera y ferroviario, los graneles sólidos suelen transportarse en camiones o en vagones de tipo silo (cerrados) o bañera (abiertos, con o sin toldo), respectivamente. Para el transporte marítimo de grandes cantidades de graneles sólidos se utilizan los buques graneleros. El transporte de este tipo de carga en el modo aéreo no es una práctica habitual.

La carga contenerizada de graneles sólidos puede transportarse mediante:

- *Contenedores de uso específico* para graneles sólidos o contenedores graneleros (véase el capítulo 4).
- *Contenedores de uso general* con sistemas de embalaje específico o bolsas (véase el capítulo 3).

1.2.2 Graneles líquidos

Se consideran graneles líquidos el petróleo, los gases licuados del petróleo (GLP), productos químicos diversos en estado líquido, productos alimenticios como el aceite y el vino, etc. La estiba y desestiba de estas mercancías se lleva a cabo a través de tuberías mediante estaciones de bombeo.

En el transporte de graneles líquidos por carretera y ferrocarril se usan camiones y vagones cisterna, respectivamente. En el modo aéreo también existen aviones cisterna, normalmente para el suministro de combustible en vuelo o para el transporte de agua en los aviones contraincendios. Para el transporte marítimo de grandes cantidades de graneles líquidos se utilizan los buques tanque.

Una mercancía, distintos tipos de carga

Una misma mercancía puede considerarse carga general o a granel según el recipiente o el medio en que se transporta.

Por ejemplo, en el caso del vino y el aceite, ambos productos se consideran carga general si se envasan en botellas o bidones, respectivamente, pues se transportan como unidades individuales de carga y pueden contabilizarse por bultos.

En cambio, si se transportan en contenedores cisterna o en depósitos flexibles, se trata de graneles líquidos, y su único recipiente es el propio medio de transporte.

La carga contenerizada de graneles líquidos puede transportarse mediante:

- *Contenedores de uso específico* para graneles líquidos o contenedores cisterna (véase el capítulo 4).
- *Contenedores de uso general* con sistemas de embalaje específico o depósitos flexibles (véase el capítulo 3).

1.3   Carga rodada

Es aquella cuya estiba se efectúa haciendo rodar la unidad de carga, por sí misma o con ayuda de elementos auxiliares, hacia el medio de transporte. En general, estos medios son buques de transbordo rodado o ro-ro, que solo transportan mercancía, o buques ro-pax (transbordadores), que transportan mercancía y pasaje.

La carga rodada puede configurarse en:

- **Unidades de carga rodada autopropulsadas**
  La unidad de carga no necesita elementos auxiliares para ser estibada, como es el caso de un turismo o de una excavadora que se estiban a bordo de un buque ro-ro impulsados por su propio motor y conducidos por el personal estibador.

- **Unidades de carga rodada no autopropulsadas**
  La unidad de carga necesita elementos auxiliares para ser estibada a bordo, tales como una cabeza tractora, un semirremolque o una plataforma ro-ro (véase el capítulo 2). Por ejemplo, un semirremolque de carretera o una plataforma ro-ro que contengan mercancía necesitan ser arrastrados por una cabeza tractora hacia el interior del buque.

En contraposición con los buques ro-ro *(roll on/roll off)*, en que la carga se estiba y se desestiba haciéndola rodar mediante una rampa (carga horizontal), existen buques lo-lo *(lift-on/lift-off)* en que la estiba y desestiba se lleva a cabo por medio de grúas (carga vertical). En esta última categoría se encuentran los buques de carga general y los buques portacontenedores.

También existen buques ro-lo, en los que la cubierta se destina a la estiba de carga general o de contenedores por medio de grúas y las bodegas, al embarque de carga rodada mediante rampa.

1.4 Carga seca

La constituyen la carga general y los graneles sólidos aptos para el transporte en medios de uso no específico (bodegas de buque, contenedores de uso general, vagones, etc.) que no requieren equipos ni condiciones especiales de transporte, a diferencia de, por ejemplo, la carga a temperatura controlada.

2 Mercancías de naturaleza especial

Son aquellas mercancías que por su naturaleza requieren condiciones especiales para su manipulación, transporte y almacenamiento (equipos especiales, control de las condiciones ambientales, etc.). La cadena de suministro de este tipo de mercancías debe adecuarse a las legislaciones nacionales e internacionales que regulan el envase y el embalaje, la manipulación y el transporte de estas unidades de carga.

2.1 Carga sobredimensionada

Se consideran sobredimensionadas las mercancías cuya geometría, dimensiones o peso requieren unas condiciones especiales de manipulación o transporte.

Existen legislaciones nacionales específicas que limitan determinados parámetros en los medios de transporte, como ocurre con la longitud, la anchura, la altura y la masa máxima autorizada de los vehículos de carretera (véase el capítulo 2). En este caso, toda carga que supere los límites legales establecidos para el transporte en este modo necesita una autorización complementaria de circulación y se enmarca en el régimen de transporte especial.

La expresión *carga sobredimensionada (outsized cargo, oversized cargo* u *over--dimensional cargo* [ODC]) se refiere generalmente a aquellas mercancías cuyas dimensiones superan los límites establecidos, mientras que la carga que excede las restricciones de peso se conoce usualmente como *carga pesada* o *superpesada (heavy cargo* o *super heavy cargo).*

En el transporte contenerizado, las mercancías cuyas dimensiones se ajustan a las del contenedor se consideran carga no sobredimensionada *(in gauge* [IG]). Por su parte, la carga cuyas dimensiones son superiores a las del contenedor y requieren una estiba especial se definen como carga sobredimensionada *(out of gauge* [OOG]) (véase la figura 1.2).

Figura 1.2
Carga sobredimensionada cuyas medidas
exceden las dimensiones del contenedor.

2.2   Carga a temperatura controlada

La constituyen las mercancías cuya temperatura debe ser controlada durante la manipulación, el transporte y el almacenamiento para la correcta conservación de su calidad y sus propiedades.

Estas mercancías se clasifican básicamente en:

- **Mercancías refrigeradas**
  Se enfrían a la temperatura óptima de transporte o almacenamiento, siempre por encima de su punto de congelación. Es el caso del pescado fresco, las frutas, los lácteos, los medicamentos, etc., cuyas temperaturas de transporte varían según convenga (por ejemplo, los productos lácteos frescos deben mantenerse entre 0 y 6 °C).

- **Mercancías congeladas y ultracongeladas**
  Se enfrían a la temperatura óptima de transporte o almacenamiento, siempre por debajo de su punto de congelación, con el fin de preservar su integridad y sus cualidades. Se consideran ultracongelados los productos cuya temperatura es inferior o igual a −18 °C, como el pescado ultracongelado, los helados, etc.

- **Mercancías en caliente**
  Su temperatura debe ser elevada durante el transporte y almacenamiento, y por tanto deben calentarse en lugar de enfriarse. Por ejemplo, en el caso del alquitrán, que ha de ser transportado y almacenado a alrededor de 150 °C, o en el transporte de agua mineral en zonas en que la temperatura exterior es

inferior a 0 °C. En tales circunstancias es necesario aportar calor a la mercancía para evitar su congelación y su consiguiente deterioro.

La carga a temperatura controlada se transporta en contenedores térmicos, que pueden ser frigoríficos (aptos para el transporte de las mercancías refrigeradas, congeladas y ultracongeladas) o caloríficos (por ejemplo, para transportar alquitranes). Estos contenedores se describen en el capítulo 4.

2.2.1 Mercancías perecederas

Un tipo especial de carga a temperatura controlada lo conforman las mercancías perecederas, fundamentalmente alimentos frescos (carne, pescado, moluscos, lácteos, etc.), que deben ser consumidas a corto plazo y cuya vida útil, calidad y seguridad de consumo dependen del estricto control de la temperatura de transporte y de las condiciones de manipulación y almacenamiento.

La vida útil de estos productos limita la selección del modo de transporte, ya que en ningún caso el tiempo de tránsito puede ser superior al de vida útil de la mercancía. Por ejemplo, un producto que debe ser consumido entre cinco y siete días después de su fabricación no puede transportarse en modo marítimo con un tiempo de tránsito de treinta días, pues en estas circunstancias, una vez llegado a destino, no es apto para su comercialización y consumo. Por este motivo, los modos más empleados en el transporte de mercancías perecederas son, por orden de uso, el terrestre, el aéreo y el marítimo de corta distancia.

El transporte internacional de mercancías perecederas está regulado para el modo terrestre por el Acuerdo sobre transportes internacionales de mercancías perecederas y sobre vehículos especiales utilizados en esos transportes (ATP).[5] A escala nacional, cada país cuenta con una legislación específica que regula el transporte, el almacenamiento y la manipulación de estas mercancías. Generalmente, las empresas de transporte de alimentos deben estar inscritas en registros sanitarios públicos, y el personal encargado de manipular estas mercancías ha de acreditar su formación en dicho ámbito según lo establecido legalmente. Asimismo, se exige que los vehículos

---

[5] Aunque el acuerdo se limita al transporte terrestre, permite recorridos marítimos no superiores a 150 km siempre que el vehículo sea cargado a bordo de un buque sin que se produzca ningún tipo de manipulación de la carga. El texto completo del ATP (en inglés, francés y ruso) puede consultarse en el web de la Comisión Económica de las Naciones Unidas para Europa (Cepe) mediante el siguiente enlace: www.unece.org/trans/main/wp11/atp.html.

cumplan estrictas condiciones de fabricación, identificación e inspección, también reguladas por ley.

2.3   *Mercancías peligrosas*

Se consideran peligrosas aquellas mercancías que representan un riesgo para la salud, la seguridad o el medio ambiente, y que por sus características requieren un tratamiento especial para prevenir posibles daños materiales o personales.

Los reglamentos y convenios de mayor aplicación en el transporte internacional de mercancías peligrosas, basados en las recomendaciones de la Organización de las Naciones Unidas, son los siguientes:

- *Transporte marítimo.* Código Marítimo Internacional de Mercancías Peligrosas, conocido como Código IMDG (International Maritime Dangerous Goods Code) o como Código OMI (Organización Marítima Internacional).
- *Transporte por carretera.* Acuerdo europeo sobre transporte internacional de mercancías peligrosas por carretera[6] (ADR [Articles Dangereux de Route]).
- *Transporte ferroviario.* Reglamento relativo al transporte internacional de mercancías peligrosas por ferrocarril (RID [Règlement International sur les déchets Dangereux]).[7]
- *Transporte aéreo.* Instrucciones técnicas para el transporte sin riesgos de mercancías peligrosas por vía aérea de la Organización Internacional de Aviación Civil (Icao, por sus siglas en inglés), perteneciente a la Organización de las Naciones Unidas, y Reglas para el transporte de mercancías peligrosas de la Asociación Internacional de Transporte Aéreo (Iata, por sus siglas en inglés), conocidas como Iata DGR (Dangerous Goods Regulations).

Estos reglamentos y convenios, a pesar de referirse a modos de transporte distintos, tienen las siguientes características en común:

---

[6] A los estados de la Unión Europea, en los que es de aplicación este acuerdo, se suman algunos países asiáticos, como Rusia y Turquía, y africanos, como Marruecos y Túnez.

[7] Basado en las recomendaciones de las Naciones Unidas, el ADR y el RID, en el transporte ferroviario y por carretera del Mercado Común del Sur (Mercosur) es de aplicación el Acuerdo para la Facilitación del Transporte de Mercancías Peligrosas en el Mercosur, vigente, entre otros países, en Argentina, Brasil, Paraguay y Uruguay.

Clasificación de las mercancías peligrosas	
Clase 1	Explosivos
Clase 2	Gases
Clase 3	Líquidos inflamables
Clase 4	Sólidos inflamables
Clase 5	Sustancias comburentes y peróxidos orgánicos
Clase 6	Sustancias venenosas e infecciosas
Clase 7	Materiales radiactivos
Clase 8	Sustancias corrosivas
Clase 9	Sustancias y artículos peligrosos varios

Tabla 1.1. Clasificación de las mercancías peligrosas para todos los modos de transporte.

- **Clasificación de las mercancías peligrosas**
  Distingue nueve clases de mercancías peligrosas, aplicables por igual a todos los modos (véase la tabla 1.1), con algunas subclases.

- **Codificación numérica de las mercancías peligrosas**
  Asigna a cada mercancía un número de cuatro cifras, llamado *número ONU* o *UN*, que la identifica con carácter exclusivo.

- **Normativa de envase y embalaje**
  Permite preparar el transporte de cualquier mercancía peligrosa con plenas garantías de seguridad.

- **Normativa de segregación y estiba**
  Indica la ubicación de los productos peligrosos, las distancias o barreras que deben establecerse entre ellos, etc. (véase el apartado 2.3.2).

- **Normativa de los medios de transporte**
  Describe las características de los medios de transporte adecuados (cisternas, buques para transporte de gases licuados, etc.).

- **Normativa del etiquetado**
  Informa de la peligrosidad de la mercancía (véase la figura 1.3).

- **Documentación del transporte**

  Se refiere a los datos que deben incluirse en los documentos de transporte. Es especialmente relevante la declaración de mercancías peligrosas, en la que la empresa cargadora o expedidora indica tanto las principales características del producto como sus riesgos y el modo de prevenirlos, y en la que confirma que la mercancía ha sido adecuadamente preparada para su transporte.

- **Normativas específicas**

  Regulan la carga y descarga de las mercancías, el transporte de envases vacíos, etc.

El transporte de mercancías peligrosas requiere una certificación profesional, expedida en cada país por la autoridad competente (en ocasiones representada por el consejero de seguridad, figura acreditada oficialmente por el Estado), que habilita al personal técnico cualificado. Los demás actores implicados en las operaciones de manipulación y transporte de estas mercancías (operativa portuaria, conducción de vehículos, etc.) también deben estar capacitados profesionalmente de acuerdo con la legislación vigente.

Si bien la presente obra no tiene por objeto el transporte de estas mercancías de naturaleza especial, se exponen a continuación dos aspectos esenciales que, al afectar al transporte internacional de mercancías peligrosas en contenedor, conviene tener en cuenta en la estiba y la sujeción de este tipo de carga. Dado que en estos transportes el modo marítimo suele representar el tramo más significativo, dichas nociones fundamentales —relativas a la identificación de los contenedores y a la segregación de las mercancías peligrosas— se describen de acuerdo con el Código IMDG.

2.3.1   Identificación de los contenedores de mercancías peligrosas

Con vistas a su correcta identificación, los contenedores cargados con mercancías peligrosas deben exhibir en cada una de las paredes perimetrales exteriores (delantera o frontal, izquierda, derecha y puerta) una etiqueta normalizada de un tamaño mínimo de 250 × 250 mm que describa las propiedades de la mercancía (véanse las figuras 1.3 y 1.4). Si los contenedores transportan más de una mercancía peligrosa, debe indicarse cada uno de los peligros con las respectivas etiquetas. Asimismo, si a una misma mercancía se le atribuyen varias clases de peligro, es obligatorio colocar una etiqueta por cada uno de ellos.

Los medios de transporte terrestre suelen exhibir estas etiquetas en soportes diseñados al efecto en que el personal transportista coloca los paneles de identificación de

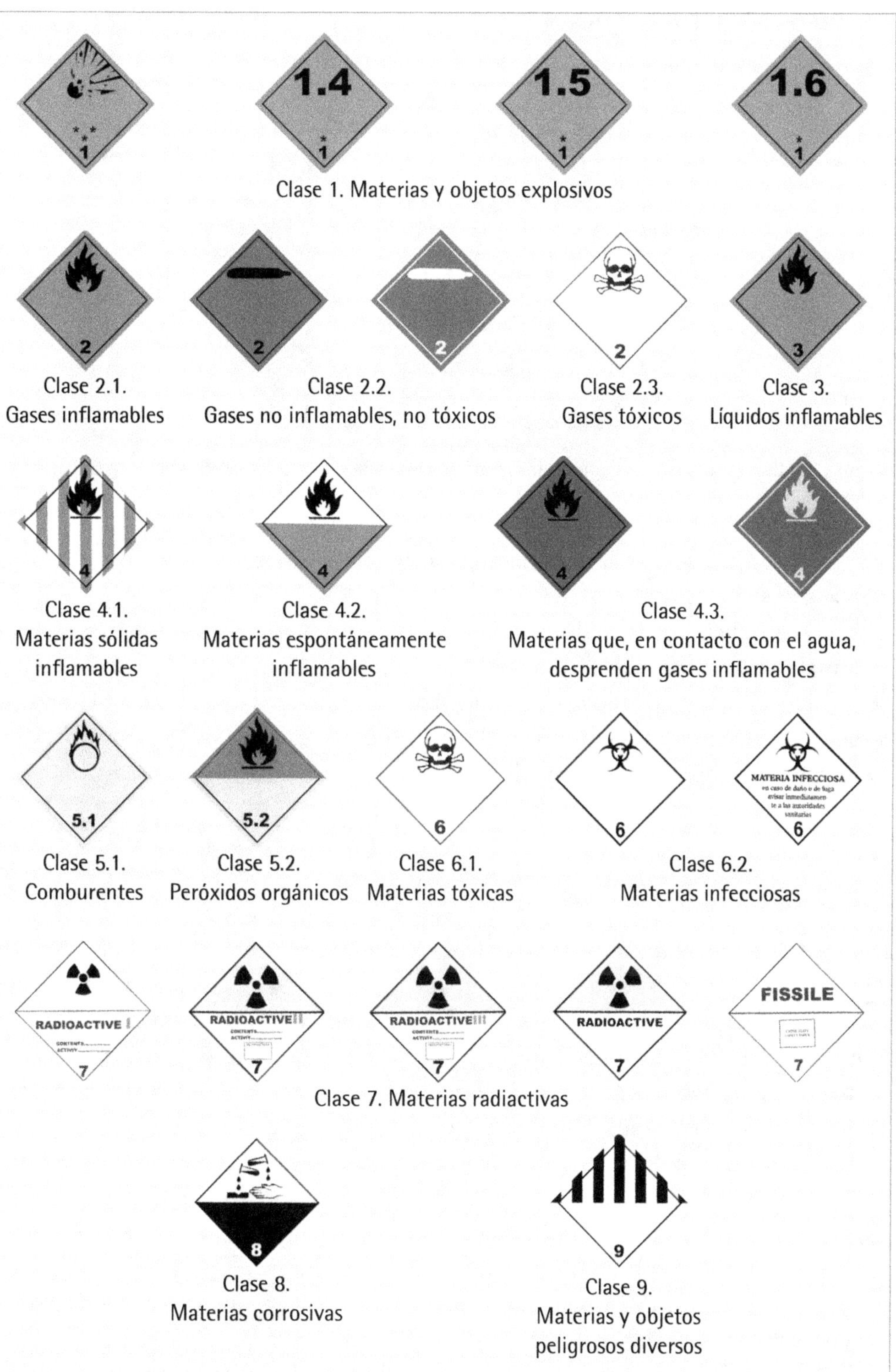

Figura 1.3. Etiquetas de identificación de las mercancías peligrosas.

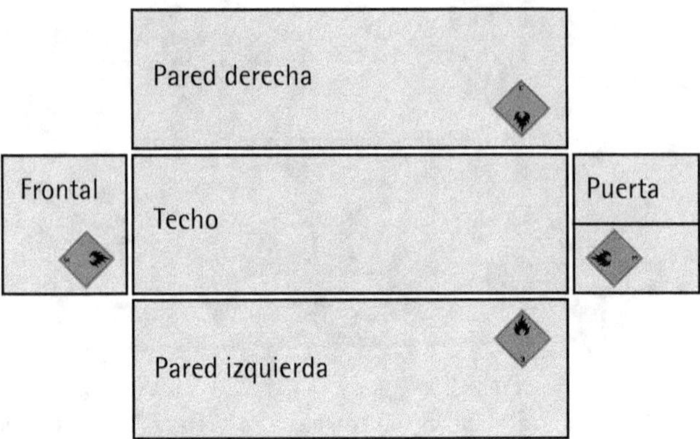

Figura 1.4. Colocación de las etiquetas de identificación de las mercancías peligrosas en el contenedor.

peligro. Estos paneles son intercambiables y se utilizan unos u otros en función de la mercancía peligrosa transportada.

En el caso de los contenedores, las etiquetas son adhesivas y se desechan una vez que finaliza el transporte y el contenedor queda vacío. La omisión de la señalización del contenedor, aun cuando la carga peligrosa se ha identificado correctamente en el interior, puede provocar demoras en el embarque, contratiempo frecuente por parte de las empresas cargadoras o expedidoras.

2.3.2 Segregación de las mercancías peligrosas

La estiba de las mercancías peligrosas debe tener especialmente en cuenta las normas de segregación, que responden a la naturaleza de cada una de las clases y señalan sus incompatibilidades (véase la tabla 1.2). De acuerdo con estas normas –aunque en este ejemplo es de sentido común–, en un mismo contenedor no deben estibarse juntos un explosivo y un líquido inflamable, pues en caso de siniestro la gravedad de los daños se vería manifiestamente incrementada.

Las mercancías peligrosas que deban segregarse no pueden ser estibadas en una misma unidad de transporte de carga (en este caso, el contenedor). Constituyen una excepción aquellas mercancías para las que se exija una segregación «a distancia de» (si se cuenta para ello con la aprobación de la autoridad competente), que se traduce en una segregación eficaz de manera que las mercancías incompatibles no puedan reaccionar entre ellas en caso de accidente. De este modo, dichas mercancías pueden estibarse en la misma unidad de transporte de carga siempre que se establezca una separación horizontal mínima de 3 m a cualquier altura del espacio de que se trate.

Segregación de las mercancías peligrosas		1.1 1.2 1.5	1.3	1.4	2.1	2.2	2.3	3	4.1	4.2	4.3	5.1	5.2	6.1	6.2	7	8	9
1.1, 1.2, 1.5	Explosivos	*	*	*	4	2	2	4	4	4	4	4	4	2	4	2	4	X
1.3	Explosivos	*	*	*	4	2	2	4	3	3	4	4	4	2	4	2	2	X
1.4	Explosivos	*	*	*	2	1	1	2	2	2	2	2	2	X	4	2	2	X
2.1	Gases inflamables	4	4	2	X	X	X	2	1	2	X	2	2	X	4	2	1	X
2.2	Gases no tóxicos, no inflamables	2	2	1	X	X	X	1	X	1	X	X	1	X	2	1	X	X
2.3	Gases venenosos	2	2	1	X	X	X	2	X	2	X	X	2	X	2	1	X	X
3	Líquidos inflamables	4	4	2	2	1	2	X	X	2	1	2	2	X	3	2	X	X
4.1	Sólidos inflamables	4	3	2	1	X	X	X	X	1	X	1	2	X	3	2	1	X
4.2	Sustancias que pueden experimentar combustión espontánea	4	3	2	2	1	2	2	1	X	1	2	2	1	3	2	1	X
4.3	Sustancias peligrosas en contacto con el agua	4	4	2	X	X	X	1	X	1	X	2	2	X	2	2	1	X
5.1	Sustancias comburentes	4	4	2	2	X	X	2	1	2	2	X	2	1	3	1	2	X
5.2	Peróxidos orgánicos	4	4	2	2	1	2	2	2	2	2	2	X	1	3	2	2	X
6.1	Sustancias venenosas	2	2	X	X	X	X	X	X	1	X	1	1	X	1	X	X	X
6.2	Sustancias infecciosas	4	4	4	4	2	2	3	3	3	2	3	3	1	X	3	3	X
7	Materiales radiactivos	2	2	2	2	1	1	2	2	2	2	1	2	X	3	X	2	X
8	Sustancias corrosivas	4	2	2	1	X	X	X	1	1	1	2	2	X	3	2	X	X
9	Sustancias y artículos peligrosos varios	X	X	X	X	X	X	X	X	X	X	X	X	X	X	X	X	X

1 «A distancia de.»
2 «Separado de.»
3 «Separado por todo un compartimento o toda una bodega de.»
4 «Separado longitudinalmente por todo un compartimento intermedio o toda una bodega intermedia de.»
X Deberá consultarse la lista de mercancías peligrosas para comprobar si se indican disposiciones específicas de segregación. De no haberlas, podrán viajar en un mismo contenedor.
* Véase el capítulo correspondiente para la segregación entre sustancias de la clase 1.

Tabla 1.2. **Segregación de las mercancías peligrosas según su clasificación.**

2.4   Otras mercancías

Existen otros tipos de mercancías de naturaleza especial cuyo transporte y manipulación requieren condiciones específicas:

- **Mercancías valiosas**
  Incluyen el oro, las joyas, las obras de arte, etc. Se transportan en vehículos blindados monitorizados por sistemas de posicionamiento global *(global positioning system* o GPS) y suelen viajar acompañadas por cuerpos de seguridad privados o públicos.

- **Animales vivos**
  Su transporte se regula mediante legislaciones específicas nacionales o regionales que velan por la protección de los animales. El transporte de las especies amenazadas de fauna y flora silvestres está regulado a escala internacional por la Convención sobre el Comercio Internacional de Especies Amenazadas de Fauna y Flora Silvestres (Cites, por sus siglas en inglés).[8]

- **Correo postal**
  Con independencia de las legislaciones nacionales de aplicación, el transporte del correo postal está regulado internacionalmente por el Convenio Postal Universal, promulgado por la Unión Postal Universal (UPU). Este convenio tiene por objeto incrementar las comunicaciones entre los pueblos por medio de un eficaz funcionamiento de este medio y contribuir a la colaboración internacional en los ámbitos cultural, social y económico.

----

[8] La Cites tiene por objeto preservar las especies amenazadas mediante la regulación de su comercio y la prohibición de la compraventa de especies en peligro de extinción. Para ello se procede a estrictos controles fronterizos en los que se exige la presentación de permisos oficiales. En 2014, esta convención ha sido suscrita por 180 países miembros. Puede obtenerse más información en el web de la Cites (www.cites.org).

Capítulo 2

Las unidades de transporte de carga

Una unidad de transporte de carga (UTC) es todo recipiente o medio usado para transportar la mercancía en condiciones adecuadas para conservar su integridad y garantizar la seguridad en el transporte. Son ejemplos de UTC los contenedores, las cajas móviles, los vehículos de carretera, los vagones de tren y cualquier otra unidad de transporte de similares características usada con esta finalidad.

La mayoría de las UTC son aptas para el transporte intermodal o combinado, definido como el movimiento de mercancías en una UTC que emplea sucesivamente dos o más modos de transporte sin que exista manipulación de la mercancía (ruptura de la carga) en los cambios de modo. Por este motivo, las unidades de transporte de carga se conocen también como *unidades de transporte intermodal* (UTI).

A escala mundial, los modos de transporte más utilizados por volumen de toneladas movidas son el marítimo y el transporte por carretera. En estos modos, las UTC –en la mayoría de los casos, contenedores y semirremolques– son cargadas y descargadas directamente por las empresas exportadoras e importadoras, mientras que en los modos ferroviario y aéreo la carga y descarga corresponde generalmente a operadores especializados, públicos o privados, sujetos a programas específicos de formación.

1 Consideraciones previas a la estiba

La correcta estiba de las mercancías en cualquier UTC requiere el planteamiento previo de tres cuestiones básicas:

- *¿Cuánta mercancía puede contener la UTC?* Este cálculo exige conocer las medidas interiores de la unidad de transporte.

- *¿Qué masa máxima de carga admite la UTC?* Es imprescindible disponer de la información relativa a la masa máxima admitida para la mercancía, la carga máxima lineal admitida, la resistencia del suelo (para distribuir correctamente el peso), etc.
- *¿Cómo se procede a la correcta sujeción de la mercancía en la UTC?* Para trincar adecuadamente la mercancía deben tenerse en cuenta el número de puntos de amarre y su resistencia, la resistencia de las paredes de la unidad de transporte (contra las que puede apuntalarse o bloquearse la carga) y demás cuestiones de tipo técnico.

Las respuestas se encuentran en las normativas que regulan la fabricación, el diseño, la clasificación, la inspección, etc., de las UTC, establecidas por los siguientes organismos:

- A escala internacional, la Organización Internacional para la Normalización (ISO, por sus siglas en inglés), que elabora las normas ISO. Esta organización cuenta con comités técnicos y sus correspondientes subcomités, que trabajan y desarrollan normativas para los diferentes tipos de UTC.[1]
- A escala nacional, cada país adapta la normativa internacional mediante un organismo encargado de la normalización que, además, establece normas de índole particular y actúa como representante de los intereses nacionales.

2   Clasificación de las UTC según el modo de transporte principal

En el transporte intermodal, el modo de transporte principal se considera aquel que representa el mayor porcentaje sobre la distancia recorrida desde el punto de origen hasta el de destino.

Con todo, la intermodalidad dificulta a menudo la adscripción de la UTC a un modo de transporte principal. Tómese como ejemplo un vehículo de carretera que se desplaza 50 km desde el punto de origen hasta el puerto de embarque, que navega después en un buque de transbordo rodado 1000 millas náuticas[2] hasta el puerto de desembarque y que, finalmente, recorre 100 km por carretera hasta el punto de destino. En este caso, el modo de transporte principal es el marítimo. En

---

[1] Existen normas de ámbito supranacional que complementan las internacionales. Por ejemplo, el Comité Europeo de Normalización (CEN), encargado de elaborar las normas EN y las especificaciones técnicas (www.cen.eu); la Asociación Mercosur de Normalización (AMN) (www.amn.org.br), y el Instituto Nacional de Normalización Estadounidense (American National Standards Institute [Ansi]) (www.ansi.org).

[2] Una milla náutica equivale a 1852 m.

cambio, si el mismo vehículo recorre 1000 km por carretera, cruza un estrecho de 10 millas náuticas en un transbordador y se desplaza por carretera otros 500 km hasta destino, el modo principal de transporte es el terrestre.

En consecuencia, para facilitar la clasificación de las UTC, en aquellos casos en que se le pueden asignar diferentes modos de transporte principal el criterio empleado es el de frecuencia. Así pues, siguiendo con el ejemplo expuesto, se considera que el modo de transporte principal de un vehículo de carretera es el terrestre.

2.1 Transporte marítimo

Las UTC cuyo modo de transporte principal es el marítimo son tres: los contenedores de transporte o marítimos, los contenedores para suministro en alta mar y las plataformas de transbordo rodado.

2.1.1 Contenedores de transporte o marítimos

El contenedor *(freight container* o *shipping container)* es la UTC por excelencia del transporte intermodal. Sus características técnicas lo hacen apto para el transporte por carretera, ferroviario y marítimo,[3] hecho que lo convierte en la UTC más empleada en todo el mundo.

La construcción y el transporte de los contenedores se rigen por normas internacionales, motivo por el cual esta UTC se conoce también como *contenedor ISO.* Dado que el contenedor constituye el eje central de este libro, la información relativa a la regulación, la tipología, las dimensiones, las capacidades, etc., de esta unidad de transporte se expone en un capítulo aparte (véase el capítulo 4).

2.1.2 Contenedores para suministro en alta mar

Los contenedores para suministro en alta mar *(offshore containers)* se utilizan para suministrar a las plataformas petrolíferas o a determinados tipos de buque que operan en alta mar durante largos periodos (por ejemplo, los buques cableros, los buques de

---

[3] De manera excepcional, el contenedor de transporte se ha llegado a embarcar en aviones de carga de tipo Antónov, conocidos por su gran tamaño.

Figura 2.1
Contenedores para suministro en alta mar
(offshore) de 6', 8' y otras medidas.

prospección petrolífera, etc.) las materias primas, equipos y herramientas necesarios para el desarrollo de su actividad industrial, así como para cubrir las necesidades de su tripulación (alimentos, ropa, etc.). La mayoría de los contenedores para suministro en alta mar son para carga general, pero también hay contenedores cisterna y para el transporte a temperatura controlada.

Estos contenedores se encuentran depositados en los almacenes de suministro de los buques y las plataformas petrolíferas. Lo habitual es transportarlos al puerto de embarque en camión y embarcarlos allí en el buque de suministro (véase la figura 2.1). Respecto a su manipulación, suelen presentarse preeslingados para que puedan izarse con grúa, si bien muchos de ellos también cuentan con un túnel de horquillas que permite moverlos mediante carretillas elevadoras.

Existen contenedores para suministro en alta mar cuyas características constructivas están reguladas por las mismas normas que los contenedores de transporte intermodal (ISO). Este es el caso de uno de los contenedores *offshore* más utilizados, de 10 × 8', con alturas de 8 y 8.5',[4] que tiene una masa máxima autorizada de 10 160 kg.

2.1.3 Plataformas de transbordo rodado o ro-ro

Las plataformas ro-ro *(roll-on/roll-off)*, conocidas internacionalmente como *roll-trailers* o *mafi* (nombre derivado del de la empresa fabricante más representativa), son UTC

----

[4] El pie *(foot* [ft], también expresado con un índice [']) y la pulgada *(inch* [in], también expresada con dos índices [″]) son unidades de medida del sistema anglosajón de unidades, conocido como *sistema imperial.* 1 ft = 304.8 mm; 1 in = 25.4 mm; por tanto, 1 ft = 12 in.

empleadas para embarcar mercancías a bordo de buques de transbordo rodado o ro-ro y transbordadores.

Estas UTC consisten en una plataforma de acero, similar a la de los contenedores plataforma,[5] dotada de ruedas en uno de los extremos que se traslada desde el muelle hasta el interior de los buques ro-ro mediante cabezas tractoras *(tug master o ro-ro tractor)* (véase la figura 2.2). Pese a que estas plataformas pueden describirse como unimodales al constituir un soporte para el transporte en buques ro-ro, se considera que el hecho de que puedan circular por los viales o carreteras interiores de los puertos las dota de intermodalidad.

Las longitudes más habituales de las plataformas ro-ro son 20, 40 y 60′, con una anchura de 2.50 m y con capacidades de carga de 40 a 120 t.

2.2 Transporte terrestre

El transporte terrestre es el modo de transporte principal de las cajas móviles, los vehículos de carretera y los vagones de ferrocarril.

Figura 2.2. Plataforma de transbordo rodado con cabeza tractora (derecha) y desembarque de la UTC de un buque ro-ro (izquierda).

---

[5] La tipología de los contenedores se describe en el apartado 3 del capítulo 4.

2.2.1 Cajas móviles

Las cajas móviles son UTC concebidas principalmente para el transporte por carretera y ferroviario. También pueden transportarse a bordo de buques ro-ro o de transbordadores, pero para ello se requiere otra UTC como soporte del transporte para poder cargarlas a bordo (por ejemplo, un vehículo de carretera o una plataforma ro-ro).

Algunas cajas móviles comparten apariencia externa con los contenedores de transporte e incluso cuentan con los mismos dispositivos de manipulación (cantoneras),[6] pero la mayoría de estas UTC carecen de ellos y se elevan por la base mediante pinzas de anclaje. Aunque su diseño original, destinado al transporte terrestre, no contemplaba la capacidad de apilamiento, en la actualidad se fabrican modelos apilables (véase la figura 2.3).

La anchura de las cajas móviles suele medir 2.50 o 2.55 m, y puede llegar a 2.60 m en las cajas móviles térmicas. En cuanto a su longitud, se dividen en tres categorías (A, B y C) con varias medidas, la más frecuente de las cuales es la C, de 7.45 m (véase la figura 2.3, derecha).

| Caja móvil de clase B (30′) | Caja móvil de clase C, apilable (7.45 m) |

Figura 2.3. Diferentes tipos de cajas móviles.

---

[6] Las cantoneras son el conjunto de aberturas y caras situadas en las esquinas superiores e inferiores del contenedor con vistas a su manipulación, apilamiento y sujeción a otras unidades de carga o al medio de transporte.

2.2.2 Vehículos de carretera

Un vehículo de carretera está constituido por un sistema de propulsión y un chasis que soporta la estructura o caja que alberga la mercancía. Ambos pueden formar un cuerpo único, como en el caso de una furgoneta o de un camión rígido, o varios cuerpos, como una cabeza tractora o un camión rígido que arrastra un semirremolque (vehículos articulados y trenes de carretera) (véase la figura 2.4).

Los vehículos de carretera son intermodales, ya que pueden embarcarse en buques ro-ro y transbordadores. También pueden ser cargados en vagones de ferrocarril, como sucede en el túnel bajo el canal de la Mancha (Eurotunnel).

La normativa de construcción, circulación y transporte de los vehículos de carretera varía sustancialmente de unos países a otros respecto a la longitud, la anchura, la altura y la masa máxima autorizada[7] (MMA) de estas UTC, entre otros aspectos.[8]

Al planificar la estiba y la sujeción de las mercancías en los vehículos de carretera es imprescindible conocer las características de la resistencia estructural de estas UTC. En este sentido, es necesario tener muy presente la resistencia de las paredes (delantera o frontal, laterales y trasera), que según las normativas se establece en un porcentaje sobre la masa máxima admitida para la mercancía en cada una de las paredes, con ciertos límites, en función del tipo de caja. Otro aspecto de gran importancia es el número y la resistencia de los puntos de trincaje con los que cuenta el vehículo, que básicamente se calculan según su MMA.

En cuanto a los vehículos de carretera que deben embarcar en buques ro-ro o transbordadores, han de disponer de anillas exteriores de trincaje, de acuerdo con las normas ISO 9367-1 e ISO 9367-2 y en función de su MMA.

---

[7] La masa máxima autorizada o masa bruta del vehículo es la masa máxima permitida que puede transportar, incluido el pasaje autorizado (personal conductor y acompañante), el chasis, el motor, el combustible y la carga.

[8] Por ejemplo, un vehículo articulado (tráiler) constituido por una cabeza tractora de tres ejes y un semirremolque portacontenedores de tres ejes que transporta un contenedor cuenta en España con una masa máxima autorizada de 44 t, mientras que en Perú la legislación permite 48 t (véase el apartado 4.2 del capítulo 4). En este caso, la anchura y la altura máximas autorizadas en Perú son 2.60 y 4.60 m, respectivamente; en España, en cambio, los límites generales se establecen en 2.55 y 4.50 m. En cuanto a la longitud máxima, en Perú se permiten hasta 20.50 m, mientras que en España se limita a 16.50 m.

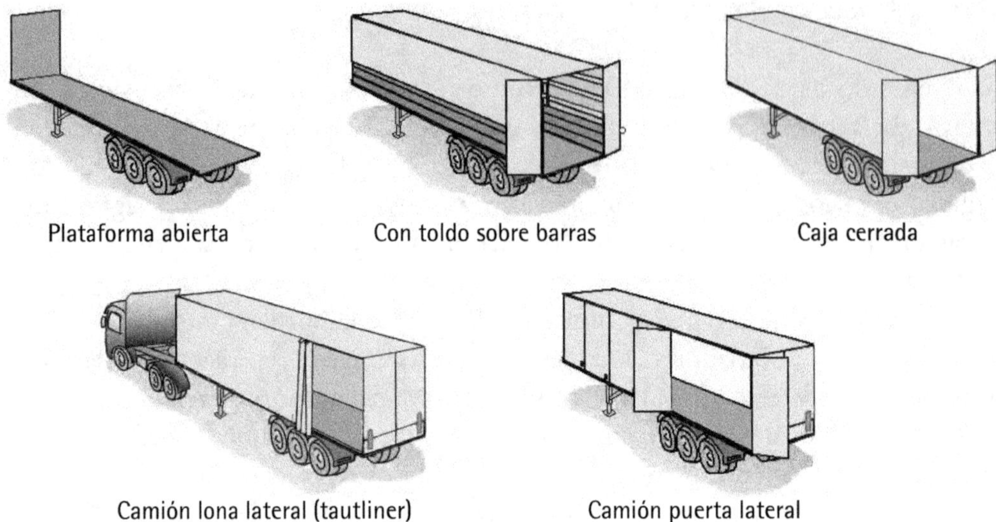

Figura 2.4. Diferentes tipos de semirremolques[9] que, acoplados a una cabeza tractora, constituyen un vehículo articulado o tráiler.

2.2.3 Vagones de ferrocarril

Los vagones de ferrocarril, además de servir para el transporte de contenedores, cajas móviles y vehículos de carretera, constituyen por sí mismos una UTC intermodal ya que pueden embarcarse en transbordadores ferroviarios. La capacidad de carga de estas unidades de transporte es de unas treinta toneladas para vagones de dos ejes y de sesenta toneladas o más para vagones de cuatro o más ejes.

La construcción y el transporte de los vagones de ferrocarril están regulados internacionalmente por la Unión Internacional de Ferrocarriles (UIC, por sus siglas en francés).

La clasificación de vagones de la UIC[10] describe trece clases principales, que pueden agruparse básicamente en vagones abiertos, cerrados y especiales. Existen

---

[9] Las denominaciones indicadas son válidas tanto para un semirremolque como para la caja de un camión rígido, con independencia de que en la figura se muestre un semirremolque. Es decir, se puede hablar de un camión lona tanto si la caja es articulada (semirremolque) como si no lo es.

[10] La práctica totalidad de los sistemas ferroviarios del mundo están asociados a la UIC y han adoptado su clasificación de vagones. No obstante, existen países que, aun perteneciendo a esta asociación, mantienen clasificaciones propias. Este es el caso, por ejemplo, de Estados Unidos, donde la Association of American Railroads (AAR) establece una clasificación de once clases de vagones con varias subclases.

Figura 2.5. Vagón plataforma especial para contenedores
y cajas móviles cargado con tres contenedores de 20′.

vagones especiales (clase S) para el transporte combinado de contenedores y cajas móviles (véase la figura 2.5). Estos vehículos cuentan con amortiguadores que reducen el impacto sobre la carga durante el acoplamiento de los vagones, así como con dispositivos específicos de anclaje para los contenedores y las cajas móviles (véanse, en la figura 2.3, los pivotes amarillos en los que se acoplan las cantoneras).

Para que un contenedor o caja móvil pueda ser transportado por ferrocarril debe cumplir la norma UIC 592.

2.3 Transporte aéreo

Las UTC cuyo modo de transporte principal es el aéreo son los contenedores de carga aérea.

2.3.1 Contenedores de carga aérea

El contenedor de carga aérea es internacionalmente conocido como ULD (*unit load device* o dispositivo unitario de carga).

El organismo internacional encargado de regular las características constructivas de este tipo de contenedores es la Asociación Internacional de Transporte Aéreo

(Iata). En este mismo ámbito desempeña también un papel relevante la asociación Airlines for America (A4A), conocida también como Air Transport Association of America (ATA), nombre con el que se fundó en Estados Unidos en 1936.

La intermodalidad de los ULD es patente en la aviación militar, dado que estos contenedores se transportan por carretera en camiones militares y se embarcan posteriormente en aviones militares de carga. En el caso de la aviación civil, lo habitual es que los ULD sean cargados por operadores de carga aérea en las propias terminales aeroportuarias; no obstante, en ocasiones se procede a la carga en almacenes externos al aeropuerto y los contenedores se trasladan después en camión hacia las terminales de carga aeroportuarias. En cualquier caso, el hecho de que puedan transportarse en remolques, arrastrados por cabezas tractoras, a lo largo de los viales y las pistas de dichas terminales también los dota de intermodalidad.

Los ULD se utilizan en las terminales civiles de carga aérea para agrupar las mercancías en unidades superiores de carga que permitan embarcarlas eficazmente en los aviones. De este modo, los tiempos de operación son menores, ya que los ULD pueden estar cargados y preparados para el embarque antes de que el avión aterrice.

Existen fundamentalmente dos tipos de ULD: el contenedor cerrado y el palé o plataforma abierta (véase la figura 2.6).

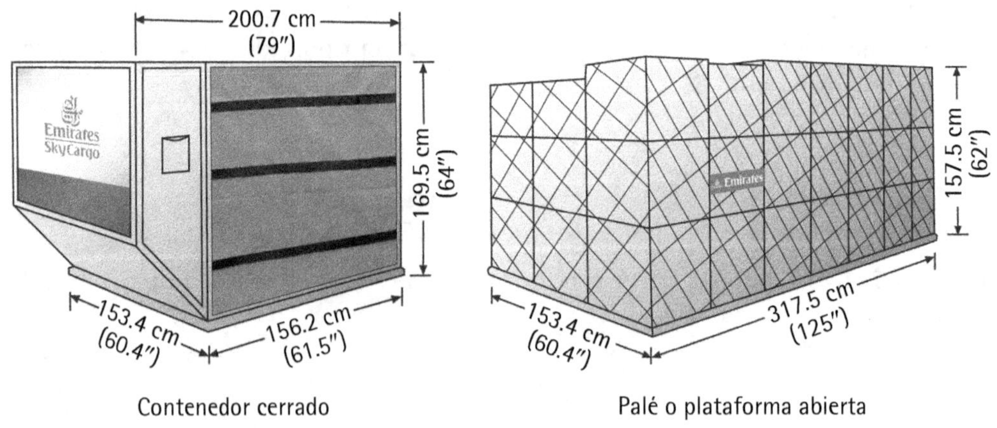

Contenedor cerrado   Palé o plataforma abierta

A: contenedor certificado para avión.
K: base de 1534 × 1562 mm (60.4 × 61.5"); masa bruta máxima de 1587 kg.
E: descripción geométrica del contenedor.
12345: número de identificación único del contenedor.
EK: identificación de la línea aérea (Emirates).

Figura 2.6. Contenedor de carga aérea (ULD) con código AKE 12345 EK y palé ULD.

- **Contenedor cerrado**

  Está formado por un bastidor de aluminio con paredes de plástico especial de alta resistencia (por ejemplo, la resina de policarbonato, conocida comercialmente como Lexan).

- **Palé o plataforma abierta**

  Es una plataforma de aluminio de alta resistencia con puntos de amarre en los que se enganchan las redes (mallas) y correas para sujetar la carga. Estos dispositivos de amarre tienen que estar certificados para garantizar su resistencia a los esfuerzos a los que está sometida la carga durante el transporte.

Existen varios subtipos de contenedores y de palés con volúmenes y dimensiones diferentes. Un mismo tipo de ULD puede ser válido para diferentes modelos de avión en función de las dimensiones de la bodega. En los aviones de pasajeros, la cubierta baja o bodega se dedica a la carga y la cubierta principal, al pasaje o a la carga, mientras que en los aviones de carga ambas partes se destinan al embarque de mercancía.

Para identificar los ULD, la Iata establece una codificación de tres letras mayúsculas, seguidas de cinco cifras y de otras dos letras mayúsculas, que describen las características generales del ULD e identifican el contenedor y la línea aérea (véase la figura 2.6).

Capítulo 3
Envase y embalaje

Para cumplir adecuadamente con el contrato de compraventa de mercancías, las empresas no solo deben situar dichas mercancías en el lugar y el plazo acordados, sino que también han de entregarlas con unos parámetros de calidad definidos y en condiciones óptimas para el consumo. En este aspecto, el envase y el embalaje desempeñan un papel fundamental en la protección de la mercancía a lo largo de la cadena de suministro.

Por otra parte, la estiba y la sujeción de la mercancía en el transporte no deben concebirse sin un embalaje adecuado que soporte las fuerzas dinámicas a las que se verá sometida. Así pues, en este capítulo se definen los conceptos de envase y embalaje, se exponen sus funciones y se describen las principales características de los materiales empleados para configurar las mercancías en unidades de carga.

1 Envase

Es el recipiente o contenedor (continente) en contacto directo con el producto (contenido), y su función principal es la distribución física de este último. Por ello la presentación, la dosificación y la compatibilidad entre el producto y el recipiente son aspectos fundamentales para su diseño, que debe tener en cuenta las siguientes funciones del envase:

- *Informar sobre el producto.* La mayoría de las legislaciones vigentes exigen que el envase contenga ciertos datos relativos a la composición del producto, entre otros.
- *Conservar el producto* en condiciones óptimas.

- *Garantizar el producto.* El envase asegura la recepción de cierta cantidad de un producto procedente de una empresa fabricante identificada.
- *Facilitar el transporte y la manipulación del producto* a lo largo de la cadena de suministro.
- *Vender el producto.* Deben conocerse las cantidades en que este se comercializa y dosificarlo adecuadamente. El diseño del envase debe ser atractivo.

Según las características y la función del envase, este puede definirse como:

- **Envase primario**

  Tiene contacto directo con el producto, que permanece en él hasta su consumo. Son ejemplos de envase primario una lata de atún y un tubo de dentífrico.

- **Envase secundario**

  Contiene el envase primario. Además de proteger el producto e informar sobre sus características, es una importante herramienta de comercialización. En el caso de la lata de atún, un estuche de cartón con imágenes y colores atractivos constituye el envase secundario.

- **Envase terciario**

  Contiene el envase secundario, y así sucesivamente. Su principal función consiste en la dosificación para la venta. Es el caso, por ejemplo, de un lote de bolsas de caramelos en el que cada uno tiene un envase individual (primario), los caramelos se agrupan en bolsas de doce (envase secundario) y estas se venden en lotes de seis (envase terciario).

2   Embalaje

Es la cobertura que contiene y protege los envases. Mientras que el envase contiene el producto, permite identificarlo y facilita su distribución física y comercial, el embalaje protege el envase y simplifica su transporte y manipulación.

Entre las principales funciones del embalaje figuran las siguientes:

- *Proteger la mercancía* de los riesgos del transporte.
- *Facilitar la manipulación de los productos.* En la medida de lo posible, el embalaje debe ser diseñado de modo que la mercancía pueda ser manipulada con medios mecánicos.

– *Equilibrar el costo de la protección* con el precio y la calidad de la mercancía.
– *Facilitar la identificación* del producto y de las partes remitente y destinataria, así como las características esenciales de la mercancía por medio del marcado del embalaje (véase el apartado 2.1).
– *Facilitar las inspecciones.* Por ejemplo, mediante aberturas que permitan tomar muestras del producto de manera sencilla.
– *Disminuir los riesgos para las personas* implicadas en la cadena de suministro. Un embalaje adecuado permite evitar los desplazamientos interiores de la mercancía en los medios de transporte, eliminar aristas vivas o cortantes, ajustar los pesos en aquellos casos en que sea preciso manipular manualmente la carga, etc.

Como el envase, el embalaje puede ser primario (cuando contiene o protege directamente el envase), secundario (cuando contiene el primario), y así sucesivamente.

A modo de ejemplo, la figura 3.1 ilustra los diferentes tipos de envases y embalajes de un producto farmacéutico.

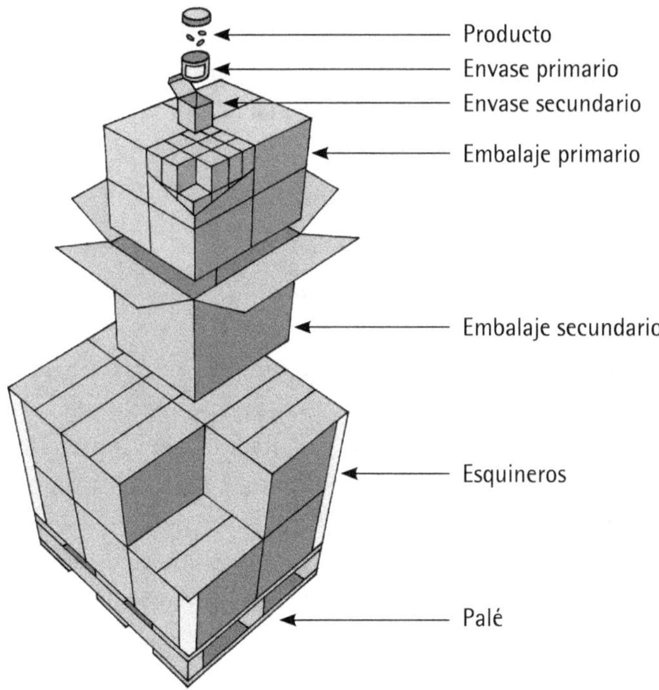

Figura 3.1. Ejemplo de envases y embalajes de un producto farmacéutico. El bote y el estuche son envases que contienen y protegen el producto, mientras que las cajas, los elementos auxiliares de embalaje y el palé son embalajes que facilitan el transporte y la manipulación de los envases.

¿Envase o embalaje?

En algunos casos resulta difícil diferenciar entre envase y embalaje, y hay ocasiones en las que ambos términos pueden considerarse en cierto modo sinónimos. Por ejemplo:

- Una máquina en un cajón de madera. Aunque contiene directamente la mercancía, el cajón de madera no puede considerarse un envase, ya que su única función consiste en proteger la máquina durante el transporte y permitir su manipulación sin dañarla. Se trata, pues, de un embalaje.
- Un bidón de aceite hidráulico de 250 l. Dado que el aceite se vende por litros y el bidón permite dosificar el producto para la venta, este recipiente se considera un envase.
- Un supersaco de 1000 kg de mineral. La función del supersaco consiste tanto en dosificar el producto como en facilitar su manipulación y su protección durante el transporte, de modo que puede considerarse envase o embalaje.

Como se desprende de estos ejemplos, lo que permite discernir entre envase y embalaje es la función que dicho elemento desempeña en cada caso.

2.1 Identificación de la mercancía y marcado del embalaje

Entre las principales funciones del embalaje figuran la identificación de la mercancía y la descripción de las características esenciales del producto. El Centro de la Organización de las Naciones Unidas para la Facilitación del Comercio y el Comercio Electrónico (UN/Cefact) cuenta con un estándar de intercambio electrónico de datos para la Administración, el comercio y el transporte (UN/Edifact) en el ámbito mundial constituido por códigos alfabéticos, numéricos y alfanuméricos que definen la tipología general de las mercancías, el equipamiento para el transporte y los embalajes, entre otros.[1] Estos códigos sirven para transmitir información elec-

---

[1] Algunos ejemplos de códigos referidos a la tipología de los embalajes son BG *(bag,* «saco»), BE *(bundle,* «fardo»), BX *(box,* «caja»), CR *(crate,* «cajón»), DR *(drum,* «bidón»), PK *(package,* «paquete»), etc.

trónicamente en las formalidades aduaneras de importación y exportación a escala internacional.

El marcado del embalaje proporciona información esencial sobre las condiciones de almacenamiento, manipulación y transporte de las mercancías. En la tabla 3.1 se recogen los símbolos para la manipulación de la mercancía establecidos por la Organización Internacional para la Normalización (ISO) en la norma ISO 780 («Envases y embalajes. Símbolos gráficos para la manipulación de mercancías»).

Marcado del embalaje		
Instrucción	**Significado**	**Símbolo**
Frágil	El contenido de la unidad de carga es frágil y debe manipularse con cuidado, evitando impactos y manipulaciones bruscas	
No utilizar ganchos	No pueden clavarse ganchos o garfios en la unidad de carga para manipularla	
Mantener vertical	La unidad de carga debe mantenerse en posición vertical y en el sentido que indican las flechas	
Mantener apartada de fuentes de calor	La unidad de carga no debe estar expuesta a los rayos solares ni a otras fuentes de calor	
Mantener apartada de fuentes radiactivas	El contenido de la unidad de carga puede deteriorarse o volverse inservible en caso de ser expuesto a radiación	
Proteger de la lluvia y la humedad	Debe evitarse exponer la mercancía a la lluvia o al agua, pues puede dañarse si se moja o a causa de la humedad	
No balancear, inclinar o rodar	La unidad de carga no puede inclinarse de su posición vertical, ni debe balancearse ni rodarse	

Continúa

Continuación

Marcado del embalaje		
Instrucción	**Significado**	**Símbolo**
No manipular con carretilla elevadora	La mercancía puede dañarse si se manipula con las horquillas de la carretilla elevadora	
Abrazar por donde se indica	La unidad de carga debe abrazarse por los puntos indicados durante la manipulación	
No abrazar por donde se indica	La unidad de carga puede dañarse si se abraza con pinzas u otros elementos durante la manipulación	
No apilar	No debe apilarse ninguna otra unidad sobre la unidad de carga, o esta puede dañarse	
Límite máximo de unidades apilables sobre la de referencia	El número máximo de unidades de carga idénticas que pueden apilarse sobre la de referencia es el indicado	
Peso máximo apilable sobre la unidad de referencia	El peso máximo que puede apilarse sobre la unidad de carga de referencia es el indicado	
No utilizar carretilla manual	Está prohibido utilizar la carretilla manual para manipular la unidad de carga por el lado indicado	
Centro de gravedad	El centro de gravedad de la unidad de carga es el indicado. Debe marcarse en todas las caras	
Eslingar por aquí	Para izar la unidad de carga, las eslingas de elevación deben situarse en el punto indicado	
Límites de temperatura	Los límites de temperatura entre los que la unidad de carga debe manipularse y almacenarse son los indicados	

Tabla 3.1. Símbolos internacionales de marcado del embalaje para la manipulación de la mercancía (ISO 780).

3 Criterios de selección del envase y el embalaje

La toma de decisiones respecto a la selección del envase y el embalaje corresponde al personal especialista en las características de la mercancía. Aun así, su posterior estiba y sujeción requiere tener en cuenta ciertos aspectos generales relativos a dicha selección:

- *Características físicas y químicas de la mercancía.* Estado sólido, líquido o gaseoso; temperatura, presión, toxicidad, inflamabilidad, etc.
- *Materiales de envase y embalaje.* Compatibilidad entre la mercancía y los materiales.
- *Modos y medios de transporte.* Vehículos empleados en cada modo y duración del transporte.
- *Almacenamiento.* En origen, en tránsito y en destino, y tiempos de almacenamiento.
- *Controles aduaneros y fitosanitarios.* Toma de muestras de la mercancía en las inspecciones que procedan.
- *Aspectos económicos.* Mínimo costo posible del envase del producto, siempre que cumpla los requisitos de envasado del producto en cuestión.
- *Disposiciones legales.* Regulaciones fitosanitarias, de transporte a temperatura controlada, de mercancías peligrosas, etc.
- *Dosificación y ergonomía.* Tamaño y volumen adecuados, comodidad de manejo y facilidad de apertura y cierre, de acceso al contenido, de almacenamiento, etc.
- *Aspectos medioambientales.* Reutilización, reciclaje, etc.
- *Otros aspectos.* Coeficiente o factor de estiba, densidad, etc. (véase el capítulo 7).

Un aspecto fundamental que concierne particularmente a la estiba y la sujeción de la mercancía es la resistencia del embalaje. El hecho de no contemplar las fuerzas dinámicas del transporte es un error frecuente que puede provocar, entre otros daños, el aplastamiento de la mercancía.

Por ejemplo, un embalaje diseñado para ser apilado a dos alturas en un almacén (condiciones estáticas) no tiene por qué resistir los esfuerzos dinámicos a los que se somete durante el transporte (condiciones dinámicas). Así, para transportar dicho embalaje apilado a dos alturas en buque, debe tener el doble de resistencia a la compresión de la necesaria en tierra, y si viaja en avión, el triple.

La descripción de las fuerzas dinámicas del transporte y sus coeficientes de aceleración se exponen detalladamente en el capítulo 5.

4   Principales materiales de envase y embalaje

A continuación se describen los principales materiales de fabricación de los envases y embalajes, entre los que destacan, en el tráfico de mercancías en contenedor, la madera y el cartón.

4.1   Madera

La fabricación de los envases y embalajes de madera está regulada por las legislaciones nacionales. Generalmente, esta información puede obtenerse mediante las empresas o asociaciones de fabricantes.[2]

En la fabricación de este tipo de envases y embalajes intervienen dos conceptos básicos que afectan a su resistencia:

- **Densidad de la madera**
  La densidad de la madera utilizada en la construcción de envases y embalajes suele oscilar entre 400 y 650 kg/m³. El uso de maderas con densidades inferiores no resulta conveniente por su baja resistencia mecánica, mientras que los materiales con densidades superiores incrementan excesivamente el peso de los envases y embalajes.

- **Contenido de humedad**
  La madera es un material higroscópico que puede absorber o ceder humedad al medio que la rodea hasta alcanzar el equilibrio con la humedad de este. En general, el contenido de humedad de la madera recomendado para la elaboración de envases y embalajes oscila entre el 15-18 %.[3] En la exportación de mercancías puede ser necesario embalar con madera de menor contenido de humedad si los embalajes tienen como destino zonas de clima muy seco. En tal caso, el porcentaje de humedad debe oscilar entre el 7-12 %, de modo que la madera ha de secarse artificialmente.

---

[2] La asociación alemana para la fabricación de palés y embalajes de madera HPE (Bundesverband Holz-packmittel, Paletten, Exportverpackung e. V.) ha establecido unos estándares mínimos para un embalaje cualitativamente perfecto de acuerdo con los criterios del mercado. Las directivas HPE (en alemán y en inglés) pueden consultarse en línea en el web de la asociación mediante el siguiente enlace: www.hpe.de/verpackung-hpe-standard/verpackungsrichtlinie-online.html.

[3] El contenido de humedad de la madera se mide secándola en un horno a 103 °C hasta que el peso es constante. El porcentaje se obtiene mediante el siguiente cálculo: (peso húmedo – peso seco) · 100/peso seco.

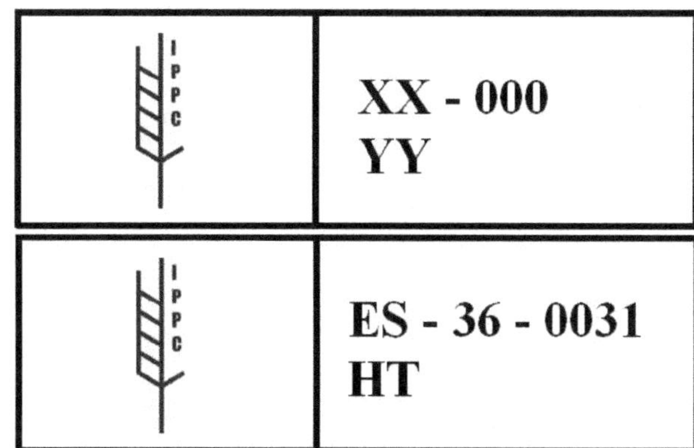

Figura 3.2
Ejemplo de marcado de tratamiento fitosanitario para un embalaje de madera fabricado en España.

Los embalajes de madera empleados en el comercio internacional de mercancías están sujetos a un estricto control fitosanitario para evitar la transmisión de plagas. El tratamiento de estos embalajes está regulado por las Normas Internacionales para Medidas Fitosanitarias (Nimf), establecidas por la Convención Internacional de Protección Fitosanitaria (IPPC, por sus siglas en inglés).

De acuerdo con la norma Nimf 15, una vez sometidos al tratamiento fitosanitario correspondiente, los embalajes deben marcarse con los siguientes elementos (véase la figura 3.2):

- Símbolo IPPC (espiga).
- Código ISO del país (XX).
- Código de la empresa productora o suministradora del tratamiento.
- Código del tratamiento (YY).

El código del tratamiento que se utiliza en la práctica es HT (tratamiento térmico) –el código MB (tratamiento con bromuro de metilo) ha sido prohibido debido a su alta toxicidad–. El tratamiento térmico consiste en calentar el embalaje de modo que el centro de la madera alcance como mínimo los 56 °C durante al menos treinta minutos seguidos en la totalidad del perfil de la madera (incluida la parte central).

Los tableros de partículas de madera aglomeradas, de fibras de madera y de virutas de madera orientadas, así como el contrachapado, quedan excluidos del tratamiento fitosanitario dado que durante su proceso de fabricación ya se someten a estas temperaturas y condiciones.

En la figura 3.3 se muestran diferentes tipos de envases y embalajes de madera.

Jaula de madera

Cajón de madera

Caja plegable de madera contrachapada

Caja de fruta

Cajones de tableros
de virutas de madera orientadas

Palé de madera

Figura 3.3. Envases y embalajes de madera.

4.2 Papel y cartón

La fabricación de los envases y embalajes de papel y cartón también está regulada por las legislaciones nacionales, que pueden consultarse en la documentación proporcionada por las asociaciones del sector.[4]

El papel es una lámina delgada u hoja elaborada a partir de pasta de celulosa (fibras vegetales molidas, secadas y endurecidas mediante procesos industriales). El cartón es el resultado de la agregación y el encolado de papel, por lo que presenta una rigidez superior.

Según el gramaje del papel –la relación entre la masa en gramos y la superficie en metros cuadrados– se puede establecer la siguiente clasificación:

- *Papel.* Hasta 150 g/m^2.
- *Cartulina.* De 150 a 450 g/m^2.
- *Cartón.* Más de 450 g/m^2.

Entre los tipos de papel más utilizados en el embalaje figuran los siguientes:

- *Papel de estraza o kraft.* Su gran resistencia a la rotura lo hace apto para el transporte en sacos de mercancías pulverulentas (cementos, harinas, etc.).
- *Papel parafinado.* Cuenta con materiales de barrera y se utiliza en la industria alimentaria (en charcutería, por ejemplo).
- *Papel sulfurizado.* Resiste temperaturas de hasta 220 °C. Se usa, por ejemplo, en el horneado doméstico de ciertos alimentos.
- *Papel asfaltado.* Es muy resistente al paso del agua y del vapor de agua, así como a los ácidos y álcalis. Suele emplearse en las capas impermeabilizantes del papel multicapa con el que se fabrican sacos para el envasado de productos químicos, así como en la protección de tuberías de metal para evitar la corrosión.

Respecto al cartón, los tipos de uso más extendido son:

- *Cartón compacto.* Consiste en una lámina formada por un conjunto de hojas de papel o cartón unidas bajo presión y mediante adhesivo.

---

[4] Por ejemplo, en los sitios web de la International Corrugated Case Association (ICCA; www.iccanet.org) o de la Federación Europea de Fabricantes de Cartón Ondulado (Fefco; www.fefco.org).

- *Cartón sólido.* Está constituido por una sola capa de material celulósico y se forma en una máquina plana.
- *Cartón corrugado.* Es la estructura compuesta por una o varias hojas de papel ondulado, adheridas a una o varias hojas de papel o cartón plano.

Entre ellos destaca el cartón corrugado, empleado para fabricar cajas con gran versatilidad de usos y altos niveles de resistencia. Existen varios tipos de cartón corrugado y de configuraciones de las ondas de la lámina ondulada, conocida como *flauta* (véase la figura 3.4).

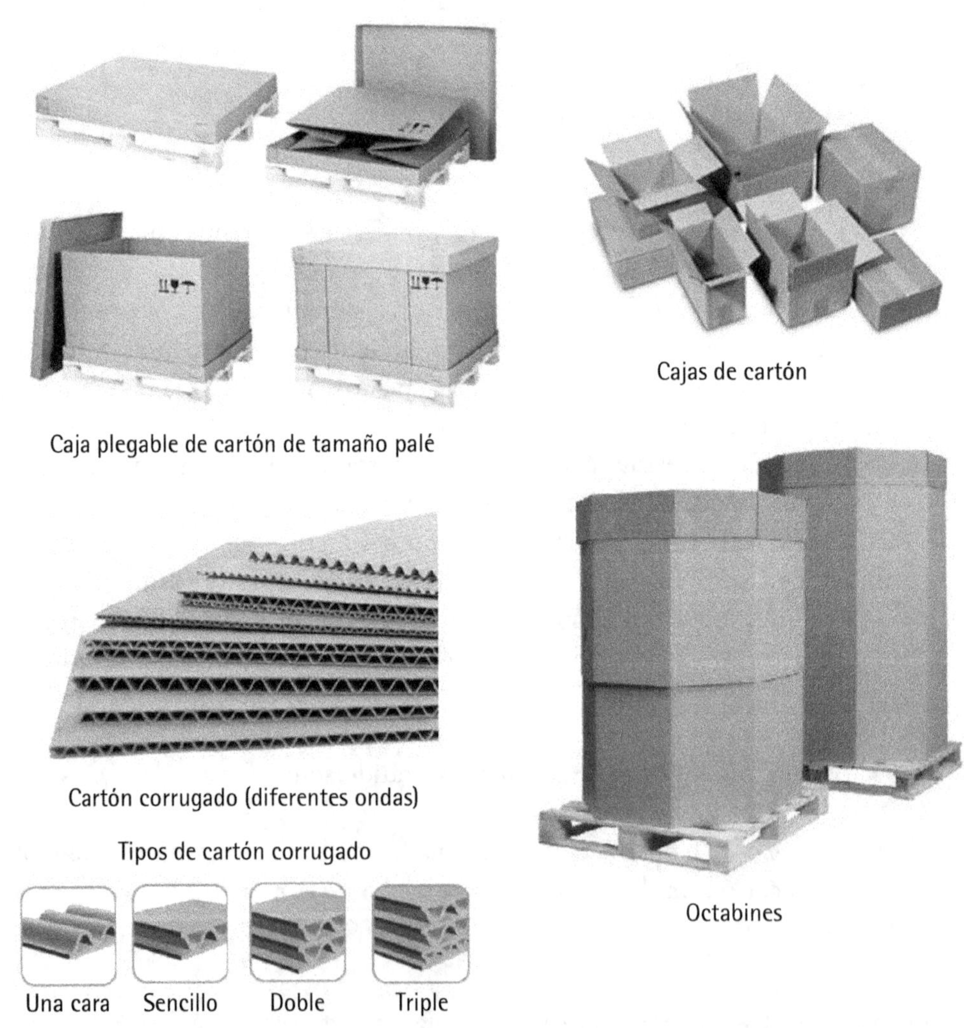

Figura 3.4. Embalajes de cartón y tipos de cartón corrugado.

4.3   Otros materiales de envase y embalaje

4.3.1   Productos textiles

Se presentan en forma de sacos, bolsas o tejidos para envolver la mercancía. Las fibras más utilizadas con esta función son, entre otras, el algodón, el lino y el esparto. Se usan sobre todo para envasar y embalar productos agrícolas y ciertos productos minerales, si bien en estos casos cada vez se emplean con más frecuencia los materiales plásticos.

La resistencia de los embalajes textiles se expresa mediante el número tex, que equivale a la masa en gramos de 1000 m del hilo o la fibra con que está fabricado el saco o bolsa.

4.3.2   Vidrio

Este material, obtenido mediante la fusión de una mezcla de sílice, álcalis y cal, se caracteriza fundamentalmente por los siguientes rasgos:

- Fragilidad.
- Transparencia.
- Propiedades isotrópicas (independientes de la dirección en que se midan).
- Adaptabilidad de formas.

Algunos tipos de vidrio son el multicelular (de estructura análoga a la de la piedra pómez y muy buen calorífugo), el sándwich (constituido por dos placas de vidrio adheridas a un alma de plástico intercalada) y el pírex (también excelente calorífugo).

4.3.3   Materiales plásticos

Estos materiales, derivados de los hidrocarburos, se presentan básicamente en las siguientes formas:

- *Polietileno.* Se utiliza para fabricar bolsas y enfundar palés.

- *Poliestireno expandido.*[5] También llamado *corcho blanco,* es muy empleado como material de amortiguación.
- *Poliuretano.* Este excelente aislante se usa en la fabricación de las cajas de los vehículos y contenedores para transporte a temperatura controlada.

El éxito de los materiales plásticos como alternativa técnicamente viable para resolver infinidad de problemas de protección física del producto ha desplazado el uso de materiales como el metal, el vidrio, el papel, etc. Así, estos últimos se sustituyen con frecuencia por plásticos termomoldeados como el policloruro de vinilo (PVC), el tereftalato de polietileno (PET), el polipropileno y el polipropileno orientado y biorientado (PP, OPP y BOPP), el polietileno de alta densidad (HDPE), el polietileno de baja densidad (LDPE), el poliestireno (PS), etc. No obstante, pese a las ventajas del uso de estos plásticos (facilidad de adaptación de formas, precio económico, inocuidad en el contacto con los alimentos, etc.) frente al de los materiales tradicionales, no hay que obviar los graves problemas de combustibilidad y reciclaje inherentes a su condición de derivados de los hidrocarburos.

4.3.4   Materiales metálicos

Estos materiales se componen principalmente de dos metales:

- *Acero.* Se utiliza para fabricar bidones, jerricanes, contenedores, etc. Al cubrirlo de estaño se obtiene la hojalata, el material más utilizado en las latas de conserva.
- *Aluminio.* Su gran ligereza lo hace idóneo para la fabricación de contenedores aéreos y de envases de refresco, entre otros múltiples usos.

4.4   Materiales auxiliares de embalaje

Se definen de este modo los materiales que, con independencia de su composición, sirven de soporte a las actividades de embalaje y sujeción de la mercancía.

---

[5] El poliestireno expandido suele conocerse por el nombre con el que se comercializa en los diferentes países. En los de habla hispana, estas denominaciones son tan usuales que han acabado lexicalizándose. Por ejemplo, en Colombia se conoce como *icopor;* en México, como *estereofón;* en Perú se denomina *tecnopor;* en Chile, *plumavit;* en Argentina, *telgopor,* y en España, *porexpán.* En inglés se conoce como *styrofoam,* que también es una marca registrada.

Son ejemplos de estos materiales los espráis para proteger el vidrio de rayaduras y prevenir la oxidación de los productos metálicos; los absorbentes de humedad (desecantes), como el gel de sílice (dióxido de silicio) y el cloruro cálcico; las fundas plásticas con aditivos inhibidores de corrosión volátiles (VCI, por sus siglas en inglés), etc.

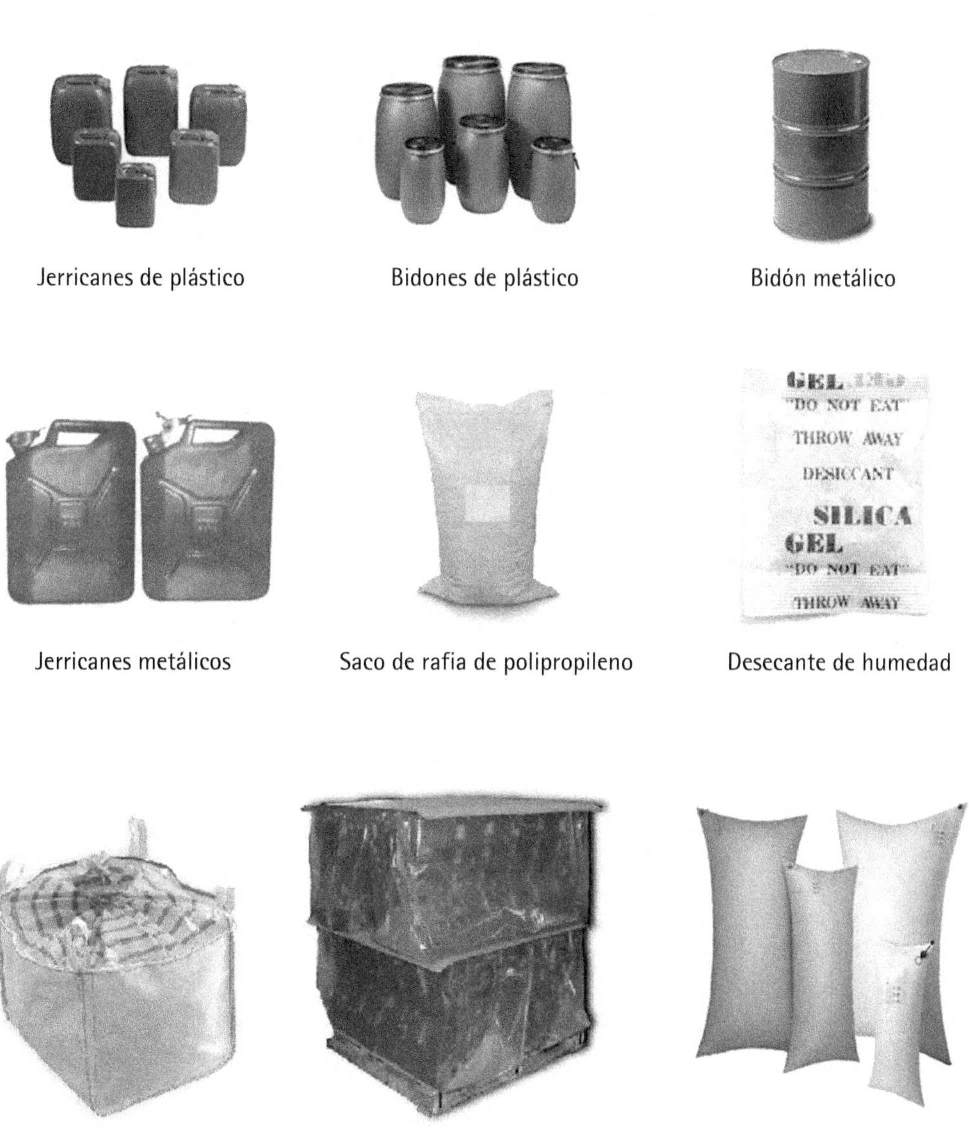

Figura 3.5. Otros materiales de envase y embalaje y materiales auxiliares de embalaje.

5   Los embalajes del transporte multimodal

La naturaleza del transporte multimodal exige el agrupamiento de las mercancías en unidades superiores de carga a fin de prescindir del mayor número posible de manipulaciones, de disminuir los posibles daños a la mercancía y de facilitar su transbordo entre los diversos medios de transporte.

En todo ello desempeñan un papel fundamental los embalajes multimodales, que permiten configurar adecuadamente las unidades superiores de carga y logran, así, reducir los costos logísticos y mejorar la seguridad a lo largo de la cadena de suministro.

5.1   Palés

El palé es una plataforma constituida por uno o dos pisos unidos por listones sobre la que se agrupan las mercancías. Estos embalajes se fabrican generalmente con madera maciza, aunque también los hay de fibras de madera o plástico, y pueden manipularse mediante carretillas elevadoras de horquillas o transpalés.

Se trata de un elemento logístico clave en la cadena de suministro ya que, al término del proceso de producción, las mercancías se agrupan frecuentemente sobre palés mediante procedimientos manuales o automatizados. Para garantizar la estabilidad de la carga paletizada durante el transporte, esta suele enfundarse con materiales auxiliares de embalaje como film de polietileno, flejes, fundas, etc. De este modo también se impide la entrada de polvo, agua, etc., en la carga.

Según su frecuencia de utilización, los palés pueden considerarse:

– *Palés de servicio o retornables.* Previstos para su utilización repetida.[6]
– *Palés a fondo perdido.* Previstos para ser usados una sola vez.

En función de sus características operativas, los palés pueden clasificarse como se muestra en la tabla 3.2.

Respecto a las dimensiones de los palés, deben elegirse, en la medida de lo posible, submúltiplos de las dimensiones longitudinal y transversal de la unidad de

---

[6] Los palés de servicio son gestionados por consorcios de embalajes que facilitan la circulación y el intercambio de los palés y que velan por su calidad y mantenimiento.

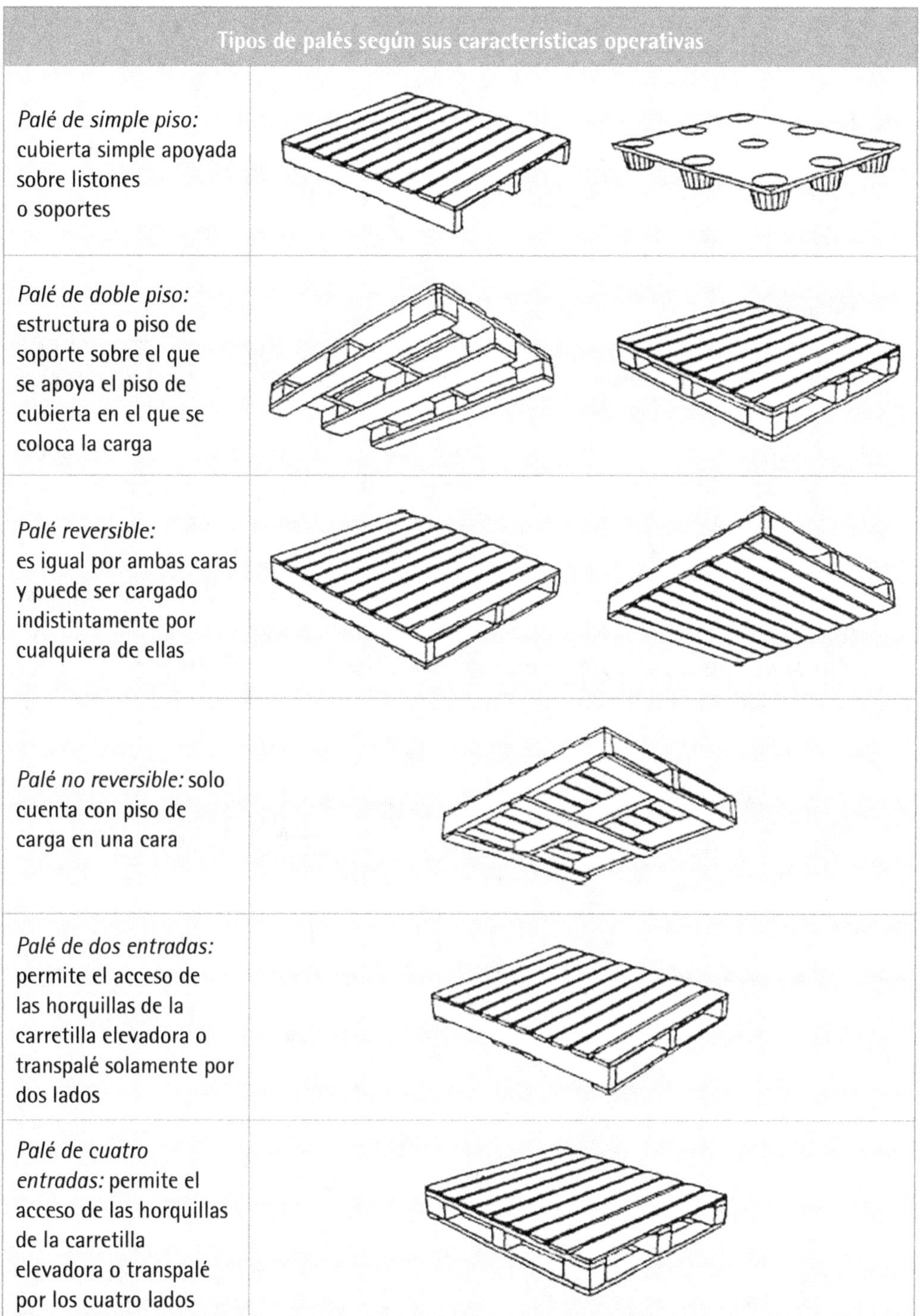

Tipos de palés según sus características operativas	
Palé de simple piso: cubierta simple apoyada sobre listones o soportes	
Palé de doble piso: estructura o piso de soporte sobre el que se apoya el piso de cubierta en el que se coloca la carga	
Palé reversible: es igual por ambas caras y puede ser cargado indistintamente por cualquiera de ellas	
Palé no reversible: solo cuenta con piso de carga en una cara	
Palé de dos entradas: permite el acceso de las horquillas de la carretilla elevadora o transpalé solamente por dos lados	
Palé de cuatro entradas: permite el acceso de las horquillas de la carretilla elevadora o transpalé por los cuatro lados	

Tabla 3.2. Tipos de palés en función de sus características operativas.

transporte a la que están destinados, de modo que se optimice la superficie de ocupación. Los palés más frecuentes son dos, en ambos casos de cuatro entradas:

- **Isopalé**

  También se conoce como *palé universal* o *palé americano*. Su base mide 1200 × 1000 mm, y se utiliza frecuentemente en Estados Unidos, Sudamérica y Asia.

- **Europalé**

  Procedente de Europa, el también llamado *palé europeo* o *EUR pallet* (EPAL) mide 1200 × 800 mm y es habitual en los circuitos de distribución europeos.

Mientras que el uso del europalé se potenció en Europa mediante el transporte terrestre (ferroviario y por carretera), la difusión del isopalé ha sido mayor a escala internacional en todos los modos de transporte. No obstante, en la actualidad se encuentran palés de ambos tipos en cualquier parte del mundo.

En cuanto a la carga transportada, los palés pueden dividirse en ligeros, semiligeros y pesados de acuerdo con las características expuestas en la tabla 3.3.

La altura que puede alcanzar la mercancía estibada en el palé depende de su densidad: suele oscilar entre 0.50 m para mercancías de alta densidad (muy pesadas) y

Tipos de palés según la carga transportada			
Características	**Palés ligeros**	**Palés semiligeros**	**Palés pesados**
Espesor de la cubierta (mm)	15-17	17-20	>20
Carga transportada (kg)[7]	0-400	400-800	800-1500
Peso aproximado (kg)	5-8	8-15	15-25
Uso	Un solo uso	Uso limitado	Uso repetido

Tabla 3.3. Tipos de palés en función de la carga transportada.

....

[7] La resistencia del palé viene determinada por su carga estática (la que puede soportar cargado estáticamente en una superficie totalmente plana y horizontal), su carga dinámica (la que puede soportar cuando se manipula de forma convencional) y su carga en *rack* (la que puede soportar en una estantería estándar convencional apoyado tan solo por sus dos extremos cortos para comprobar su resistencia a la flexión). La carga de transporte se corresponde con la carga dinámica.

2.50 m para mercancías de muy baja densidad (muy ligeras). Por término medio, la altura de un palé cargado se sitúa alrededor de 1.75 m.

5.2 Grandes recipientes para graneles

También llamados *recipientes intermedios para graneles* (RIG) o *intermediate bulk containers* (IBC), los grandes recipientes para graneles (GRG) son embalajes multi-modales rígidos, semirrígidos o flexibles con las siguientes características:

- Tienen una capacidad inferior a 3 m³.
- Están diseñados para la manipulación mecánica.
- Resisten los esfuerzos de las operaciones de manipulación y transporte.

Estos embalajes se utilizan en el transporte de graneles tanto sólidos como líquidos. En el caso de las mercancías en polvo (cemento, cal, etc.) o en grano (gravas, etc.), existen sacos de gran capacidad, también conocidos como *supersacos, big-bags* o FIBC (siglas de *flexible intermediate bulk container*), idóneos para su transporte. Se trata de recipientes flexibles, elaborados con fibras sintéticas (nailon, polipropileno o rafia) y dotados de anillas o lazos para izarlos, cuya capacidad oscila entre 1 y 3 m³.

En el caso de las mercancías peligrosas a granel, su transporte internacional está regulado por una serie de reglamentos basados en las recomendaciones de la Organización de las Naciones Unidas (véase el apartado 2.3 del capítulo 1). Los grandes

Figura 3.6. Grupo de sacos de gran capacidad cargados en un camión lona.

Figura 3.7. Gran recipiente para graneles líquidos peligrosos usado para el transporte de aceites, resinas y productos químicos en general.

1. Símbolo de la Organización de las Naciones Unidas (UN).
2. 13H4: tipo de recipiente y material.
3. Y: grupo de embalajes para el que ha sido aprobado el modelo.
4. 10-13: mes y año de fabricación.
5. E: código del país que ha autorizado la asignación del marcado (código de país utilizado en la matriculación de los vehículos de motor).
6. G-02111-11/CLIMESA: identificación de la empresa fabricante otorgada por el Estado.
7. 3618: carga aplicada en la prueba de apilamiento (kg).
8. 1005: masa bruta máxima admisible (kg).
9. Símbolo ISO de la carga máxima de apilamiento (2010 kg).

Figura 3.8. Ejemplo de marcado de gran recipiente para graneles peligrosos.

recipientes para graneles que cumplen estas especificaciones se conocen como IBC UN *(intermediate bulk containers).*

Estos recipientes deben ser marcados de acuerdo con una nomenclatura internacional que indica, entre otros, el tipo de recipiente (rígido, semirrígido o flexible), el material con el que está fabricado (acero, aluminio, madera, plástico, etc.) y, en ocasiones, el subtipo del material empleado (plástico tejido, revestido y con forro, por ejemplo). En la figura 3.8 se muestra un ejemplo de marcado de un gran recipiente para graneles peligrosos.

5.3   Otros embalajes multimodales

En el transporte multimodal también se utilizan jaulas y cestones de acero (véase la figura 3.9), frecuentemente empleados en el almacenamiento y el transporte de

Figura 3.9. Jaula y cestón de acero.

componentes industriales. Estos embalajes suelen usarse en ciclos de distribución en los que se aplica la logística inversa: se transportan llenos desde el almacén de origen hasta el de destino y retornan vacíos para llevar a cabo un nuevo ciclo de transporte.

5.4 Embalajes específicos para contenedores

A continuación se describen algunos de los embalajes más utilizados como materiales auxiliares de carga en los contenedores de transporte.

5.4.1 Depósitos flexibles para graneles líquidos en contenedor

Estos depósitos flexibles o *flexitanks* (nombre derivado del de la empresa fabricante más representativa), ideados para sustituir a los contenedores cisterna, son grandes bolsas fabricadas con una o varias capas de polietileno que pueden instalarse en un contenedor estándar[8] o en la caja de un camión para el transporte

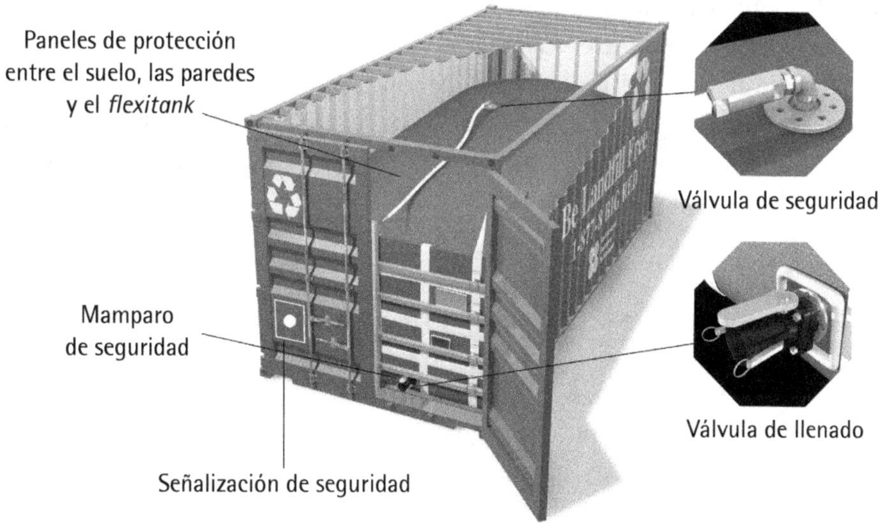

Figura 3.10. Componentes de un depósito flexible para graneles líquidos en contenedor.

[8] A propósito de la instalación de estos embalajes en contenedor, véase el destacado «Selección e inspección de contenedores para *flexitanks*» en el apartado 4 del capítulo 6.

Figura 3.11
Flexitank instalado en un semirremolque.

de graneles líquidos (aceite, glicerina, agua, alcoholes, etc.). Su capacidad oscila entre 10 000 y 24 000 l.

Una vez que el contenedor llega a destino, el depósito se vacía y se desinstala, y el contenedor queda nuevamente operativo para el transporte de carga seca. La mayoría de estos depósitos son de un solo uso, de modo que exigen la adecuada gestión del residuo en función de la mercancía (peligrosa o no) que han transportado.

Hay *flexitanks* con aislamiento térmico que evita los cambios bruscos de temperatura en la mercancía transportada, y otros bajo cuyo suelo se instalan alfombrillas con un serpentín que permiten calentar el producto para licuarlo y facilitar la descarga (por ejemplo, en el transporte de glicerina).

Aunque el diseño inicial de estos embalajes solo contemplaba su uso en contenedores, en la actualidad existen modelos para camiones de diversos tipos (véase la figura 3.11).

5.4.2   Bolsas para graneles sólidos en contenedor

Más conocidas como *dry bulk liner, dry liner* o *d-bulk,* son grandes bolsas fabricadas con rafia de polipropileno o polietileno de alta o baja densidad con gran resistencia para el transporte de graneles sólidos en contenedor. Estos embalajes, que constituyen una barrera entre el contenedor y el producto, se desinstalan fácilmente después de la descarga y dejan el contenedor libre de residuos.

Según el modelo, la carga del granel puede efectuarse por gravedad o mediante sistemas mecánicos como cintas transportadoras o transportadores neumáticos. La mercancía puede descargarse inclinando el contenedor con el sistema basculante de un camión o mediante sistemas neumáticos de aspiración (véase la figura 3.12).

Figura 3.12
Descarga de una bolsa para graneles
sólidos en contenedor.

5.4.3   Aislantes térmicos para contenedor

Fabricados con aluminio y polietileno, obstaculizan el paso del calor al interior del contenedor y aíslan térmicamente la mercancía. Suelen usarse en el transporte de cargamentos de vino.

Existen dos tipos básicos: las mantas térmicas y las bolsas aislantes térmicas para contenedor. Las primeras son rollos de plástico burbuja de polietileno forrados con aluminio en ambas caras que se adhieren a las paredes del contenedor, y los segun-

Figura 3.13. Bolsa aislante térmica para contenedor antes de proceder a la carga (izquierda)
y una vez cerrada tras la carga (derecha).

dos consisten en fundas de polietileno tejido cubiertas de aluminio que se cuelgan de las anillas interiores del contenedor.

5.4.4 Soportes, caballetes y estanterías para contenedor

Existen diferentes tipos de soportes para el transporte de un amplio abanico de mercancías en contenedor. Entre ellos figuran los soportes para el transporte de vehículos en contenedores estándares, conocidos como *car racks* (véase la figura 3.14, izquierda); los caballetes para el transporte de tablas de granito, mármol o cristal en contenedores plataforma, también llamados *A-frame* (véase la figura 3.14, derecha); las estructuras de colgadores para transportar prendas de ropa colgadas en perchas *(garment on hanger* o GOH, *garmentainer* o *hangtainer);* los soportes para el transporte de bobinas de chapa de acero, conocidos como *coil-tainers* (nombre derivado del de la empresa fabricante más representativa), etc.

6 Seguro y embalaje

La empresa cargadora o exportadora que contrata el transporte, independientemente del modo, suele suscribir un seguro de transporte de la mercancía, que puede contratarse a una compañía de seguros o bien mediante la empresa transportista.

La cobertura de la póliza se determina habitualmente según las cláusulas de carga del Instituto de Aseguradores de Londres (ICC, por sus siglas en inglés), que son las más aceptadas a escala internacional.

Figura 3.14. Soporte para el transporte de vehículos en contenedor (izquierda) y caballete para el transporte de tablas de mármol (derecha).

Estas cláusulas adoptan tres modalidades generales:

- *ICC C.* Ofrece una cobertura básica que incluye, entre otros, los riesgos de incendio, explosión, naufragio y abordaje.
- *ICC B.* Ofrece una cobertura intermedia que añade, a los riesgos cubiertos por la modalidad C, otros como la pérdida de bultos durante la carga y descarga de la mercancía y los daños causados por rayos o terremotos.
- *ICC A.* Cubre todo riesgo de pérdida o daño de la mercancía, con la salvedad de algunas exclusiones expresas entre las que se incluyen el embalaje y el acondicionamiento inadecuados, las demoras, las insolvencias, las huelgas y las guerras.

En función de las características de la mercancía y de las necesidades del transporte, estas condiciones generales pueden incluir coberturas específicas para el transporte aéreo o de alimentos congelados, y ampliarse para que cubran los daños producidos por huelgas o guerras.

En relación con el embalaje, la estiba y el trincaje de la mercancía, es particularmente relevante la cláusula de exclusión 4.3 de las pólizas A, B, C y para el transporte de alimentos congelados, que coincide con la cláusula de exclusión 3.3 de las demás pólizas citadas:

Pérdida, daño o gasto causado por insuficiencia o inapropiado embalaje o preparación del objeto asegurado (a efectos de esta Cláusula 4.3, por «embalaje» se entiende que incluye la estiba en un contenedor o caja de transporte, pero solamente cuando dicha estiba se lleve a cabo con anterioridad al inicio de esta cobertura o por el asegurado o sus dependientes).

La mención «con anterioridad al inicio de esta cobertura» se refiere a antes de que la mercancía asegurada abandone el almacén de origen reflejado en la póliza o de que empiecen a correr los riesgos por cuenta de la compañía aseguradora. Esto se traduce en que la cláusula de exclusión no se aplica si el transporte es multimodal y se realizan transbordos posteriores durante el viaje (estiba y trincaje por terceros) mediante distintos operadores no dependientes del asegurado.

Esta cláusula de exclusión es aplicable cuando el embalaje, la estiba y la sujeción los realiza la propia empresa asegurada o su personal (ya que nadie puede beneficiarse de su propia negligencia). Sin embargo, en caso de que dicha empresa contrate el embalaje, la estiba o la sujeción a un operador de carga, la cláusula de exclusión no se aplica.

Conviene tener presente que este tipo de seguro solo cubre los daños a la mercancía, y no los que puedan producirse en la unidad de transporte (contenedor, semirremolque, etc.), en el medio de transporte (buque, camión, etc.) o a terceros (personales o materiales derivados de un embalaje, una estiba o una sujeción inadecuados).

Si se produce un siniestro y la mercancía y el contenedor llegan dañados a destino, la persona designada por la compañía aseguradora para peritar los daños (el comisario de averías) determinará las causas del siniestro. En caso de que estas se deriven de un embalaje deficiente, de una mala estiba o de una sujeción inadecuados, la empresa cargadora será responsable de todos los daños ocasionados, tanto de los sufridos por la mercancía como de los que afecten a la unidad o al medio de transporte, así como a cualquier tercero. En tal supuesto, si el embalaje, la estiba y la sujeción han sido llevados a cabo por la propia empresa asegurada, la cláusula de exclusión le impedirá percibir indemnización alguna por parte de su compañía de seguros.

Una solución consiste en pactar condiciones particulares que anulen la cláusula de exclusión, o bien en delegar las operaciones de estiba y trincaje en determinadas compañías (terminales portuarias, empresas estibadoras, almacenes de consolidación, etc.) cuya función es manipular, estibar y sujetar la mercancía en la unidad de transporte. Estas compañías deben suscribir seguros de responsabilidad civil de transporte que cubran cualquier daño en caso de haber practicado una estiba o un trincaje incorrecto.

Finalmente, es imprescindible que determinados tipos de embalaje, como los depósitos flexibles o *flexitanks,* cuenten con un seguro de responsabilidad civil de producto, ya que pueden dañarse debido a un defecto de fabricación y, en ese caso, corresponderá a la empresa fabricante del embalaje asumir las consecuencias. Esta responsabilidad debe cubrir los daños a la mercancía, a la unidad y al medio de transporte, al medio ambiente en caso de vertido y a cualquier otra parte perjudicada en caso de siniestro.

Capítulo 4

El contenedor de transporte

En términos generales, un contenedor de transporte es un embalaje metálico grande y recuperable, de tipos y dimensiones normalizados internacionalmente y con dispositivos para facilitar su manejo. Desde el punto de vista técnico, las definiciones del Convenio Internacional sobre la Seguridad de los Contenedores (CSC) y de la Organización Internacional para la Normalización (ISO) permiten caracterizar el contenedor como un elemento de equipo de transporte:

- De carácter permanente y suficientemente resistente para permitir su empleo repetido y adecuado.
- Especialmente diseñado para facilitar el transporte de mercancías, en uno o varios modos y medios de transporte, sin manipulaciones intermedias de la carga.
- Construido de manera que pueda sujetarse y manipularse con facilidad y provisto de los dispositivos adecuados para ello, particularmente destinados a la manipulación en el transbordo de un medio de transporte a otro.
- Diseñado de manera que se facilite su llenado y su vaciado.
- Según la norma ISO 668, con un volumen interior mínimo de 1 m^3 (35.3 ft^3).
- Según el Convenio CSC, de un tamaño tal que la superficie delimitada por las cuatro esquinas inferiores exteriores sea:

  - por lo menos de 14 m^2 (150 ft^2), o
  - por lo menos de 7 m^2 (75 ft^2), si lleva cantoneras superiores.

Nótese que en ningún caso la definición del término *contenedor* incluye los medios de transporte ni los embalajes de uso habitual.

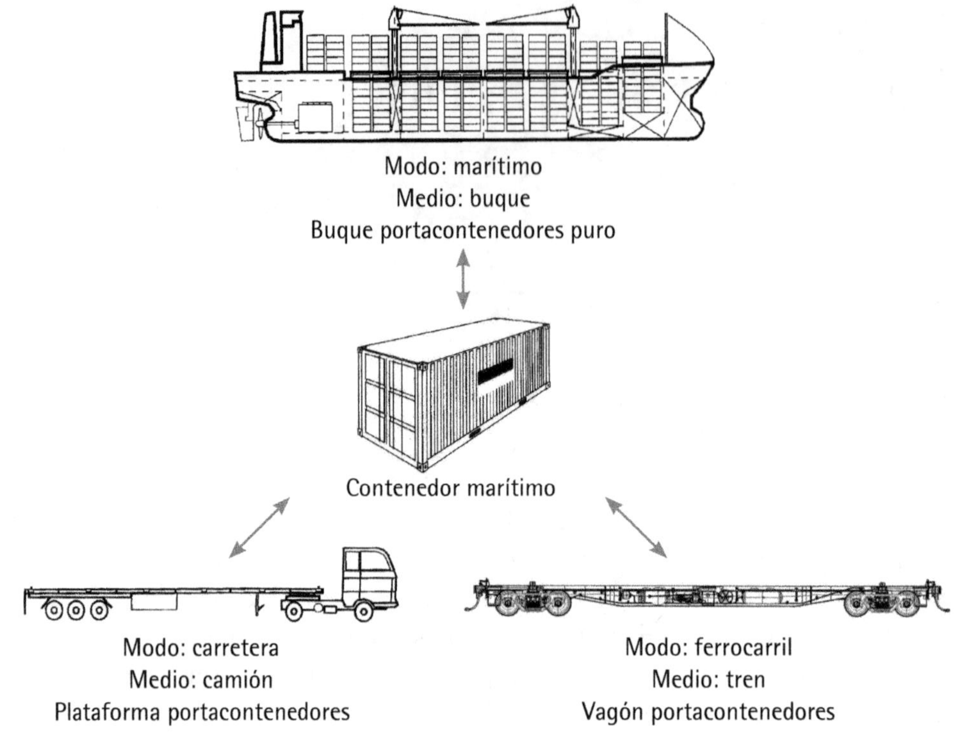

Figura 4.1. Transporte intermodal del contenedor.

En este capítulo se describen los contenedores para transporte intermodal de mercancías aptos para el modo marítimo, por carretera y ferroviario (véase la figura 4.1), conocidos como *contenedores de transporte* o *marítimos (ISO freight containers* o *shipping containers),* cuyas longitudes pueden ser de 20, 40 o 45'. Se consideran contenedores ISO aquellos que cumplen todas las normas ISO relativas a contenedores en vigor en el momento de su fabricación (véase el apartado 2).[1]

1 Origen del contenedor

El origen del contenedor se remonta a mediados del siglo xx en Estados Unidos, cuando la compañía McLean Trucking, propiedad del empresario estadounidense

---

[1] Entre los contenedores ISO también se encuentran los contenedores para suministro en alta mar *(offshore)* de 10' y los contenedores de 30' usados en el modo ferroviario.

Malcom Purcell McLean (1913-2001), se dedicaba al transporte regular por carretera entre Nueva York y Houston. Para ello se tenían que cruzar ocho estados con sus respectivas reglamentaciones sobre este modo de transporte, con las consiguientes dificultades burocráticas, y las mercancías debían transbordarse a otros camiones al cruzar cada uno de los estados.

Ante tales circunstancias, a McLean se le ocurrió la idea de independizar la caja del camión del chasis, de manera que la caja, una vez llenada en origen y precintada, pudiese transportarse hasta quedar depositada sobre la cubierta del buque que la llevase hasta Houston por vía marítima.[2] Esta caja, cuyas medidas originales eran de 35′ de largo por 8 de ancho y por 8 de alto, sería de este modo cargada en el puerto de destino sobre otro chasis de camión y se entregaría a la empresa receptora, que procedería a vaciarla.

Para llevar a la práctica este proyecto, la empresa de McLean adquirió, en 1955, la naviera Pan-Atlantic Steamship Company, con la que compró cuatro petroleros T2 (construidos para el transporte de crudo durante la Segunda Guerra Mundial) en los que instaló puntos de anclaje para poder depositar sobre cubierta las primeras cajas. Así, el 26 de abril de 1956, el buque *Ideal X* zarpó del puerto de Newark (Nueva Jersey) hacia el puerto de Houston con un cargamento completo de 58 contenedores de 35′ sobre cubierta, travesía con la que se acuñaron los conceptos de contenerización y de transporte intermodal puerta a puerta.

En 1957, el buque *Gateway City* empezó a cubrir una ruta regular entre Nueva York, Florida y Texas con una capacidad de carga de 226 contenedores de 35′. Se trataba del primero de seis buques cargueros Victory reformados y transformados en buques portacontenedores, para lo cual se reforzaron las partes estructurales del casco y se dispusieron unas guías en las bodegas de carga a fin de albergar los contenedores y facilitar las operaciones de sujeción. Asimismo, se instalaron grúas en la cubierta principal como medio propio para estibar y desestibar los contenedores, que acabaron transportándose también en dicha cubierta firmemente trincados con cadenas y tensores.

En 1960 entraron en servicio las primeras terminales especializadas en países del norte de Europa, precursoras de las futuras terminales de contenedores de Róterdam (Países Bajos) y Hamburgo (Alemania). En 1966, el buque *SS Fairland* empezó a cubrir un trayecto semanal desde los puertos de la Costa Este de Estados Unidos

---

[2] Según otras versiones, McLean concibió esta idea al transportar mercancía al muelle para que se cargara en un buque, situación en la que se preguntó cómo cargar toda la mercancía directamente en el buque sin tener que descargar previamente el camión.

hasta dichas terminales europeas, y ese mismo año se inauguró un servicio entre los puertos estadounidenses y la base militar de ese país en Okinawa (Japón). Poco después, conocedoras del éxito del proyecto, las empresas europeas y japonesas abrieron camino en el transporte contenerizado y enlazaron Europa con Australia (1969) y con Japón (1971).

La Pan-Atlantic Steamship Company pasó a llamarse Sea-Land Service, Inc., en 1960. A finales de esa década, la naviera tenía una flota de 23 buques portacontenedores con una capacidad de transporte de más de 18 000 contenedores. La empresa fundada por McLean, pionera en el tráfico de estos elementos de transporte, fue adquirida en 1999 por la compañía danesa Maersk, que se convirtió en Maersk Sea-Land. De su posterior fusión, en 2005, con la británica P&O Nedlloyd nació Maersk Line, la compañía con la mayor flota mundial de buques portacontenedores.

2   Normalización del contenedor

La gran aceptación a escala mundial del uso del contenedor en el transporte de mercancías hizo emerger la necesidad de normalizar sus dimensiones para que los medios de transporte y de manipulación fuesen comunes en todos los países y se favoreciese la intermodalidad. En efecto, el transporte mundial de contenedores no podía desarrollarse sin esta normalización, pues la estructura celular de los buques especializados en este tipo de transporte no podía atender al uso de grandes cantidades de contenedores de diferentes dimensiones, al igual que ocurría con los medios de transporte terrestres (camiones y ferrocarriles).

En 1965, la ISO normalizó las dimensiones de los contenedores al fijar su longitud, anchura y altura, y dictó normas de alcance internacional respecto a la capacidad de carga, el cubicaje, la terminología, las pruebas de fabricación y el marcado de los contenedores (véanse los apartados 4 y 5). Dos años después, dicha organización reguló las características técnicas de las cantoneras, una de las piezas estructurales más importantes del contenedor para su manipulación y sujeción en el medio de transporte.

Las normas ISO sobre contenedores son elaboradas por el comité técnico ISO/TC 104, que cuenta a su vez con tres subcomités:

- *Subcomité SC 1.* Contenedores para uso general.
- *Subcomité SC 2.* Contenedores para uso específico.
- *Subcomité SC 4.* Identificación y comunicación.

En la tabla 4.1 se enumeran las principales normas ISO sobre contenedores, de conocimiento imprescindible para el personal estibador por cuanto contienen gran parte de los datos necesarios para llevar a cabo los cálculos de estiba y trincaje de mercancías en contenedor.

En 1972, la Organización de las Naciones Unidas (ONU) y la Organización Marítima Internacional (OMI) examinaron conjuntamente un proyecto de convenio elaborado por la OMI en colaboración con la Comisión Económica de las Naciones Unidas para Europa (Cepe). El resultado fue el Convenio Internacional sobre la Seguridad de los Contenedores (CSC), posteriormente ratificado por la práctica totalidad de los países del mundo (algunos de los cuales incluso lo incorporaron a sus respectivas legislaciones nacionales).

Principales normas ISO sobre contenedores	
ISO 830	Contenedores – Vocabulario
ISO 1161	Contenedores serie 1 – Cantoneras – Especificaciones
TC 104/SC 1	
ISO 668	Contenedores serie 1 – Clasificación, dimensiones y masas brutas máximas
ISO 1496-1	Contenedores serie 1 – Especificaciones y ensayos – Parte 1: Contenedores para carga general
ISO 1496-5	Contenedores serie 1 – Especificaciones y ensayos – Parte 5: Contenedores plataforma
TC 104/SC 2	
ISO 1496-2	Contenedores serie 1 – Especificaciones y ensayos – Parte 2: Contenedores térmicos
ISO 1496-3	Contenedores serie 1 – Especificaciones y ensayos – Parte 3: Contenedores cisterna para líquidos, gases y graneles sólidos presurizados
ISO 1496-4	Contenedores serie 1 – Especificaciones y ensayos – Parte 4: Contenedores para graneles sólidos no presurizados
TC 104/SC 4	
ISO 6346	Contenedores para el transporte de mercancías – Codificación, identificación y marcado
ISO 9897	Contenedores para el transporte de mercancías – Intercambio de datos de equipamiento de contenedores – Códigos generales de comunicación

Tabla 4.1. Principales normas ISO sobre contenedores.

Los anexos técnicos del Convenio CSC determinan las pruebas a que deben someterse los contenedores para garantizar la seguridad estructural mediante cargas de prueba en izada, apilamiento, rigidez transversal, etc. (véase el apartado 4.4). Parte de dicha información ha de registrarse en la placa de aprobación de seguridad, conocida como *placa CSC*, imprescindible para el correcto marcado del contenedor (véase el apartado 5.3).

En 1972 se aprobó también, bajo los auspicios de la ONU y la OMI, el Convenio Aduanero sobre Contenedores (CCC, por sus siglas en inglés), que facilita la circulación de los contenedores en las aduanas a escala mundial.

3   Tipología de los contenedores

Los contenedores pueden clasificarse de distintos modos. En este apartado se dividen en dos grandes grupos: aquellos destinados a carga general y los usados para el transporte de graneles y cargas bajo control de temperatura.

3.1   *Contenedores para carga general*

Entre los contenedores para el transporte de carga general se encuentran los contenedores estándares, de techo abierto, de lateral abierto y plataforma.

3.1.1   *Contenedores estándares*

El contenedor estándar *(standard container)* es el más utilizado en todo el mundo.[3] También es conocido como *box, general purpose* (GP), *dry van* (DV) o *dry container* (DC), por lo que habitualmente se usan las siglas GP, DV y DC para referirse al mismo tipo de contenedor. Cuenta con puertas en uno de sus extremos, por donde es cargado mediante carretillas elevadoras y transpalés.

La longitud exterior del contenedor estándar es de 20, 40 o 45′, y la altura, de 8.5 o 9.5′. Los contenedores de 9.5′ de altura se consideran de gran capacidad *(high cube* o HC). La anchura exterior de los contenedores ISO mide habitualmente 8′;

---

[3] Se estima que alrededor del 92 % del parque mundial de contenedores se destina al transporte de carga seca (mayoritariamente en contenedores estándares); el 7 %, a la estiba de carga refrigerada, y el 1 %, a la de graneles líquidos (fuente: Drewry Maritime Research 2012 [www.drewry.co.uk]).

no obstante, en Europa se usan también contenedores para transporte marítimo con una anchura exterior de 8.2′ (2.5 m), denominados *pallet wide* (PW), diseñados para optimizar la carga de europalés (véase el apartado 4.1.3). Estos últimos se conocen como *high cube pallet wide* (HCPW) cuando tienen una altura de 9.5′.

En las figuras 4.2 y 4.3 se muestran diferentes tipos de contenedores estándares.

3.1.2 Contenedores de techo abierto

Los contenedores de techo abierto u *open top* (OT) permiten estibar verticalmente mediante grúas aquellas mercancías cuya geometría dificulta el acceso de la carga por

Figura 4.2. Contenedores estándares de 20′ DV con una altura de 8.5′ (izquierda)
y de 40′ HC con una altura de 9.5′ (derecha).

Figura 4.3. Contenedores estándares de 45′ HC con anchuras de 8′ (izquierda) y de 8.2′ (HCPW) (derecha).

Figura 4.4. A la izquierda, contenedores de techo abierto de 40′ con toldo con alturas de 8′6″ (encima) y 9′6″ (OTHC) (debajo). A la derecha, contenedor de lateral abierto de 20′.

la puerta. La parte superior de estos contenedores puede estar constituida bien por unas barras que soportan una lona o toldo (véase la figura 4.4, izquierda), bien por una chapa de acero rígida desmontable.

3.1.3 Contenedores de lateral abierto

Estos contenedores, conocidos como *open side* (OS), son igualmente empleados en aquellos casos en que la geometría de la carga no permite su estiba a través de la puerta del extremo o bien en los que la operativa de carga no es viable por dicha puerta (por ejemplo, sobre un vagón de ferrocarril), motivo por el cual cuentan con puertas laterales (véase la figura 4.4, derecha). Se usan con mayor frecuencia en el transporte ferroviario y raramente se emplean en transportes intermodales con fase marítima.

3.1.4 Contenedores plataforma

También llamados *flat racks* (FR), los contenedores plataforma se usan fundamentalmente en el transporte de cargas sobredimensionadas. Se trata de contenedores abiertos consistentes en una plataforma que puede adoptar diversas configuraciones:

- Con paredes fijas en los extremos *(fixed flat rack)*.
- Con paredes plegables en los extremos *(collapsible flat rack)*.
- Sin paredes *(platform* o *bolster,* también conocido como *artificial tween deck* [ATD]).

Figura 4.5. Contenedores plataforma de 40' con paredes fijas (izquierda) y con paredes plegables (derecha). Este último, al tener las paredes plegadas, se usa como un contenedor sin paredes.

En la figura 4.5 se muestran dos contenedores plataforma con paredes fijas (izquierda) y plegables (derecha).

3.2 Contenedores para graneles y cargas bajo control de temperatura

En este grupo se encuentran los contenedores cisterna, los graneleros y los contenedores térmicos.

3.2.1 Contenedores cisterna

Los contenedores cisterna o *tank containers* (TK) se usan para transportar graneles líquidos. Constan de una cisterna apoyada en una estructura o bastidor dotada de los elementos necesarios (cantoneras, etc.) para facilitar su manipulación y sujeción en las mismas condiciones que el resto de los contenedores (véase la figura 4.6, izquierda).

3.2.2 Contenedores graneleros

Comúnmente conocidos como *bulk containers* (BK), se trata de contenedores para graneles sólidos con trampillas en la parte superior y en un extremo de la inferior. La mercancía se carga desde un silo por medio de una tolva y se descarga

Figura 4.6. Contenedor cisterna de 20′ (izquierda) y contenedor granelero de 40′ (derecha).

basculando el contenedor o mediante transportadores neumáticos (véase la figura 4.6, derecha).

3.2.3 Contenedores térmicos

Los contenedores térmicos *(temperature controlled containers)* son embalajes isotermos dotados de sistemas que permiten enfriar o calentar la mercancía y controlar así su temperatura. Existen básicamente dos tipos:

- **Contenedores frigoríficos** *(refrigerated* o *reefer containers* [RF])
  Mediante dispositivos de producción de frío (véase la figura 4.7, izquierda) y sistemas de control y registro, permiten fijar cierta temperatura y mantenerla, de ahí que se usen en el transporte de mercancía congelada o refrigerada.[4]

- **Contenedores caloríficos** *(heated containers)*
  Están provistos de un sistema de calefacción mediante el cual es posible elevar la temperatura y mantenerla. Entre ellos figuran los contenedores para productos bituminosos *(bitutainer* o *bitumen containers),* usados para transportar betunes y alquitranes (véase la figura 4.7, derecha).

---

[4] Las características y el funcionamiento de los contenedores frigoríficos se describen en el apartado 5.2 del capítulo 7.

Figura 4.7. Contenedores frigoríficos (izquierda) y contenedor calorífico para el transporte de alquitranes (derecha), todos ellos de 20'. Obsérvese la diferencia entre las seis unidades *reefer*, dotadas de equipos de refrigeración, y los contenedores estándares.

4 Características del contenedor

La descripción física del contenedor se basa esencialmente en sus dimensiones, su peso, los materiales y los componentes requeridos en su fabricación y su resistencia estructural.

4.1 Dimensiones

Las dimensiones generales de los contenedores de transporte se pueden analizar atendiendo a las dimensiones exteriores e interiores y a la anchura del contenedor.

4.1.1 Dimensiones exteriores

Las normas ISO establecen unas dimensiones exteriores iguales para todos los contenedores de un mismo tipo, cuyas medidas reales solo pueden diferir unos milímetros de las normalizadas (lo que se conoce como *tolerancias de fabricación*). Dicha estandarización es indispensable para que todos los contenedores se acojan a las guías de las bodegas celulares de cualquier buque, se puedan manipular con medios mecánicos, se adapten a los chasis de los vehículos y a los vagones de ferrocarril, etc.

Dimensiones exteriores			
Designación	Longitud (ft / mm)	Anchura (ft / mm)	Altura (ft / mm)
20′ DV	20 / 6058	8 / 2438	8.5 / 2591
40′ DV	40 / 12 192	8 / 2438	8.5 / 2591
40′ HC	40 / 12 192	8 / 2438	9.5 / 2896
45′ HC	45 / 13 716	8 / 2438	9.5 / 2896

Tabla 4.2. Dimensiones exteriores de los contenedores marítimos según la norma ISO 668.

En la tabla 4.2 se indican las dimensiones exteriores de los contenedores usados con mayor frecuencia en el tráfico internacional, que tienen unas longitudes habituales de 20, 40 y 45′, una anchura de 8′ y alturas de 8.5′ (estándar o DV) y 9.5′ (de gran capacidad o HC).

4.1.2 Dimensiones interiores

El conocimiento de las dimensiones interiores del contenedor por parte de la empresa estibadora es indispensable para fabricar –si procede– un embalaje para la mercancía y, en todos los casos, optimizar el espacio disponible en el contenedor. Sin embargo, a diferencia de las exteriores, las dimensiones interiores pueden variar algunos centímetros en función de la empresa fabricante, ya que las normas ISO solo proporcionan unas medidas mínimas interiores de construcción.[5]

Así pues, antes de consolidar un contenedor conviene solicitar a la línea marítima o el operador que gestionará el transporte un catálogo con las medidas de sus contenedores, aun cuando debe tenerse en cuenta que un mismo operador puede ofrecer contenedores del mismo tipo con diferentes medidas interiores sin que dicha circunstancia figure en su catálogo. Esto ocurre porque, si bien los contenedores cumplen las normas ISO relativas a las medidas

---

[5] Por ejemplo, la norma establece que la anchura mínima interior de un contenedor de 20′ DV ha de ser 2330 mm, pero según el fabricante los hay con anchuras de 2340, 2350 o 2360 mm, que pueden variar hasta 3 cm o más.

Dimensiones mínimas interiores				
Designación	**Interiores**			**Puerta**	
	Longitud (mm)	Anchura (mm)	Altura (mm)	Anchura (mm)	Altura (mm)
20′ DV	5867	2330	2350	2286	2261
40′ DV	11 998	2330	2350	2286	2261
40′ HC	11 998	2330	2655	2286	2566
45′ HC	13 542	2330	2655	2286	2566
20′ RF	5368	2218	2206	2218	(*)
40′ RF	11 502	2218	2206	2218	(*)
40′ HCRF	11 502	2218	2511	2218	(*)
45′ HCRF	13 026	2218	2511	2218	(*)

* La norma indica que debe ser lo más próxima posible a la altura mínima de construcción.

Tabla 4.3. Dimensiones mínimas interiores de los contenedores marítimos según las normas ISO 668 (contenedores secos) e ISO 1496-2 (contenedores frigoríficos).

mínimas interiores, no todos tienen por qué haber sido construidos por el mismo fabricante.[6]

En cualquier caso, la normativa establece las medidas mínimas interiores, de modo que todo contenedor ISO tiene unas medidas interiores iguales o superiores a las indicadas (véase la tabla 4.3). Por tanto, al tomar estas como referencia se evita el riesgo de mala planificación de la carga.

4.1.3 Anchura del contenedor

Como se ha indicado, la anchura exterior normalizada de los contenedores es de 8′, si bien en el tráfico europeo también circulan contenedores *pallet wide* (PW),

---

[6] Algunas líneas marítimas indican en sus catálogos las medidas interiores según las matrículas de sus contenedores, de modo que es posible conocer las dimensiones exactas de un contenedor si se dispone de su matrícula. Otras navieras proporcionan las medidas por tipo de contenedor, que pueden ser superiores a las mínimas establecidas por la norma ISO.

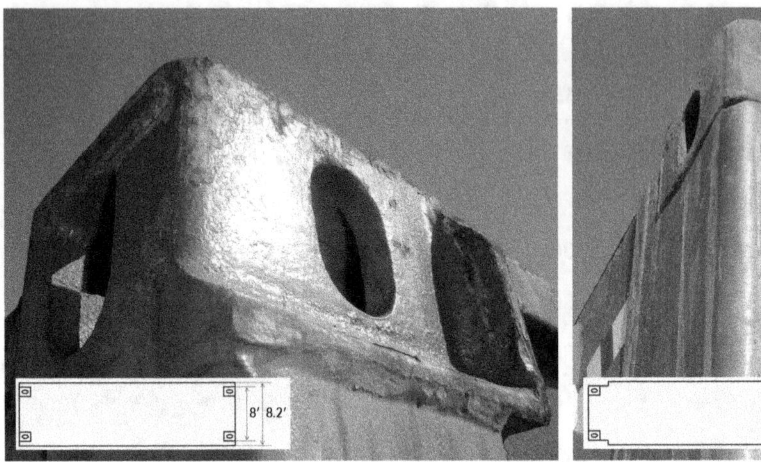

Figura 4.8. Cantoneras de contenedor PW no celular (izquierda) y celular (derecha).

diseñados para optimizar la carga de europalés,[7] cuya anchura exterior entre paredes es de 8.2'. Dado que la mayoría de los buques portacontenedores han sido concebidos para transportar contenedores ISO, esta diferencia puede suponer un problema en la estiba de contenedores PW a bordo del buque, ya que a menudo no son compatibles con la anchura estándar de las guías.

Para subsanar este inconveniente, existen contenedores PW celulares cuyos postes se sitúan a la misma distancia que los de los contenedores estándares, de modo que pueden encajar en las guías de 8' de los buques celulares (véase la figura 4.8). Aun así, la diferencia de la anchura exterior entre paredes (pues entre cantoneras es la misma que en el resto de los contenedores para que puedan ser compatibles con los medios de manipulación y transporte) no deja de constituir un obstáculo para la optimización de la estiba de contenedores PW en la mayoría de los buques celulares, principalmente a causa de la pérdida de huecos.

Puesto que los buques que operan en el tráfico internacional de contenedores no fueron concebidos para transportar este tipo de contenedores, su uso en el tráfico transoceánico es excepcional. Sí se emplean, en cambio, en el transporte marítimo de corta distancia en buques portacontenedores europeos, que cuentan en algunos casos con bodegas celulares y cubiertas adaptadas a su anchura.

---

[7] Las consideraciones relativas a la optimización de la estiba de palés en contenedor se exponen en el apartado 3.2 del capítulo 7.

4.2 Pesos

En la consolidación del contenedor debe tenerse muy en cuenta el peso[8] que este puede transportar y que permite manipularlo adecuadamente. Para ello se consideran tres parámetros básicos:

- **Masa bruta máxima autorizada** *(maximum gross weight* o *maximum gross mass)*
  Es la masa máxima permitida del contenedor y su carga. Inicialmente las normas ISO establecieron, en líneas generales, unos valores máximos de 24 000 kg para los contenedores de 20′ y de 30 480 kg para los de 40′, pero dejaron abierto en algunos de sus apartados el uso de contenedores especiales de mayor masa bruta máxima. En la actualidad existen contenedores reforzados, fabricados con acero de alta resistencia, que superan dichos valores iniciales de referencia. En la tabla 4.4

Masas brutas máximas	
Designación	**Masa bruta máxima autorizada (kg)**
20′ DV	24 000, 30 480 o 32 500
40′ DV	30 480 o 32 500
40′ HC	30 480 o 32 500
45′ HC	32 500 o 34 000
20′ RF	30 480
40′ HCRF	30 480, 32 500 o 34 000
20′ FR	34 000, 40 000 o 45 000
40′ FR	45 000, 50 000 o 55 000

Tabla 4.4. Masas brutas máximas autorizadas de los contenedores de uso más frecuente.

---

[8] Desde el punto de vista físico, la masa *(m)*, medida en kilogramos (kg), y el peso *(P)*, medido en newtons (N), no son magnitudes equivalentes. En el lenguaje coloquial se llama *peso* a la magnitud expresada en kilogramos o toneladas (y, en el caso de los contenedores, también en libras [lb], como se observa en la figura 4.9); sin embargo, en sentido estricto, el peso es la masa multiplicada por la aceleración de la gravedad *(m · g;* donde $g = 9.81$ m/s^2), y se mide en unidades del Sistema Internacional de Unidades como el newton o sus múltiplos (kilonewton [kN], decanewton [daN], etc.) o del Sistema Técnico de Unidades como el kilogramo fuerza (kgf) o kilopondio (kp), la tonelada fuerza (tf), etc. En adelante, cuando un peso se exprese en kilogramos en lugar de newtons, dicha unidad debe interpretarse como kilogramos fuerza o kilopondios, de modo que 1 kgf o kp es el peso de 1 kg de masa y, por tanto, 1 kgf o kp = 1 kg · 9.81 m/s^2 = 9.81 N (aproximadamente 1 daN).

se proporcionan las masas brutas máximas autorizadas que se observan con más frecuencia para diferentes tipos de contenedores.

- **Tara** *(tare)*
  Es la masa del contenedor vacío. Si bien las masas brutas máximas están normalizadas, no ocurre lo mismo con la tara del contenedor, que puede variar en función de la empresa fabricante y debe solicitarse al operador que lo suministra o comprobarse en la puerta. A título orientativo, en la tabla 4.5 se recogen las taras aproximadas de los contenedores de uso más frecuente.

- **Carga útil máxima autorizada** *(maximum payload* o, simplemente, *payload)*
  Resulta de la diferencia entre la masa bruta máxima y la tara del contenedor. A modo de ejemplo, en la tabla 4.6 se proporcionan las cargas útiles máximas aproximadas de distintos contenedores sobre la base de los datos expuestos en las tablas 4.4 y 4.5.

El peso del contenedor debe establecerse siempre de acuerdo con las limitaciones legales para el transporte por carretera en los países por los que vaya a circular, así como con las características de los medios de manipulación.

Por ejemplo, en España, el peso máximo para un conjunto de cabeza tractora de tres ejes con plataforma portacontenedores (semirremolque) de dos o tres ejes que transporta un contenedor ISO es de 44 t, que corresponden a la suma del peso de

Taras aproximadas	
Designación	Tara (kg)
20' DV	2000-2500
40' DV	3750-4000
40' HC	4000-4500
45' HC	4750-5000
20' RF	2750-3250
40' HCRF	4250-4750
20' FR	2500-3000
40' FR	5500-6000

Tabla 4.5. Taras aproximadas de los contenedores de uso más frecuente.

Cargas útiles máximas aproximadas	
Designación	Carga útil máxima autorizada (kg)
20′ DV	22 000, 28 500 o 30 000
40′ DV	26 500 o 28 500
40′ HC	26 500 o 28 000
45′ HC	28 000 o 29 000
20′ RF	27 500
40′ HCRF	26 500, 28 000 o 29 000
20′ FR	31 000, 37 000 o 42 000
40′ FR	39 000, 44 000 o 49 000

Tabla 4.6. Cargas útiles máximas autorizadas aproximadas de los contenedores de uso más frecuente.

la cabeza tractora, el del semirremolque y el de la tara del contenedor más el de la mercancía. Si tenemos en cuenta que el peso medio de una cabeza tractora más un semirremolque es de 15 t, quedan aproximadamente 29 t para la tara del contenedor más la mercancía.

En el caso de un contenedor de 40′ HC o de uno de 40′ HCRF, una vez descontadas las 4 o 5 t de la tara, en España es posible cargar hasta 24 o 25 t de mercancía y transportar el contenedor por carretera sin sobrepasar el límite legal establecido. En este supuesto, se cargaría menos de lo que sería permisible si solo se usase el modo marítimo, ya que la carga útil máxima es mayor.

En cambio, este mismo contenedor sí podría circular –por ejemplo– en Perú cargado al máximo, ya que la limitación de peso para el transporte por carretera en ese país en estas circunstancias es de 48 t. Así pues, dicho contenedor, cargado con 29 t de mercancía, podría circular legalmente por carreteras peruanas y ser embarcado en Perú con destino a España; sin embargo, para poder salir del puerto español y circular por carretera debería ser aligerado parcialmente en el puerto, ya que de lo contrario el peso superaría los límites legales establecidos en el país de destino.

En cuanto a los medios de manipulación, las grúas de estiba de contenedores tienen limitaciones de peso, de modo que el contenedor no debe exceder el límite de capacidad de las grúas de las terminales de origen, transbordo y destino, que en muchos casos no supera las 40 o 45 t. Esta circunstancia merece especial atención en lo que concierne al transporte en contenedores plataforma, cuya masa bruta máxima puede alcanzar las 50 o 55 t (véase la tabla 4.4).

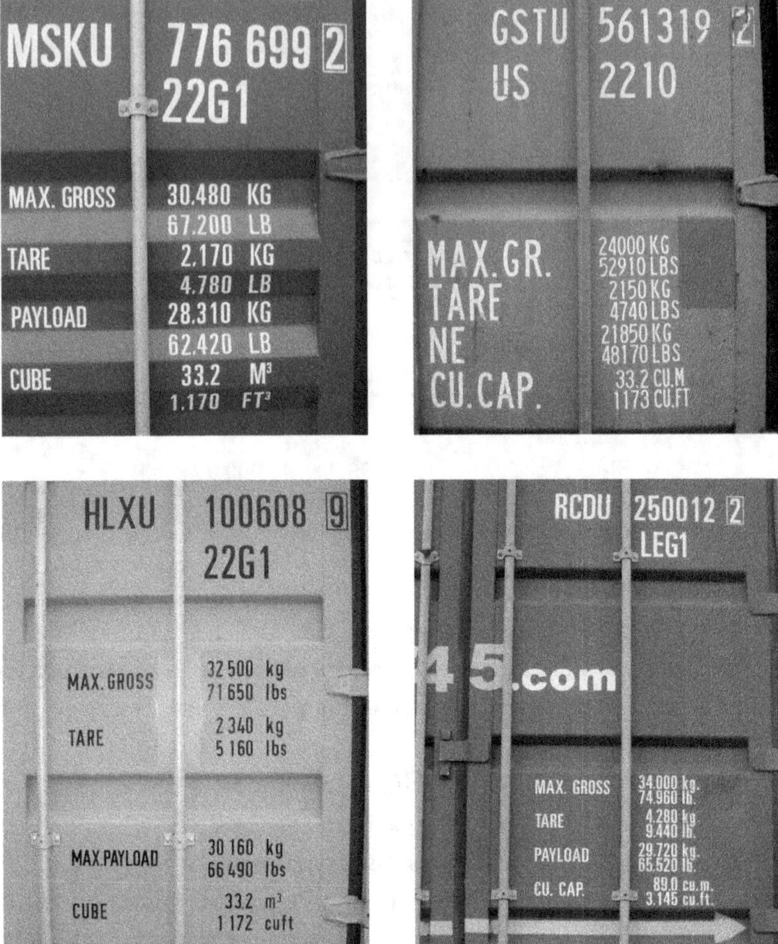

Figura 4.9. Masas brutas máximas, taras y cargas útiles máximas de tres contenedores de 20′ DV (imágenes superiores e inferior izquierda) y de un contenedor de 45′ HCPW (inferior derecha).

Por otro lado, el transporte por carretera de un contenedor con ese peso, considerado de carga pesada, constituye un transporte especial y lo habitual es que el contenedor solo viaje por mar de muelle a muelle. Esto es, en un flujo logístico de importación –por ejemplo–, una empresa portuaria se encarga de la desconsolidación del contenedor en el muelle para el posterior transporte de la mercancía (ya descargada del contenedor) en un vehículo de transporte especial por carretera.[9]

---

[9] El flujo logístico del contenedor se describe en el capítulo 6.

4.3   Materiales y componentes

El contenedor consta básicamente de tres partes: una estructura o bastidor, compuesta por las vigas y los postes; las paredes y el techo (si los hay), y el piso o suelo.

Cada una de estas partes se fabrica con materiales diversos, en función del tipo de contenedor, y está constituida, a su vez, de componentes bien diferenciados. Una vez construidos, los contenedores deben ser inspeccionados por sociedades de clasificación internacionales de acuerdo con los criterios establecidos por la ISO.

4.3.1   Materiales de fabricación

Los principales materiales utilizados en la fabricación de los contenedores estándares son el acero de alta resistencia (habitualmente, acero corten o anticorrosión), empleado en la construcción de la estructura y de las paredes; el acero forjado, con el que se crean los elementos de cierre de las puertas, y el contrachapado de madera, usado en el suelo.[10]

En la fabricación de los contenedores frigoríficos se usa, además, acero inoxidable en el interior, aluminio en el suelo de rejilla interior y espuma de poliuretano como aislante térmico. El toldo de los contenedores de techo abierto se confecciona con poliéster y policloruro de vinilo (PVC), y en el suelo de los contenedores plataforma el contrachapado se sustituye por tablas de madera.

Otros materiales usados en la fabricación de todos los tipos de contenedores son el caucho (para hermetizar las juntas de cierre de la puerta), las pinturas resistentes a los agentes atmosféricos y la corrosión (para preservar las paredes), pintura asfáltica o brea para impermeabilizar la superficie exterior del suelo de madera, etc.

4.3.2   Partes y componentes

En las figuras 4.10 y 4.11 se muestra el despiece de las partes principales de un contenedor estándar y del suelo de un contenedor de 20′, respectivamente.

---

[10] Originalmente, la estructura de los contenedores se construía tanto en acero como en aluminio. Este último material reduce considerablemente el peso del contenedor y ofrece una elevada resistencia a la corrosión; sin embargo, en comparación con el acero, el aluminio es mucho más vulnerable a los golpes y su costo resulta muy superior, de ahí que su uso se limite hoy a la fabricación de componentes auxiliares.

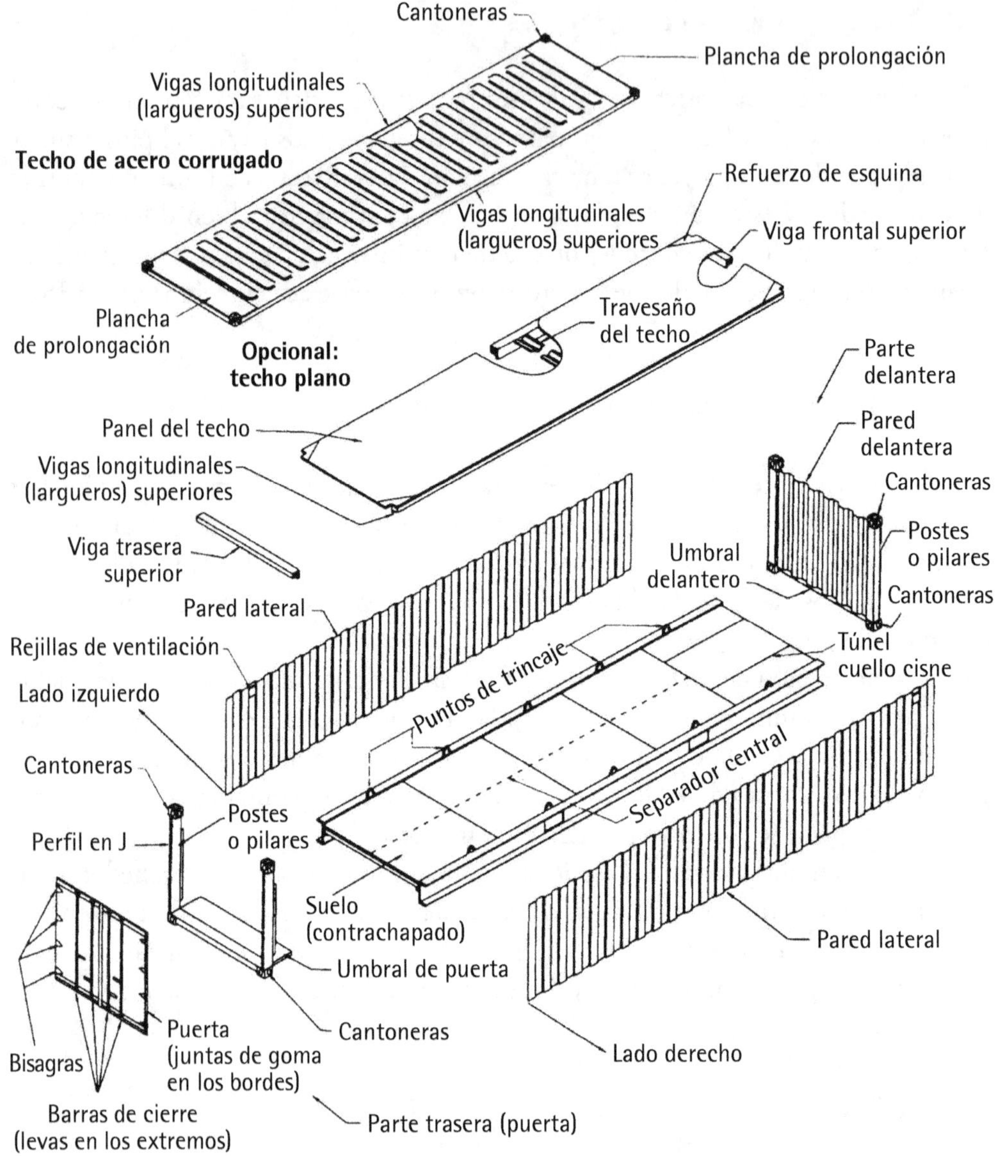

Figura 4.10. Partes principales de un contenedor estándar.

Todos los componentes de los diferentes tipos de contenedores están codificados en la norma ISO 9897, lo que facilita su identificación en cualquier contexto y, consecuentemente, la elaboración de presupuestos de reparación de los contenedores dañados sin riesgo de equivocaciones. De este modo es posible señalar el componente dañado mediante códigos de componente (por ejemplo, LBH

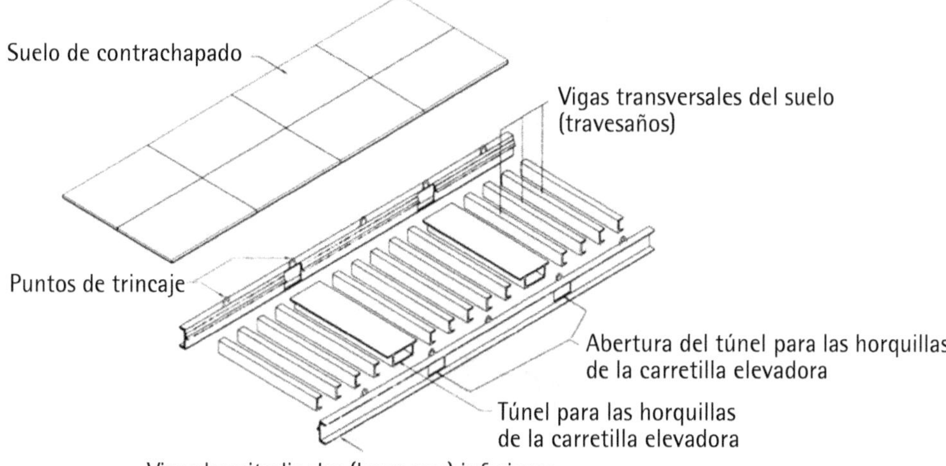

Figura 4.11. Detalle del suelo de un contenedor estándar de 20′.

[locking bar handle, «maneta de cierre de la puerta»]), la localización del daño mediante códigos de posición (como RT1N *[right top 1N,* «pared derecha zona superior del tramo 1N»]), el tipo de daño (HO *[holed,* «agujereado»], BT *[bent,* «abollado»], etc.) y el tipo de reparación (GS *[straighten,* «enderezar»], WD *[weld,* «soldar»], etc.).

4.4   Resistencia estructural

Para garantizar la seguridad de las mercancías, de las personas y del transporte durante el uso del contenedor, al término de su proceso de fabricación este se somete a ciertas pruebas de resistencia estructural establecidas en la norma ISO 1496-1 y en el Convenio CSC.

De acuerdo con estas normas, la puerta y la pared delantera o frontal deben tener una resistencia estructural del 40 % de la carga útil máxima del contenedor (*P*) repartida en toda la superficie; las paredes laterales, del 60 % de la carga útil máxima, y el techo, de 300 kg repartidos en una superficie de 60 × 30 cm (véase la figura 4.12).

En cuanto al suelo, debe resistir la circulación de una carretilla elevadora con ruedas neumáticas a lo largo de todo el contenedor mientras este permanece apoyado horizontalmente sobre sus cantoneras, sin que llegue a sufrir ningún tipo de deformación permanente.

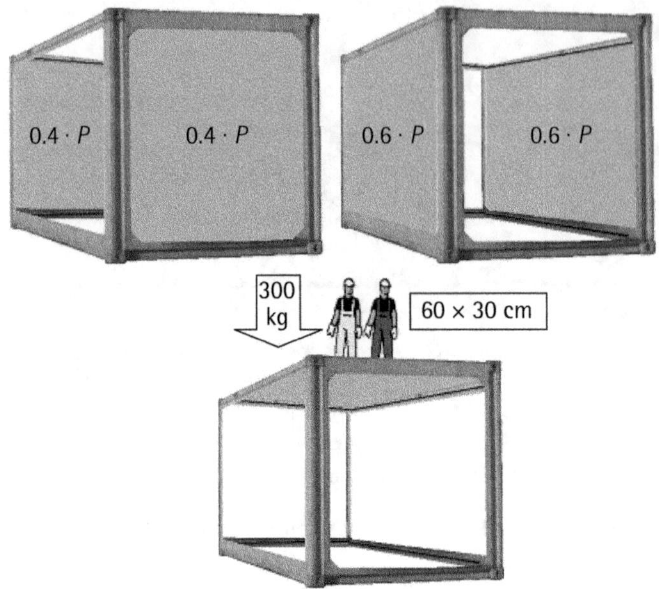

Figura 4.12. Resistencia estructural de las paredes y el techo del contenedor.

En este ensayo se utiliza una carretilla con una carga de prueba *(Q)* por eje de 7260 kg,[11] que equivale a *Q*/2 por rueda; es decir, 3630 kg por neumático (véase la figura 4.13). Las ruedas deben tener una anchura nominal de 180 mm y un ancho de vía (distancia, medida sobre el eje, entre el centro de cada una de las dos ruedas) de 760 mm, y el área de contacto de cada rueda con el suelo del contenedor no puede sobrepasar los 142 cm² (284 cm² para el conjunto de las dos ruedas del eje).

5   Identificación, codificación y marcado

Los sistemas de identificación, codificación y marcado de los contenedores, imprescindibles para el seguimiento y la seguridad de su transporte a lo largo de la cadena logística, se desarrollan en la norma ISO 6346.

---

[11] Hasta 2005, año en que se actualizó la norma, dicha carga de prueba era de 5460 kg. Esto significa que los suelos de los contenedores fabricados hasta 2005 se sometieron a pruebas de resistencia menos restrictivas que los fabricados con posterioridad a ese año.

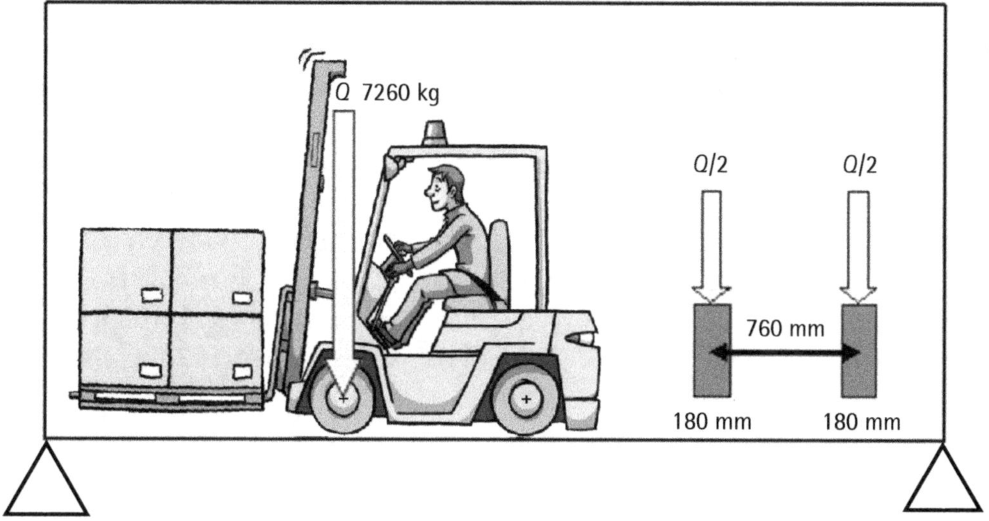

Figura 4.13. Ensayo de resistencia del suelo del contenedor según la norma ISO 1496-1.

5.1 Identificación

La identificación del contenedor, única para cada unidad, se refleja en su matrícula, que figura en la puerta, en el techo y en las paredes laterales y delantera o frontal. La matrícula está compuesta por cuatro letras, seis cifras y un dígito de control. Para ilustrar dicha composición, tómese como ejemplo la matrícula HLXU-100608-9:

- **HLXU**
  Las tres primeras letras (HLX) corresponden a las siglas de la empresa propietaria del contenedor.[12] En cuarta posición figurará la letra *U* siempre que el contenedor haya sido fabricado conforme a la normativa ISO.

- **100608**
  Las seis primeras cifras de la matrícula designan el número de serie del contenedor determinado por la compañía propietaria.

---

[12] Para proteger su uso, las siglas deben registrarse en la Oficina Internacional de Contenedores y de Transporte Intermodal (BIC, por sus siglas en francés), en cuyo web (www.bic-code.org) se recogen las siglas registradas de todas las compañías mundiales.

- **9**

  El dígito de control resulta de un algoritmo matemático calculado a partir de las letras y del número de serie.[13] Para obtenerlo, primero se asigna a cada letra un valor numérico (véase la tabla 4.7) y se mantienen las cifras del número de serie. Después se multiplica cada una de las cifras obtenidas por un factor de ponderación en la escala de 2^0 hasta 2^9 y se suman todos los resultados (18 + 46 + 144 + 256 + 16 + 0 + 0 + 768 + 0 + 4096 = 5344) (véase la tabla 4.8). Se divide dicha suma entre el valor modular 11 y el resto de la división corresponde al dígito de control, que en este caso es 9 (5344/11 = 485, con un resto de 9 [11 · 485 = 5335] + 9 = 5344).

Equivalencias entre letras y cifras									
Letra	Valor	Letra	Valor	Letra	Valor	Letra	Valor	Letra	Valor
A	10	G	17	M	24	S	30	Y	37
B	12	H	18	N	25	T	31	Z	38
C	13	I	19	O	26	U	32		
D	14	J	20	P	27	V	34		
E	15	K	21	Q	28	W	35		
F	16	L	23	R	29	X	36		

Tabla 4.7. Asignación de valores numéricos a las letras de la matrícula para calcular el dígito de control.

Cálculo del dígito de control										
	H	L	X	U	1	0	0	6	0	8
	18	23	36	32	1	0	0	6	0	8
×	$2^0 = 1$	$2^1 = 2$	$2^2 = 4$	$2^3 = 8$	$2^4 = 16$	$2^5 = 32$	$2^6 = 64$	$2^7 = 128$	$2^8 = 256$	$2^9 = 512$
=	18	46	144	256	16	0	0	768	0	4096

Tabla 4.8. Ejemplo de cálculo del dígito de control de un contenedor con matrícula HLXU-100608.

[13] El sitio web de la BIC (www.bic-code.org) pone a disposición del usuario herramientas para el cálculo del dígito de control, que también puede comprobarse en los sitios web de empresas de logística como TransBase Soler (www.transbasesoler.com/chequeo) o SDS (www.sds.es/despiece), entre otras.

5.2 Codificación

Mediante la codificación del contenedor se especifican sus características estructurales básicas (longitud, altura, anchura y configuración). El código se indica en la puerta y en las paredes laterales del contenedor, al lado de la matrícula, y en ocasiones puede ir acompañado del código ISO del país en que ha sido fabricado, si bien este último no es obligatorio.

El sistema de codificación vigente en 2014 data de 1995, cuando se modificó la norma ISO correspondiente. Dado que aún circulan contenedores fabricados con anterioridad a esa fecha, a continuación se describen ambos sistemas de codificación.

5.2.1 Codificación anterior a 1995

El código del contenedor está constituido por cuatro caracteres numéricos. Los dos primeros corresponden a la longitud y a la altura, respectivamente (véase la tabla 4.9), mientras que los dos últimos precisan sus características técnicas y su configuración (por ejemplo, 10 para contenedores estándares con rejillas de ventilación, 32 para

Codificación ISO anterior a 1995			
Primer carácter		**Segundo carácter**	
Longitud	Código	Altura *(H)*	Código
10′	1	8′	0
20′	2	8′ gnt*	1
30′	3	8′6″	2
40′	4	8′6″ gnt	3
		$H > 8′6″$	4
		$H > 8′6″$ gnt	5
		$H > 4′3″$	6
		$H > 4′3″$ gnt	7
		$4′3″ < H < 8′$	8
		$H < 4′$	9

* Contenedor con túnel cuello cisne *(gooseneck tunnel* o gnt).

Tabla 4.9. Primer y segundo caracteres de la codificación ISO anterior a 1995.

Primer carácter de codificación ISO		
Longitud (mm)	Longitud (ft)	Código
2991	10	1
6068	20	2
9125	30	3
12 192	40	4
7150		A
7315	24	B
7430	24.5	C
7450		D
7820		E
8100		F
12 500	41	G
13 106	43	H
13 600		K
13 716	45	L
14 630	48	M
14 935	49	N
16 154		P

Tabla 4.10. Primer carácter de la codificación ISO posterior a 1995.

Segundo carácter de codificación ISO				
Altura *(H)*		Anchura *(W)* (mm)		
mm	ft/in	2438	2438 < *W* ≤ 2500	*W* > 2500
2438	8′	0		
2591	8′6″	2	C	L
2743	9′4″		D	M
2895	9′6″	5	E	N
H > 2895	*H* > 9′6″	6	F	P
1295	4′3″	8		

Tabla 4.11. Segundo carácter de la codificación ISO posterior a 1995.

contenedores frigoríficos con refrigeración y calentamiento, 63 para plataformas con paredes plegables, etc.).

De acuerdo con estos datos, el código 2210 de un contenedor se desglosa como sigue:

- 2: contenedor de 20′ de longitud.
- 2: contenedor de 8′6″ de altura sin túnel cuello cisne.
- 10: contenedor estándar con ventilación pasiva.

5.2.2 Codificación posterior a 1995

El código del contenedor está constituido por cuatro caracteres alfanuméricos. Los dos primeros corresponden a las dimensiones de longitud, altura y anchura (véanse las tablas 4.10 y 4.11), mientras que los dos últimos describen sus características técnicas y su configuración. Son ejemplo de estos últimos los caracteres G0 (contenedor estándar abierto en un extremo sin rejillas de ventilación), G1 (contenedor estándar abierto en un extremo con rejillas de ventilación), R1 (contenedor frigorífico refrigerado o calentado mecánicamente), etc.

De acuerdo con estos datos, el código LEG1 de un contenedor se desglosa como sigue:

- L: contenedor de 45′ de longitud.
- E: contenedor de 9′6″ de altura y una anchura de $2438 < W \leq 2500$ mm.
- G1: contenedor estándar con ventilación pasiva.

En la tabla 4.12 se recogen los códigos de los contenedores de uso más frecuente conforme al sistema de codificación posterior a 1995.

Códigos habituales	
Designación	**Código**
20′ DV	22G1
40′ DV	42G1
40′ HC	45G1
20′ RF	22R1
40′ RF	42R1
40′ HCRF	45R1

Tabla 4.12. Códigos de los contenedores de uso más frecuente.

5.3   Marcado

Además de sus respectivas matrículas y códigos, los contenedores exhiben diversas marcas que aportan información relativa a la seguridad, el control y la operativa del contenedor y de su transporte.

5.3.1   Marcas de seguridad y control

El uso del contenedor está sujeto a los requisitos establecidos en el Convenio Internacional sobre la Seguridad de los Contenedores (CSC) y en el Convenio Aduanero sobre Contenedores (CCC), así como a las inspecciones legales vigentes. Del cumplimiento de estas normas dan fe las siguientes marcas:

- **Placa CSC**
  Certifica el cumplimiento de las condiciones de seguridad, evaluadas mediante las pruebas de resistencia estructural del contenedor, y proporciona los siguientes datos:

  - *Masa bruta máxima autorizada* (maximum gross weight) o masa máxima permitida del contenedor y su carga.
  - *Peso de apilamiento autorizado para 1.8g* (allowable stacking weight for 1.8*g*). Es la masa máxima (si se expresa en kg) que se puede apilar encima del contenedor en condiciones dinámicas, a bordo del buque, donde se espera una aceleración máxima de 1.8*g*.[14]
  - *Prueba de rigidez transversal* (racking test load value). Mide la resistencia del contenedor a un esfuerzo lateral, que debe ser superior o igual a 15 240 kgf.

- **Placa CCC**
  Avala el cumplimiento de los requisitos aduaneros para la libre circulación de los contenedores vacíos, los cuales, al ser considerados una unidad de transporte de carga y no el objeto de una transacción comercial, no están sujetos a impuestos ni aranceles. Para justificar esta condición, el contenedor debe contar con la placa CCC, que certifica su transporte bajo precinto aduanero *(approved for transport under customs seal)*.

---

[14] Las fuerzas que intervienen en el transporte de los contenedores se describen en el apartado 4 del capítulo 5.

- **Certificación de inspección**

  Los contenedores son sometidos a inspecciones periódicas cuya validez y vigencia deben exhibir adecuadamente. Esta marca varía según el mecanismo de inspección, que de acuerdo con el Convenio CSC puede enmarcarse en un programa autorizado de inspección continua *(approved continuous examination program* o ACEP) o efectuarse mediante un organismo de control autorizado (OCA).[15]

  En los contenedores inspeccionados en régimen ACEP, el número de registro del contenedor en dicho sistema debe figurar grabado en una placa o en un adhesivo.

  Respecto a los controles efectuados mediante OCA, para dejar constancia de la inspección realizada se indica la fecha del próximo control troquelada en una placa o en un adhesivo.

En la figura 4.14 (izquierda) se muestra una placa CSC integrada en la aduanera junto con una certificación de inspección ACEP. No obstante, puede ocurrir

Figura 4.14. Placas de seguridad (CSC) y aduanera (CCC) integradas en un contenedor registrado en el sistema de inspección ACEP (izquierda) y placas de un contenedor sujeto a inspección por OCA (derecha).

---

[15] Las consideraciones relativas a la inspección de contenedores se exponen en el apartado 4 del capítulo 6.

que la información figure en tres placas diferentes o que la marca de inspección se exhiba en un adhesivo, como se observa en la imagen de la derecha. En este caso, la inspección ha sido efectuada mediante un OCA; la fecha del control aparece troquelada en la placa CSC y su validez se indica en el adhesivo (de menor tamaño).

Otras marcas relativas a la seguridad y el control certifican, por ejemplo, el modo o modos en que el contenedor puede ser transportado. Tal es el caso de símbolos como [i|c] (véase la figura 4.15) e [i|t], emanados ambos de la Unión Internacional de Ferrocarriles (UIC). El primero ([i|c]) indica que el contenedor es apto tanto para el modo ferroviario como para los modos marítimo y por carretera, mientras que el segundo ([i|t]) da fe de la certificación del contenedor únicamente para el transporte terrestre (ferroviario y por carretera), como en el caso de las cajas móviles.[16]

Figura 4.15. A la izquierda, el triángulo *(«super heavy»)* y el cuadrado inferior *(«caution high container»)* indican respectivamente que se trata de un contenedor reforzado de gran capacidad. En ambas imágenes, un cuadrado amarillo especifica la altura del contenedor (2.9 m / 9'6" [izquierda] y 2.6 m / 8'6" [derecha]).

[16] La cifra expresada bajo los símbolos [i|c] e [i|t] corresponde al código de la entidad perteneciente a la UIC que ha certificado el uso del contenedor. En el ejemplo de la figura 4.15, 81 es el código de la compañía de ferrocarriles ÖBB Österreichische Bundesbahnen Austria.

Figura 4.16
Las líneas con franjas amarillas y negras
de las esquinas superiores del contenedor señalan
su gran capacidad, mientras que las flechas
amarillas de la puerta advierten de su anchura:
se trata de un contenedor *pallet wide*,
de 2.5 m de ancho.

Finalmente, en el contenedor también suelen encontrarse adhesivos con el logotipo de la sociedad de clasificación certificadora (LR [Lloyd's Register], BV [Bureau Veritas], etc.) y con el de la empresa fabricante (por ejemplo, CIMC [China International Marine Containers] o Singamas Container Holdings, entre otras).

5.3.2 Marcas operacionales

Las marcas operacionales tienen por objeto señalar aquellas características del contenedor –fundamentalmente relativas a sus dimensiones y su peso– que deben tenerse en cuenta durante su manipulación y su transporte.

En las figuras 4.15 y 4.16 se ilustran varios tipos de marcas operacionales.

Capítulo 5

Medios de manipulación y transporte de mercancías y contenedores

En este capítulo se describen los medios empleados para cargar mercancías en contenedor, los destinados a la manipulación de los contenedores a lo largo del flujo logístico y los vehículos en que se transportan hasta su destino, así como las fuerzas físicas que actúan sobre las mercancías durante el transporte.

1 Medios de manipulación de mercancías para la estiba en contenedor

La estiba y la desestiba de mercancías en contenedor requieren procedimientos y medios acordes con la naturaleza de la carga. Además, en la manipulación de las mercancías interviene necesariamente el conocimiento de las circunstancias ambientales y de resistencia soportables por la carga (temperatura, humedad, fragilidad, apilabilidad, etc.), esencial para el éxito de la operación.

Atendiendo a estas consideraciones, la manipulación de las mercancías puede efectuarse manualmente (carga manual) o con la ayuda de medios mecánicos diseñados para llevar a cabo estas operaciones:

- **Transpalés**

  Son equipos dotados de dos horquillas o palas alargadas que, al introducirse debajo de la carga (normalmente, dispuesta en palés o en cajas habilitadas cuyo piso es similar al del palé), permiten elevarla y transportarla.

  Existen modelos de transpalés manuales, con capacidades de carga de entre 1 y 3 t, provistos de un sistema de elevación hidráulica y de tracción manual, y transpalés con motor eléctrico, cuya capacidad oscila entre 2 y 4 t (véase la figura 5.1). Los transpalés eléctricos pueden ser pilotados, en caso de que cons-

Figura 5.1. Transpalé manual (izquierda) y transpalé eléctrico pilotado (derecha).

tan de una plataforma en la que la persona permanece de pie, o acompañados, si durante su uso es necesario caminar al lado.

- **Carretillas elevadoras automotoras**[1]
  De configuración y funcionamiento similares a los del transpalé, se trata de carretillas generalmente dotadas de dos horquillas que, al introducirse debajo de las cajas o de los palés, permiten su elevación, su manipulación y su traslado. Estos equipos de carga están provistos de un motor, eléctrico o de explosión, y pueden levantar desde 1 t —en el caso de las carretillas más ligeras— hasta 45 t.

  Por sus características, las carretillas más usadas se denominan *carretillas elevadoras automotoras de horquillas,* si bien existen múltiples implementos que pueden sustituir a las horquillas o acoplarse a ellas para manipular diferentes tipos de mercancías, como diversos modelos de pinzas (para manipular bobinas o bidones), de postes (en caso de manejar tubos o rollos de alambrón), etc. (véase la figura 5.2).

- **Grúas**
  Para cargar mercancías en contenedor se emplean básicamente grúas móviles autopropulsadas y grúas pórtico o puentes grúa. Las primeras pueden circular

---

[1] Las carretillas elevadoras suelen llamarse coloquialmente de maneras diversas en cada país, a menudo mediante nombres derivados de los de la empresa fabricante más representativa o en alusión a otras entidades de forma similar. Por ejemplo, en Argentina son conocidas como *clark;* en Chile, como *yale;* en España, como *toro;* en Perú, como *pato,* etc.

Figura 5.2. Carretilla elevadora de horquillas de 16 t cargando un cajón de maquinaria en un contenedor de 20′ (izquierda) y carretilla elevadora de 4.5 t dispuesta para cargar un contenedor de 40′ con paquetes de tablero (derecha).

Figura 5.3. Grúa móvil autopropulsada (izquierda) y grúa pórtico (derecha).

como un vehículo de carretera y desplazarse hasta el lugar de carga, mientras que las segundas constituyen habitualmente una instalación fija (véase la figura 5.3).

Estos equipos de carga permiten izar la mercancía por medio de un gancho que se une a la grúa mediante diferentes accesorios de elevación, como eslingas, balancines, anillas, grilletes, etc.

- **Equipos de carga para graneles**
  La carga de graneles sólidos se efectúa mediante mecanismos diversos, como cintas o palas mecánicas, transportadores neumáticos, etc. (véase la figura 5.4). En la carga de graneles líquidos se emplean fundamentalmente sistemas de bombeo.

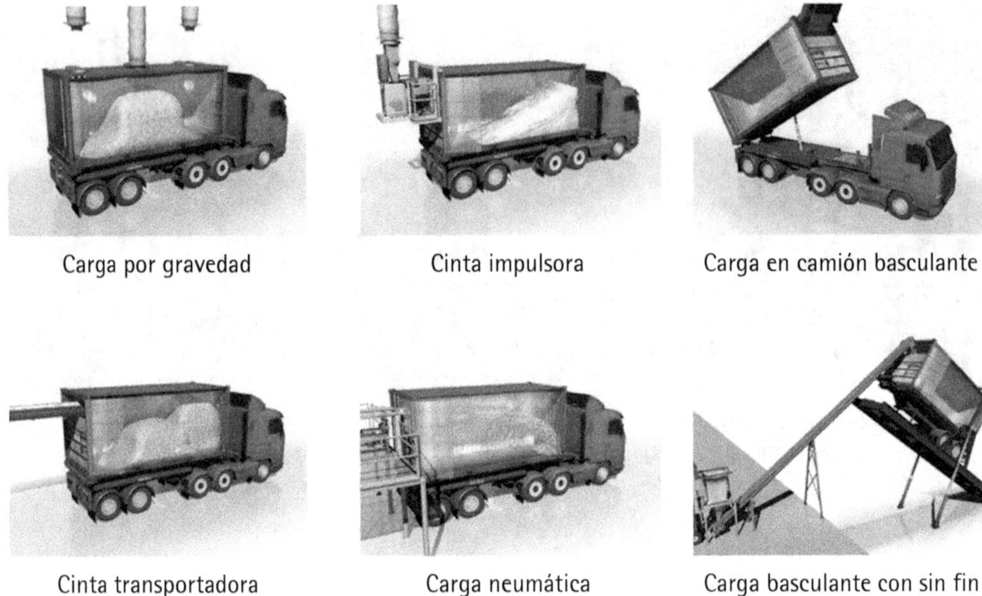

Figura 5.4. Carga de contenedor con granel sólido.

- **Equipos de carga de diseño especial**

  La naturaleza especial de determinadas mercancías ha propiciado el diseño de equipos de carga específicos para su manipulación, fruto de la combinación de las características de los equipos de carga anteriormente descritos y del desarrollo de proyectos innovadores (véase la figura 5.5).

Figura 5.5. Equipo para la manipulación de tablas de mármol y granito (izquierda) y plataforma automática para cargas largas en contenedores estándares (derecha).

El contenedor puede cargarse instalado sobre el medio de transporte empleado (véase el apartado 3), en caso de tratarse de un semirremolque o de un vagón de ferrocarril, o bien una vez colocado en el suelo con los medios de manipulación de contenedores adecuados (véase el apartado 2). Ambas posibilidades son válidas salvo si la mercancía, por su elevado peso o su extraordinaria envergadura, exige la carga del contenedor en el suelo (por ejemplo, al estibar un bloque de mármol o de granito).

A continuación se describen los medios de manipulación habituales en la consolidación de contenedores estándares y abiertos, así como ciertas consideraciones relativas a la carga de mercancías en estos recipientes.

1.1 *Medios para la estiba en contenedores estándares*

En los contenedores estándares se estiban tanto mercancías con embalajes de configuración sencilla (cajas, sacos, palés, cajones de madera, etc.) como cargas que requieren un tratamiento especial por su gran tonelaje o su geometría.

El primer tipo de mercancías pueden ser cargadas de manera manual, si se trata de bultos sueltos (en general, cajas o sacos) con pesos habitualmente inferiores a 25 kg,[2] o bien mediante carretillas elevadoras convencionales o transpalés, en caso de que se estiben unidades superiores de carga (cajones, palés, supersacos, etc.) cuyo peso por bulto no exceda, en general, las 5 t.

No obstante, las características físicas del contenedor condicionan las de los medios de carga que pueden acceder a él. Así, la resistencia estructural del suelo al paso de una carretilla elevadora permite la circulación interior de carretillas con capacidades de elevación de hasta 4 o 5 t (con taras de alrededor de 7 u 8 t); los equipos de carga de mayor capacidad superarían la resistencia estructural del contenedor y podrían romper el suelo. Por otro lado, habida cuenta de que la altura mínima de la puerta de un contenedor estándar es de 2261 mm, la altura máxima de la carretilla elevadora no puede sobrepasar los 2250 mm.[3]

En consecuencia, los equipos de carga más pesados admitidos en el interior del contenedor son los de 5 t de capacidad de elevación (con el centro de gravedad de la carga a 50 o 60 cm del mástil), generalmente de mástil triple (para solventar el

---

[2] Muchos países cuentan con legislaciones de seguridad laboral que limitan la masa máxima que una persona puede levantar manualmente. El valor indicado se aporta solo a modo de referencia.

[3] Respecto a la altura de las carretillas elevadoras en el interior del contenedor, véase el apartado 3.2.2 del capítulo 7.

Figura 5.6. Carretilla elevadora de 45 t de capacidad (izquierda) y grúa pórtico con implemento (derecha) cargando un bloque y unas tablas de granito, respectivamente, en contenedores estándares de 20'.

problema de la altura en puerta). Si estas máquinas disponen de horquillas de 2 m, se pueden manipular cargas de 2 m de longitud pero de menor peso (alrededor de 3000 kg), ya que el centro de gravedad de la carga se encuentra en este caso a 1 m del mástil. El acoplamiento en las horquillas de un implemento de 6 m permite manipular cargas de dicha longitud; en cambio, dado que el centro de gravedad de la carga se sitúa en este caso a 3 m, la capacidad de elevación se reduce a 1000 kg.

Para estibar mercancías de mayores pesos y longitudes es necesario usar equipos especiales de carga o, en su defecto, arrastrar los embalajes en el contenedor. En este último caso, para evitar daños al suelo, la carga debe situarse sobre patines que faciliten su deslizamiento o bien han de colocarse debajo tanquetas de rodillos, diseñados ambos para que la mercancía se deslice fácilmente. Los patines consisten en unas guías de madera o de metal sin ruedas, de las que sí disponen, en cambio, las tanquetas.

En cuanto a las cargas pesadas y a aquellas cuya geometría implica una difícil manipulación (bloques o tablas de granito, tochos de aluminio, etc.), pueden estibarse con máquinas de gran tonelaje desde el exterior del contenedor, mediante grúas pórtico con implementos específicos o por medio de equipos de carga de diseño especial (véanse las figuras 5.5 y 5.6).

1.2   Medios para la estiba en contenedores abiertos

Los contenedores de techo abierto y plataforma pueden consolidarse tanto con grúas verticales como con carretillas elevadoras. Estos últimos equipos de carga se

Figura 5.7
Carga de cajones con sobrealtura en un
contenedor de techo abierto de 40′.

usan asimismo para estibar mercancías en contenedores de lateral abierto, cuyo uso, no obstante, queda generalmente relegado al transporte ferroviario.

Las existencias de contenedores abiertos son muy limitadas, de modo que muchas veces la demanda es superior a la oferta. En consecuencia, el transporte marítimo de estos contenedores es más costoso que el de los estándares (la diferencia, por término medio, oscila entre 500 y 1000 USD) y sus plazos de recepción pueden dilatarse hasta un mes desde el momento en que se solicitan, ya que en ocasiones no hay contenedores de este tipo disponibles en la terminal solicitada y han de trasladarse desde otro puerto.

Por estos motivos, las empresas exportadoras evitan usar contenedores abiertos e intentan cargar las mercancías en contenedores estándares. Aun así, el uso de contenedores abiertos sigue siendo la única opción de transporte cuando la empresa cargadora o la receptora no dispone de medios para cargar o descargar las mercancías en un contenedor estándar, así como en el transporte de mercancías sobredimensionadas (véase la figura 5.7), en que las compañías navieras cobran los huecos ocupados por dichas sobremedidas y los costos del transporte marítimo son muy elevados.

1.3 Acceso de los medios de estiba a los contenedores

Como se ha visto, la estiba de las mercancías puede efectuarse mediante carretillas elevadoras tanto en los contenedores estándares como en los abiertos. Para acceder con dichos equipos de manipulación al contenedor se usan muelles de carga

Figura 5.8. **Muelle de carga fijo (izquierda) y muelle de carga móvil (derecha).**

o rampas, que permiten nivelar el suelo del contenedor con el de la terminal o la instalación de carga.[4]

Los muelles de carga, que pueden ser fijos o móviles, resultan útiles en la consolidación de contenedores instalados sobre semirremolques (véase la figura 5.8). Las rampas, en cambio, suelen usarse en la carga de contenedores colocados en el suelo (véase la figura 5.9). En este último caso, la diferencia de altura es de alrededor de 15 cm en los contenedores estándares y de techo abierto, de 20 cm en los frigoríficos, de 40 cm en los plataforma de 20′ y de 65 cm en los plataforma de 40′.

Con todo, en algunas circunstancias es posible prescindir de estos dispositivos. Por ejemplo, la estiba de palés en un contenedor sobre semirremolque puede realizarse trasladando los palés con la carretilla elevadora hasta la puerta del contenedor y mo-

Figura 5.9
Rampa de acceso a contenedor estándar para carretillas elevadoras.

[4] Los muelles de carga y las rampas se emplean asimismo en la estiba en contenedor de carga rodada.

viéndolos posteriormente hacia el interior con un transpalé manual. Sin embargo, esta opción no permite remontar los palés en el interior del contenedor.

2   Medios de manipulación de contenedores

Con excepción de los contenedores provistos de túneles de horquillas, que pueden ser manipulados con carretillas elevadoras (normalmente, en vacío), la práctica totalidad de los equipos de manipulación de contenedores se basan en el anclaje de estos recipientes por medio de sus cantoneras superiores.

El anclaje se realiza mediante un bastidor *(spreader)* que puede anclar el contenedor por dos de sus cantoneras superiores o por las cuatro (en los equipos de manipulación de contenedores vacíos y en los de contenedores llenos, respectivamente). La mayoría de los bastidores cuentan con dispositivos de anclaje mecánicos y son extensibles, de modo que su longitud puede adaptarse a la del contenedor. También existen bastidores fijos con anclaje manual, que requieren personal operario que gire manualmente la palanca del pestillo de anclaje o bloqueo *(twistlock)* para sujetarlo al contenedor.

En la figura 5.10 se muestra un dispositivo de anclaje. El bastidor se posiciona verticalmente sobre la cantonera (véase el cuadro superior derecho) y desciende de

Figura 5.10. Esquina de un bastidor de cuatro anclajes.

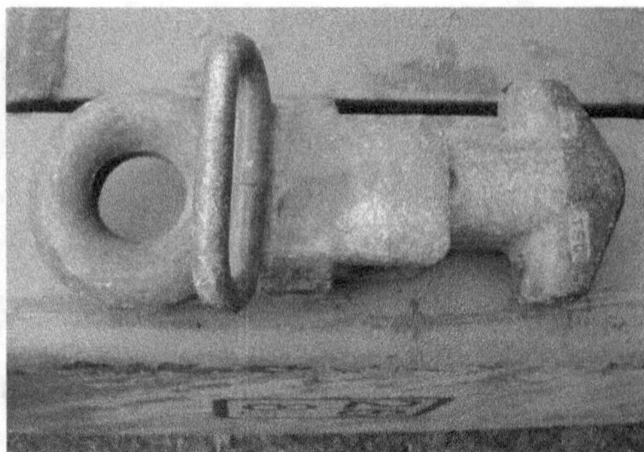

Figura 5.11. Pestillo de anclaje de elevación.

manera que el dispositivo se introduzca en ella. Al accionarse el sistema mecánico, el pestillo de anclaje gira 90° y se fija tal como figura en el cuadro central derecho, con lo que el contenedor queda fuertemente unido al bastidor.

En aquellos casos en que el bastidor no puede acceder directamente a las cantoneras (por ejemplo, al manipular contenedores plataforma) se usan distintos implementos para izar el contenedor, como los pestillos de anclaje de elevación. Estos dispositivos permiten manipular el embalaje por medio de eslingas de elevación unidas a él con un grillete o con un gancho (véase la figura 5.11).

Los medios de manipulación varían según su función; esto es, existen medios de manipulación de contenedores vacíos y de contenedores llenos. Según su naturaleza, dichos medios se emplean en los depósitos de contenedores[5] o en las terminales.[6]

2.1 Manipulación de contenedores en depósito

En los depósitos de contenedores, donde se manipulan únicamente contenedores vacíos, se emplean apiladores verticales destinados a este fin.[7] Estos

------

[5] Los depósitos de contenedores y su operativa se describen en el apartado 3.1 del capítulo 6.

[6] En relación con los medios de manipulación de contenedores, debe entenderse por *terminal* la terminal marítima de contenedores, lo que no impide que estos medios también se utilicen en terminales ferroviarias o en terminales de contenedores polivalentes de configuraciones diversas en las que confluyen los modos terrestre (ferroviario y por carretera) y marítimo. Las terminales de contenedores y su operativa se describen en el apartado 3.2 del capítulo 6.

[7] Existen apiladores verticales de contenedores llenos, pero su uso en las terminales (véase el apartado 2.2) es poco frecuente.

Figura 5.12. **Apiladores verticales de contenedores vacíos transversal (izquierda) y longitudinal (derecha).**

medios tienen una capacidad de elevación aproximada de 8 t, están provistos de dispositivos de anclaje y pueden ser transversales o longitudinales (véase la figura 5.12).

Los apiladores verticales longitudinales permiten distribuir los contenedores en planta con un ahorro de alrededor del 10 % de la superficie frente a los transversales, así como reducir el número de manipulaciones necesarias para acceder a un contenedor objetivo. Por ejemplo, en la figura 5.13 se observa que para alcanzar el contenedor rojo con el apilador transversal es necesario mover previamente diecinueve contenedores, mientras que con el modelo longitudinal basta con desplazar tres. Así pues, el número medio de manipulaciones para alcanzar un contenedor que sale del depósito según el sistema de almacenamiento fi-fo *(first-in/first-out,* «primero en entrar, primero en salir») se reduce considerablemente con el modelo longitudinal. No obstante, estos equipos aún son poco usados a escala internacional.

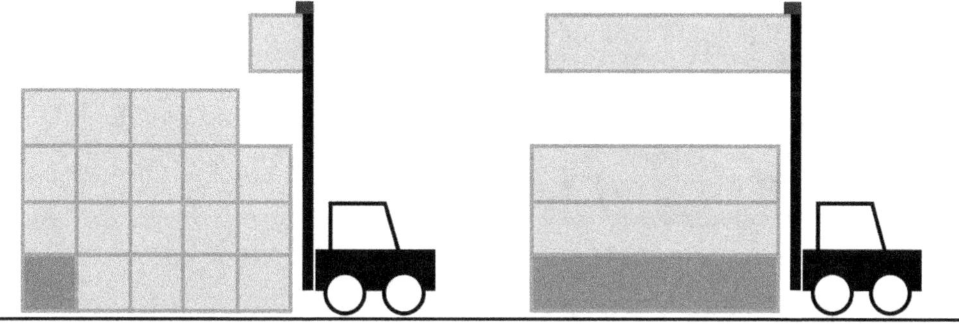

Figura 5.13. **Apilador de contenedores transversal (izquierda) frente a apilador longitudinal (derecha).**

2.2 Manipulación y transporte de contenedores en terminal

En las terminales, a diferencia de lo que ocurre en los depósitos, se manipulan contenedores tanto vacíos como llenos. Además, estas infraestructuras encauzan un flujo de transporte interno de contenedores mediante el cual estos se trasladan de los lugares de almacenamiento a los medios que los transportarán a destino. Así pues, a los medios de manipulación de contenedores en terminal se suman los vehículos de transporte restringidos a este ámbito, que a menudo cuentan también con medios de manipulación integrados.

2.2.1 Medios de manipulación de contenedores en terminal

Se describen a continuación los medios de manipulación de contenedores llenos, igualmente válidos para la manipulación de contenedores vacíos.

- **Apiladores telescópicos de contenedores**
  También conocidos como *reach stackers,* cuentan con un brazo de grúa extensible que trabaja con un bastidor (véase la figura 5.14) y tienen una capacidad de elevación media de 45 t.[8]

- **Grúas pórtico sobre ruedas neumáticas**
  Las grúas pórtico sobre ruedas neumáticas, RTG *(rubber tyred gantry cranes)* o *transtainer* (nombre derivado del de la empresa fabricante más representativa)

Figura 5.14
Apilador telescópico de contenedores.

---

[8] Existen apiladores telescópicos para la manipulación exclusiva de contenedores vacíos, pero su uso en los depósitos (véase el apartado 2.1) es poco frecuente.

Figura 5.15. Grúas pórtico sobre ruedas neumáticas (izquierda) y sobre raíles (derecha).

son equipos de manipulación pilotados (véase la figura 5.15, izquierda). Se usan para cargar los contenedores situados en las pilas de almacenamiento sobre los semirremolques de terminal (véase el apartado 2.2.2.1) y tienen una capacidad de elevación de alrededor de 45 t.

- **Grúas pórtico sobre raíles**
  Se diferencian únicamente de las grúas pórtico sobre ruedas neumáticas en el modo de desplazarse, pues estas lo hacen sobre raíles *(rail mounted gantry cranes* o RMG). Por su configuración, se usan habitualmente en las terminales ferroviarias (véase la figura 5.15, derecha).

- **Grúas automáticas de pila**
  Las grúas automáticas de pila *(automated stacking cranes* o ASC), también denominadas *RMG automáticas,* sirven para manipular los contenedores de las pilas de almacenamiento y depositarlos sobre los vehículos con guiado automático (véase el apartado 2.2.2.2). Funcionan sin necesidad de personal operario y se manejan por medio del sistema operativo de las terminales de contenedores automatizadas (véase la figura 5.16).

- **Grúas de estiba a buque**
  También conocidas como grúas *portainer* (nombre derivado del de la empresa fabricante más representativa) o STS *(ship to shore container cranes),* se emplean en la estiba y la desestiba de los contenedores en los buques. A diferencia de

Figura 5.16
Grúa automática de pila.

otros equipos, estos medios de manipulación cuentan siempre con un operador de grúa en cabina.[9]

Estas grúas pórtico para contenedores se denominan en función del tamaño del buque con el que operan (véase la figura 5.17).[10] En la tabla 5.1 se detallan sus principales características, que pueden variar ligeramente en función de la empresa fabricante.

Las grúas de estiba a buque *feeder,* panamax y postpanamax tienen generalmente una capacidad de 40 o 45 t y cuentan con bastidores que solo pueden manipular los contenedores de uno en uno. La capacidad de las grúas superpostpanamax alcanza las 65 t, y sus bastidores permiten habitualmente manipular los contenedores de dos en dos. En la actualidad también existen grúas superpostpanamax y supersuperpostpanamax, de hasta 120 t de capacidad, con bastidores múltiples capaces de manipular más de dos contenedores simultáneamente.

....

[9] Si bien existe tecnología suficiente para automatizar la estiba a buque, la normativa de seguridad exige la presencia física de personal operario en estos medios de manipulación. Por este motivo se establecen procesos semiautomáticos como el ACLAS *(automatic container landing system),* en que la persona pisa y suelta un pedal periódicamente para confirmar su presencia en la cabina de la grúa.

[10] La tipología de los buques portacontenedores se describe en el apartado 3.1.1.

Figura 5.17. Diferentes tipos de grúas de estiba a buque.

Tipos de grúas de estiba a buque			
Tipo	Contenedores en manga[11]	Alcance delantero (m)	Altura bajo bastidor (m)
Feeder	10	30	25
Panamax	13	42	30.5
Postpanamax	17	48	35
Superpostpanamax[12]	18-22	62	41

Tabla 5.1. Tipos de grúas de estiba a buque.

2.2.2 Vehículos de transporte de contenedores en terminal

Los vehículos o lanzaderas de terminal se utilizan para trasladar los contenedores desde las pilas de almacenamiento hasta el costado del buque (flujo de salida) y

---

[11] Anchura mayor del buque.

[12] Los avances en la construcción de buques portacontenedores de gran capacidad han acuñado la denominación *supersuperpostpanamax (SSPP)*, aplicada a las grúas que operan con buques de 22 y 23 contenedores en manga, entre los que figuran los más grandes del mundo en el momento de editar esta obra (véase el apartado 3.1.1).

desde el costado del buque hasta las pilas de almacenamiento (flujo de entrada). Estos vehículos pueden ser pilotados o con guiado automático, y algunos de ellos incorporan funciones de manipulación.

2.2.2.1 Vehículos de transporte en terminal pilotados

Requieren personal operario que los conduzca y que acompañe el vehículo en todo momento.

- **Semirremolques de terminal**
  Similares a los semirremolques de carretera, se diferencian de ellos en su mayor capacidad de transporte (en torno a 65-70 t) y en que carecen de dispositivos de bloqueo (véase la figura 5.18). La ausencia de estos últimos tiene por objeto prescindir de la operación manual de desbloqueo y aumentar, por tanto, la agilidad de la transferencia en las operaciones de estiba a buque. No obstante, la velocidad de circulación de estos semirremolques está limitada a 20-30 km/h para evitar que el contenedor vuelque en un giro brusco del vehículo.

- **Grúas pórtico transportadoras**
  Son vehículos mixtos de manipulación y transporte consistentes en un pórtico con sistema de izado provisto de bastidor y un sistema de motorización que permite su desplazamiento sobre neumáticos. Mientras que con un semirre-molque de terminal es necesario que un medio de manipulación cargue el

Figura 5.18
Semirremolque de terminal.

Figura 5.19. Grúas pórtico transportadoras cargando un contenedor de la pila de almacenamiento (izquierda) y en circulación para transportar un contenedor hasta el costado del buque (derecha).

contenedor sobre el semirremolque, una grúa pórtico transportadora realiza por sí sola ambas funciones (véase la figura 5.19).

2.2.2.2   Vehículos de transporte en terminal con guiado automático

Estos vehículos están controlados de manera remota mediante sistemas operativos de terminal que gestionan el transporte, la manipulación y el almacenamiento de los contenedores en las terminales total o parcialmente automatizadas, sin necesidad de personal operario que los acompañe.

- **Vehículos con guiado automático**

  Los vehículos con guiado automático *(automated guided vehicles* o AGV) son plataformas de transporte similares a los semirremolques que trasladan los contenedores por medio de un sistema operativo, sin necesidad de personal operario que los maneje (véase la figura 5.20). Existen diferentes tipos con capacidades de hasta 125 t.

  El AGV convencional se limita a transportar los contenedores y no cuenta con medios para depositarlos en una estantería o soporte de almacenamiento. Otro tipo de vehículos con guiado automático, provistos de un sistema de elevación *(AGV-lift* o L-AGV), pueden subir o bajar varios centímetros los contenedores de su posición de transporte y depositarlos sobre dichos soportes.

Tecnologías de guiado automático

Las principales tecnologías empleadas en las terminales de contenedores automatizadas son las siguientes:

- **Identificación por radiofrecuencia** *(radio frequency identification* o **RFID)**
  Por medio de transpondedores instalados en los equipos de manipulación y transporte, transmite su identidad al sistema mediante ondas de radio. Los equipos disponen de antenas con las que reciben y responden las peticiones de un sistema emisor-receptor por radiofrecuencia. Una de las ventajas de esta tecnología en comparación, por ejemplo, con la de infrarrojos es que no requiere visión directa entre la parte emisora y la receptora.

- **GPS diferencial** *(differential global positioning system* o **DGPS)**
  Permite establecer la posición de un medio o vehículo. Además de recibir y procesar información de los satélites, recibe y procesa simultáneamente información adicional procedente de una estación situada en la terminal de contenedores. De este modo, se reduce el margen de error de un GPS convencional y se obtienen precisiones centimétricas en el posicionamiento de los equipos y los contenedores.

- **Sistemas de visión artificial**
  Facilitan el correcto anclaje del bastidor mediante cámaras equipadas con procesadores de vídeo, emisores de infrarrojos y rayos láser dirigidos por espejos servocontrolados que realizan una exploración tridimensional y reconocen el contenedor, posicionan el sistema de anclaje sobre las cantoneras y lo elevan automáticamente.

- **Otras tecnologías**
  Constituyen sistemas de seguridad basados en sensores de proximidad para evitar colisiones entre vehículos, sistemas de guiado por puntos magnéticos, etc.

Figura 5.20. Vehículos con guiado automático convencionales (izquierda) y con estanterías (derecha).

En este último caso, las grúas automáticas de pila, en lugar de posicionarlos sobre el vehículo, lo hacen sobre las estanterías, de donde son recogidos o depositados por el L-AGV.

- **Grúas pórtico transportadoras con guiado automático**

  Se trata de grúas pórtico transportadoras dotadas de un sistema de guiado automático que, por tanto, no requieren personal operario. También conocidas como ALV *(automated lifting vehicle)* o AShC *(automated shuttle carrier, autoshuttle carrier)*, incorporan asimismo la función de manipulación (véase la figura 5.21).

Figura 5.21
Grúa pórtico transportadora con
guiado automático.

3   Medios de transporte de contenedores

En este apartado se describen los diferentes medios de transporte de contenedores en los modos marítimo y terrestre (por carretera y ferroviario), si bien se hace hincapié en el primero al tratarse del modo de transporte por antonomasia de estos recipientes.

3.1   El buque portacontenedores

El buque portacontenedores puro, especializado en transportar únicamente contenedores, es el medio de transporte más habitual de estos embalajes. Los hay de diversos tipos en función de su capacidad, y su diseño ha sido concebido para optimizar al máximo el espacio de carga tanto en bodega como sobre cubierta.

3.1.1   Tipos de buques portacontenedores

La tipología de los buques portacontenedores puede establecerse sobre la base de distintos criterios, como las dimensiones, la capacidad de transporte en TEU[13] o la generación del buque (según el año de construcción). La clasificación más general los divide en buques oceánicos *(mega container carriers)* y buques alimentadores *(feeder carriers)*. Los primeros transportan miles de TEU entre los grandes puertos mundiales, mientras que los segundos efectúan la recogida o la distribución en los puertos menores para dar servicio a los primeros.

El tamaño de los buques oceánicos ha aumentado a medida que el uso del contenedor ha ido adquiriendo protagonismo en el transporte internacional. Al alcanzar ciertas dimensiones, estos buques empezaron a clasificarse según su posibilidad de navegar a través de los principales canales del mundo. Así se acuñaron denominaciones como *panamax* y *postpanamax,* que designan los buques que pueden acceder al canal de Panamá y los que no pueden hacerlo a causa de sus dimensiones, respectivamente.[14]

---

[13] Un TEU *(twenty-foot equivalent unit)* es la medida equivalente a la de un contenedor estándar de 20′.

[14] El canal de Panamá, con aproximadamente 80 km de recorrido, está formado por esclusas que limitan la longitud máxima admisible de un buque. Las dimensiones máximas para que un buque pueda atravesarlo son 32.3 m de manga, 294.1 m de eslora (longitud del casco) y 12 m de calado (distancia vertical entre la quilla o base del buque y la línea de flotación, formada por la intersección del plano de superficie del agua con el casco del buque) en agua dulce tropical. La ampliación del canal, cuya finalización se prevé en 2016, permitirá el paso de buques de hasta 366 m de eslora, 49 m de manga y 15.2 m de calado, por lo que en un futuro próximo se acuñará la denominación *nuevo panamax.*

En la actualidad, los buques portacontenedores más grandes del mundo atraviesan el canal de Suez[15] (suezmax) y el estrecho de Malaca[16] (malacamax).

Por otra parte, el calentamiento global y el deshielo de los casquetes polares han propiciado el estudio de una nueva ruta de navegación entre Asia y Europa a través del océano Ártico por los estrechos de Laptev[17] y de Kara,[18] lo que ha dado lugar a la denominación *articmax*. No obstante, en la actualidad dicha ruta solo es viable mediante el uso de pequeños buques portacontenedores acompañados de rompehielos, que resultan poco competitivos por economía de escala frente a los grandes buques portacontenedores.

En julio de 2013, los astilleros surcoreanos Daewoo Shipbuilding and Marine Engineering entregaron a la naviera danesa Maersk Line el buque portacontenedores más grande del mundo hasta la fecha, con 400 m de eslora, 59 m de manga y una capacidad de alrededor de 18 000 TEU. El *Maersk Mc-Kinney Moller* (véase la figura 5.22) es el primer buque portacontenedores de la clase triple E (economía de escala, eficiencia energética y excelencia ecológica) de un pedido de veinte unidades encargado por la naviera. Estos buques representan

Figura 5.22
Buque portacontenedores
Maersk Mc-Kinney Moller.

[15] El canal de Suez (Egipto) mide 193 km de longitud, no tiene esclusas y puede ser atravesado por buques con una manga máxima de 77.5 m y un calado máximo de 20 m.

[16] El estrecho de Malaca, en el sureste asiático, admite buques con un calado de hasta 20 m.

[17] El estrecho de Laptev permite el paso de buques –acompañados por rompehielos– de 30 m de manga y 10 m de calado (alrededor de 2500 TEU), sin restricciones de eslora.

[18] El estrecho de Kara cumple las mismas condiciones que el de Laptev, si bien al tolerar un calado de 18 m permite el paso de buques de hasta 4500 TEU.

Tipos de buques portacontenedores				
Tipo	**Capacidad[19] (TEU)**	**Límites dimensionales**		
		Eslora (m)	**Manga (m)**	**Calado (m)**
Panamax[20]	4500	294.1	32.3	12
Nuevo panamax	12 500	366	49	15.2
Suezmax	18 000	–	77.5	20
Malacamax	18 000	–	–	20
Articmax	2500-4500	–	30	10-18

Tabla 5.2. Tipos de buques portacontenedores.

una evolución respecto a los de la clase E (ocho buques gemelos cuyos nombres comienzan por dicha letra, como el *Emma Maersk,* el *Eleonora Maersk,* etc.), con 397 m de eslora, 56 m de manga y alrededor de 15 000 TEU de capacidad.[21]

Aproximadamente en las mismas fechas, la naviera China Shipping Container Lines (CSCL) encargó al astillero surcoreano Hyundai Heavy Industries la construcción de cinco buques portacontenedores con una capacidad de 19 000 TEU (inicialmente prevista en 18 400 TEU). La entrega de la primera unidad tendrá lugar a finales de 2014, mientras que a la de las restantes unidades se procederá a lo largo de 2015.

En la tabla 5.2 se propone una clasificación de los buques portacontenedores y se detallan sus principales características.

---

[19] La clasificación de los buques viene determinada por sus dimensiones. En la tabla 5.2 se indica la capacidad máxima en TEU de los buques construidos hasta la fecha que encajan en estos criterios, lo que significa que un buque puede estar encuadrado en dos o más clasificaciones. Por ejemplo, el *Maersk Mc-Kinney Moller* es a su vez suezmax y malacamax, ya que sus dimensiones lo habilitan para el paso a través de ambos canales de navegación.

[20] Los buques postpanamax, con una capacidad media de 8000 TEU, pueden considerarse una transición entre el panamax y el nuevo panamax, suezmax o malacamax.

[21] Tanto los buques de la clase E como los de la triple E tienen un calado de alrededor de 15 m que les permite atravesar el canal de Suez y el estrecho de Malaca.

3.1.2   Estiba y trincaje de contenedores en buque

El buque portacontenedores puro se caracteriza por tener bodegas celulares (sin entrepuentes)[22] y guías verticales que facilitan la estiba de los contenedores. Al ser de manutención vertical *(lift-on/lift-off* o lo-lo), en este tipo de buques los contenedores siempre se estiban y se desestiban en sentido vertical mediante grúas, tanto en bodega como sobre cubierta.

En la figura 5.23 se aprecia una visión conjunta de las tres coordenadas, con independencia de que el contenedor viaje en bodega o en cubierta, que definen la posición *(slot)* que este ocupa a bordo del buque: compartimento o sección *(bay)*, fila *(row)* y tongada o capa *(tier)*.

- **Compartimento o sección *(bay)***
  El buque se divide longitudinalmente en compartimentos o secciones de 40′ que pueden admitir en este sentido tanto un contenedor de 40′ como dos

Figura 5.23
Coordenadas que definen
la posición del contenedor
en el buque.

---

[22] Las cubiertas de un buque convencional constituyen los diferentes pisos que dividen verticalmente su interior; el espacio entre dos cubiertas se denomina *entrepuente*. Las bodegas de los buques portacontenedores no tienen cubiertas intermedias ni entrepuentes, ya que el hueco de la bodega se extiende desde la cubierta principal hasta el plan de bodega (suelo de la bodega del buque, donde se apoya la carga).

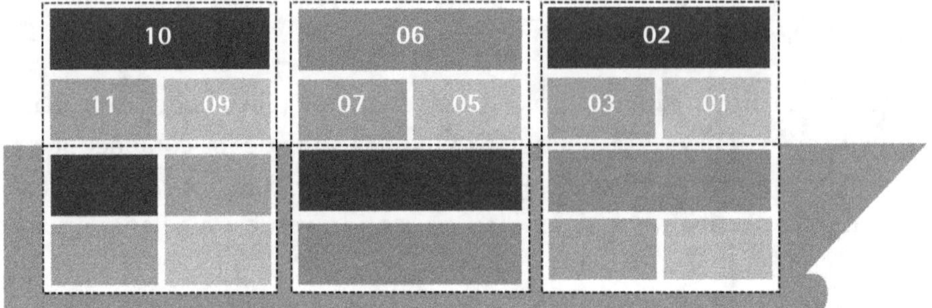

Figura 5.24. División en compartimentos de un buque portacontenedores.

contenedores de 20′. Una vez finalizada la estiba de los contenedores de la bodega de una sección, se cierra la escotilla[23] y se siguen estibando contenedores sobre la tapa (esto es, sobre cubierta). El espacio longitudinal que ocupa el contenedor se denomina comúnmente *bay*, tanto si es estibado en bodega como si lo es sobre cubierta.

Las secciones se numeran de proa a popa[24] en orden creciente, de modo que los compartimentos ocupados por contenedores de 20′ tienen numeración impar y aquellos en que se estiban contenedores de 40′ tienen numeración par. Por ejemplo, el primer compartimento del buque de la figura 5.24 puede albergar longitudinalmente dos contenedores de 20′ (numerados como 01 y 03) o bien un contenedor de 40′ (numerado como 02).

- **Fila *(row)***
  Las bodegas se dividen transversalmente en filas mediante guías verticales de acero. Cuando el buque cuenta con un número de filas impar, la fila central que pasa por la línea de crujía[25] se numera como 00 y el resto, en orden creciente, con numeración impar hacia estribor y con numeración par hacia babor, en ambos casos desde el centro hacia el costado del buque (véase la figura 5.25). Si el número total de filas del buque es par, se adopta el mismo criterio prescindiendo de la fila 00.

---

[23] La escotilla es la abertura rectangular que comunica la bodega con la cubierta, y se cierra con la tapa de escotilla.

[24] La proa es la parte anterior del casco del buque, mientras que la popa es su parte posterior.

[25] La línea de crujía es una línea imaginaria que recorre el buque de proa a popa y lo divide en dos partes iguales: las bandas de estribor y de babor, a la derecha y a la izquierda, respectivamente, mirando de popa a proa.

Figura 5.25. Numeración de las tongadas (vertical) y de las filas (horizontal)
sobre cubierta de un buque portacontenedores.

- **Tongada o capa** *(tier)*

  Tanto en bodega como sobre cubierta, los contenedores se apilan formando
  tongadas o capas en altura. Las tongadas que se apilan en bodega se numeran
  con cifras pares a partir de 02 (contenedores en el plan de bodega) en adelante
  (04, 06, 08, etc.); sobre cubierta, estas pilas se numeran asimismo con cifras
  pares, pero empezando por 82 (primeros contenedores sobre cubierta). Nótese
  que en algunos buques con menor altura en la cubierta de popa la tongada
  de contenedores situada en primera altura de dicha zona se numera como 80
  (véase la figura 5.25).

La posición de cada uno de los contenedores estibados a bordo del buque se refleja mediante sus coordenadas *(bay-row-tier)* en el plano de estiba, que se interpreta en sentido de popa a proa (véase la figura 5.26). En la confección de este plano, elaborado a bordo del buque por el capitán o bien en las oficinas de la línea marítima (siempre con la aprobación del capitán del buque), se toman en consideración los siguientes aspectos:

– *Secuencia de los puertos de escala.* Guarda relación con la optimización de la descarga de los contenedores. Por ejemplo, si un buque hace escala en un puerto A y posteriormente en un puerto B y transporta contenedores para ambos puertos en una misma bodega, los contenedores destinados al puerto A deben estibarse encima de los del puerto B (de acuerdo con el sistema de almacenamiento li-fo *[last-in/first-out,* «último en entrar, primero en salir»]).

– *Naturaleza de la mercancía.* En función de su carga, los contenedores deben estibarse teniendo en cuenta las incompatibilidades existentes. Por ejemplo, los contenedores con mercancías peligrosas han de estibarse preferentemente en la cubierta exterior, localizados y con fácil acceso, de acuerdo con los criterios de segregación establecidos en el Código Marítimo Internacional de Mercancías Peligrosas (International Maritime Dangerous Goods Code o Código IMDG).

– *Estabilidad del buque.* Durante la estiba y la desestiba de los contenedores debe prestarse especial atención al trimado del buque (nivelación longitudinal), para evitar diferencias entre el calado de proa y el de popa, y al adrizado (nivelación transversal), para prevenir la escora. Tales irregularidades pueden provocar averías en las guías de las bodegas celulares, en los contenedores o en ambos debido a la desalineación existente entre la guía y la vertical de izado

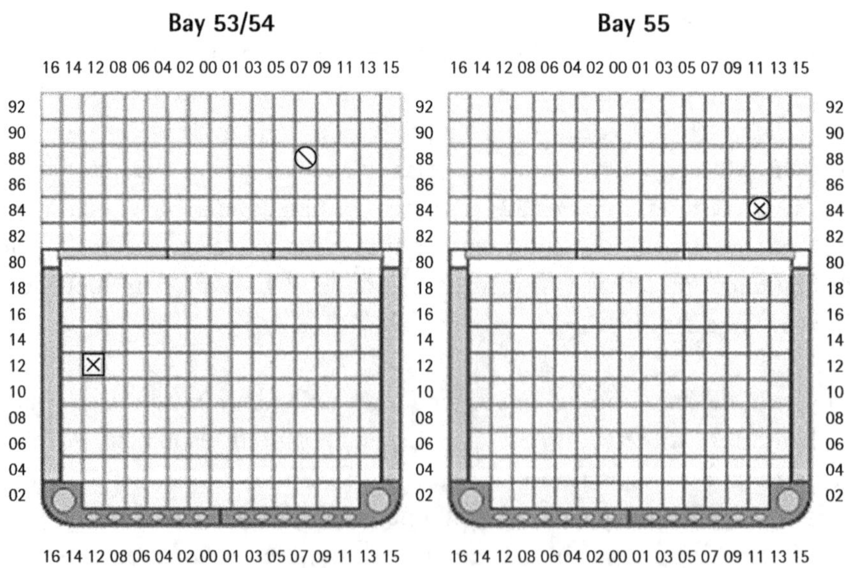

Figura 5.26. Plano de estiba de un buque portacontenedores.

del contenedor.[26] También deben tenerse en cuenta determinados aspectos técnicos al distribuir las cargas a bordo del buque, ya que de ello depende su estabilidad durante la navegación.

A modo de ejemplo, del estudio del plano de estiba de la figura 5.26 se desprenden los siguientes datos:

- El contenedor con la marca ⊠ viaja en la posición 531212. Se trata, pues, de un contenedor de 20′, porque la numeración del compartimento (53) es impar; se ha estibado seis filas a babor de la fila central, dado que la fila es par (12), y se encuentra en bodega, a sexta altura, habida cuenta de su tongada (12).
- El contenedor con la marca ⊘ viaja en la posición 540788. De ello se infiere que es un contenedor de 40′, porque la numeración del compartimento (54) es par; que se ha estibado a estribor, dado que la fila es impar (07), y que se halla sobre cubierta, a cuarta altura, según indica su tongada (88).
- El contenedor con la marca ⊗ viaja en la posición 551184. Así pues, mide 20′ de longitud, porque la numeración del compartimento (55) es impar; se ha estibado a estribor, dado que la fila es impar (11), y se encuentra sobre cubierta, a segunda altura, de acuerdo con su tongada (84).

A propósito de la estiba de contenedores en buque, conviene recordar que las bodegas de la flota mundial de buques portacontenedores fueron construidas para albergar recipientes de 8′ de anchura y de 20 o 40′ de longitud. Por esta razón, los contenedores que sobrepasan dichas dimensiones (contenedores de 45′ de longitud o de 8.2′ de anchura) suelen viajar sobre cubierta, salvo en aquellos buques que disponen de bodegas específicas adaptadas a sus características.

3.1.2.1 Estiba y trincaje de contenedores en bodega

En la estiba de contenedores en bodega, los recipientes de 40′ quedan encajados longitudinal y transversalmente, de modo que no es necesario sujetarlos para evitar desplazamientos. En cambio, los contenedores de 20′, al no ocupar toda la longitud

---

[26] Para evitar problemas de estabilidad durante la estiba y la desestiba, los buques portacontenedores disponen de tanques de lastre separados que, por medio de potentes bombas, son lastrados o deslastrados rápidamente según las necesidades de la operación de carga o descarga.

Figura 5.27. Contenedores estándares de 40′ (izquierda) y de 20′ (derecha) estibados
en la bodega celular de un buque portacontenedores.

de la bodega, deben sujetarse por el extremo libre que no queda encajado en las
guías verticales (véase la figura 5.27).

Para sujetar los contenedores que lo requieren, tanto en bodega como sobre cubierta, se usan dispositivos de trincaje como los que se muestran en la figura 5.28. De este modo, las cantoneras inferiores de los contenedores de 20′ se fijan al plan de bodega, que cuenta con fundamentos para acoplar dispositivos de anclaje, y a medida que los contenedores se apilan se recurre a conos intermedios de estiba para afianzarlos.

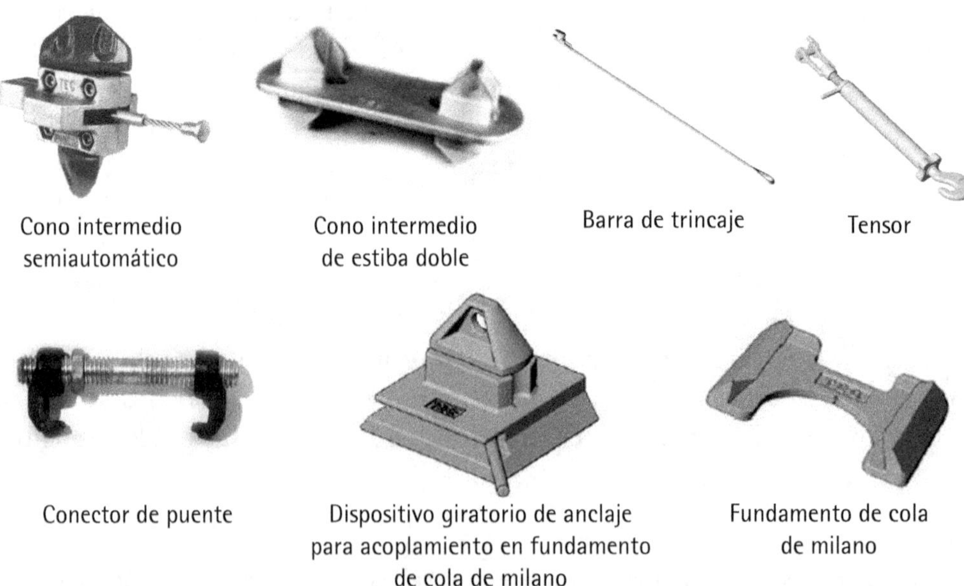

Figura 5.28. Dispositivos de trincaje de contenedores.

La bodega puede ocuparse totalmente con contenedores de 20 o 40′, o bien con recipientes de ambas medidas. En este último caso conviene tener en cuenta que es posible estibar un contenedor de 40′ encima de dos contenedores de 20′, pero no a la inversa, pues el contenedor de 40′ carece de postes y de cantoneras en el centro del techo y, por tanto, no puede soportar dicho peso.

3.1.2.2   Trincaje de contenedores sobre cubierta

A diferencia de los contenedores que viajan en bodega, los que se estiban sobre cubierta no encajan en guías ni paredes que eviten los desplazamientos. Por este motivo, los contenedores que se cargan sobre cubierta, independientemente de su tamaño, se afianzan mediante los dispositivos expuestos en la figura 5.28, a los que se añaden las anillas de trincaje, las placas u orejetas de trincaje y los fundamentos elevados para conos de estiba, entre otros.

Las cantoneras inferiores de los contenedores de la primera tongada se fijan a los fundamentos de cubierta mediante dispositivos giratorios de anclaje, de modo que estos permanecen firmemente unidos a la cubierta por su parte inferior. Seguidamente, a las cantoneras superiores de estos primeros recipientes se anclan, mediante conos intermedios de estiba, las cantoneras inferiores de los de la segunda tongada, y así sucesivamente. Por último, las cantoneras superiores de los contenedores apilados en última altura se unen mediante conectores de puente. El resultado es un bloque compacto del conjunto de los contenedores (véase la figura 5.29).

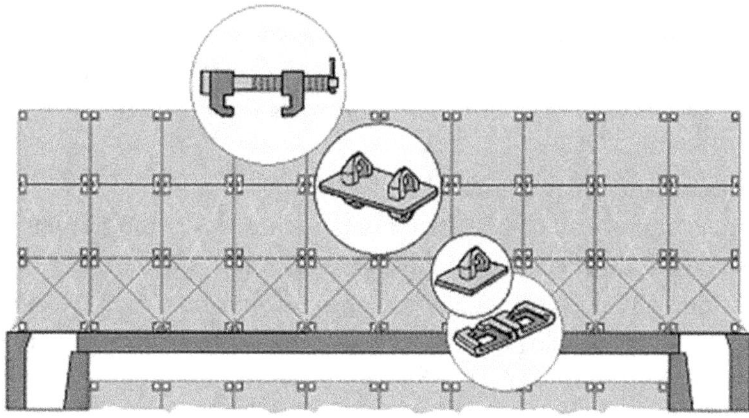

Figura 5.29. Trincaje de contenedores sobre cubierta.

Figura 5.30
Semirremolque plataforma portacontenedores.

Para evitar los desplazamientos laterales debidos al balance del buque, los contenedores de la primera, segunda y tercera tongadas se suelen reforzar con barras de trincaje. Estas barras se unen por un extremo a la cara frontal de las cantoneras y, por el otro, a las placas o anillas de trincaje de la cubierta mediante tensores, que facilitan la sujeción firme del contenedor.

3.2   El semirremolque portacontenedores

El semirremolque portacontenedores constituye, junto con la cabeza tractora, el vehículo especializado para el transporte de contenedores por carretera. La configuración de su bastidor permite establecer la siguiente clasificación básica:

- **Semirremolques plataforma**
  Están provistos de un suelo liso y robusto en el que, además de contenedores, pueden estibarse otros tipos de carga (véase la figura 5.30).

- **Semirremolques esqueléticos**
  Se caracterizan por su chasis estructural, que puede ser fijo o extensible y estar provisto o no de cuello cisne. Los semirremolques extensibles cuentan con un bastidor que permite regular su longitud. Por su parte, el bastidor de los semirremolques dotados de cuello cisne está diseñado para acoplarse al cuello cisne del contenedor[27] (véase la figura 5.31).

---

[27] Habitualmente, solo tienen cuello cisne los contenedores de 40 y 45'.

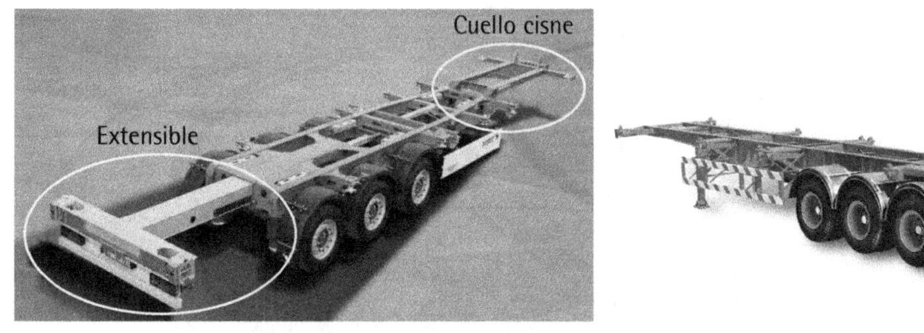

Figura 5.31. Semirremolques portacontenedores esqueléticos extensible
con cuello cisne (izquierda) y fijo sin cuello cisne (derecha).

En cuanto a la longitud del vehículo y los dispositivos de anclaje de que dispone, existen semirremolques que pueden transportar:

- Un único contenedor de 20' y cuentan con cuatro dispositivos giratorios de anclaje.
- Un único contenedor de 40' y cuentan con cuatro dispositivos giratorios de anclaje.
- Un único contenedor de 40' o bien uno o dos contenedores ligeros de 20', y cuentan con ocho dispositivos giratorios de anclaje.
- Un único contenedor de 40', dos contenedores ligeros de 20' o bien un contenedor pesado de 20', y cuentan con doce dispositivos giratorios de anclaje (véase la figura 5.32).

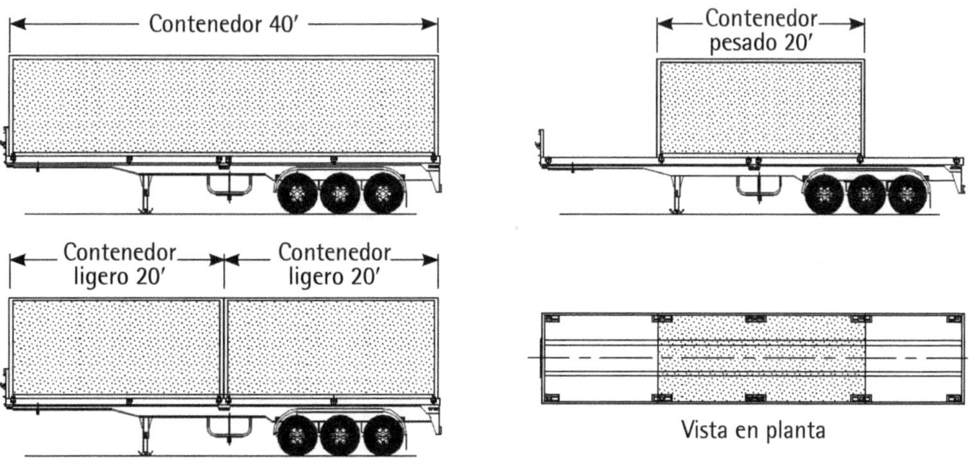

Figura 5.32. Diferentes configuraciones de la carga en un semirremolque portacontenedores.

Figura 5.33
Semirremolque portacontenedores
con medios de manipulación de carga
y descarga incorporados.

- Contenedores de 45' anclados en la posición de uno de 40' (ya que estos contenedores también cuentan con cantoneras situadas en dicha posición) o bien en plataformas extensibles alargándolas a 45'.

Respecto a la carga y la descarga del contenedor, hay semirremolques basculantes (usados habitualmente en el transporte de graneles sólidos) y semirremolques que permiten manipular el contenedor (véase la figura 5.33). Estos últimos, denominados *semirremolques portacontenedores con autocarga,* se emplean en los casos en que el contenedor, además de servir para el transporte, se usa temporalmente como almacén. De este modo, al permanecer el contenedor varios días en la instalación de carga, este tipo de semirremolque permite dejarlo depositado y seguir llevando a cabo otros transportes. Su uso, no obstante, no es frecuente, y no se encuentra en todos los países.

3.3   El vagón portacontenedores

Para el transporte de contenedores, los vagones plataforma portacontenedores[28] están provistos de dispositivos de anclaje específicos que permiten fijar el contenedor al vehículo por medio de sus cantoneras inferiores (véase la figura 5.34).

---

[28] Los vagones portacontenedores se describen en el apartado 2.2.3 del capítulo 2.

Figura 5.34
Dispositivos de anclaje de contenedores
en vagón de ferrocarril.

4 Fuerzas en el transporte y coeficientes de aceleración

Durante el transporte, ya sea terrestre, marítimo o aéreo, el contenedor y la mercancía se ven sometidos a ciertas fuerzas derivadas del movimiento de los medios de transporte cuya consideración resulta esencial para garantizar la integridad física de ambos.

En este apartado se analizan las fuerzas que intervienen en los diferentes modos de transporte y los coeficientes que permiten medirlas, imprescindibles para proceder a la correcta estiba y sujeción de la mercancía en el contenedor.

4.1 Fuerzas que intervienen en el transporte

El contenedor, una vez que se consolida y parte de un punto de origen, puede viajar en uno o varios semirremolques, vagones de ferrocarril o buques o en uno o varios aviones (en el caso de los contenedores de carga aérea) hasta llegar a destino. Dicho embalaje es, además, manipulado en diversas terminales, fases todas ellas en las que la mercancía y el contenedor se ven sometidos a diferentes esfuerzos.

4.1.1 Fuerzas en el transporte terrestre

En el transporte por carretera actúan sobre la carga fuerzas inerciales longitudinales en el sentido de la marcha debidas a maniobras bruscas de frenada, fuerzas transversales derivadas de la fuerza centrífuga al trazar las curvas y fuerzas inerciales en sentido contrario al de la marcha a consecuencia de aceleraciones bruscas.

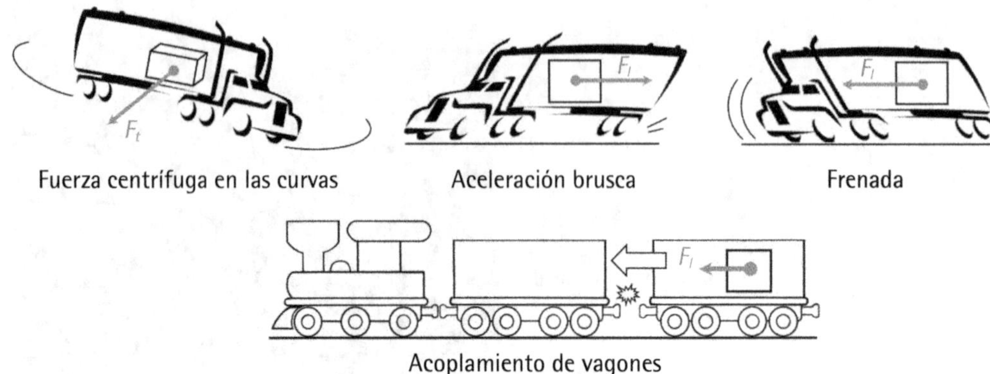

Figura 5.35. Fuerzas en el transporte terrestre.

En el transporte ferroviario, las fuerzas que actúan sobre el contenedor y la mercancía son similares, si bien en este caso resultan especialmente significativas las fuerzas derivadas del acoplamiento entre vagones. Por este motivo, los trenes que transportan contenedores cuentan con sistemas de amortiguación que reducen considerablemente estas fuerzas de impacto.

En la figura 5.35 se representan las fuerzas que actúan en el transporte terrestre. La actuación de estas fuerzas durante el transporte puede causar siniestros en caso de que la mercancía no se halle correctamente estibada y trincada, como se muestra en la figura 5.36.

Otra causa habitual de siniestro es la fuerza centrífuga al trazar curvas. En efecto, un giro realizado a velocidad excesiva puede resultar en el vuelco del contenedor e incluso del vehículo, más aún cuando el medio de transporte, por su naturaleza, no cuenta con

Figura 5.36
Siniestro por sujeción inadecuada debido a un movimiento brusco de frenada.

Figura 5.37. Vuelco de semirremolque de terminal y contenedor (izquierda) y vuelco de contenedor transportado en semirremolque de carretera (derecha), ambos debidos al exceso de velocidad en una curva.

dispositivos de anclaje (véase la figura 5.37, izquierda) o cuando no se han anclado las cantoneras del contenedor a un vehículo que sí lo permite (véase la figura 5.37, derecha).

4.1.2 Fuerzas en el transporte marítimo

Durante la navegación, el buque puede efectuar movimientos lineales y rotacionales. Los movimientos lineales consisten en la oscilación longitudinal (proa-popa), transversal (babor-estribor) o vertical (quilla-cubierta) del buque a lo largo de los respectivos ejes. Los movimientos rotacionales tienen lugar en torno a dichos ejes y pueden ser de balance (en torno al eje longitudinal), de cabeceo (en torno al eje transversal) o de guiñada (en torno al eje vertical) (véase la figura 5.38).

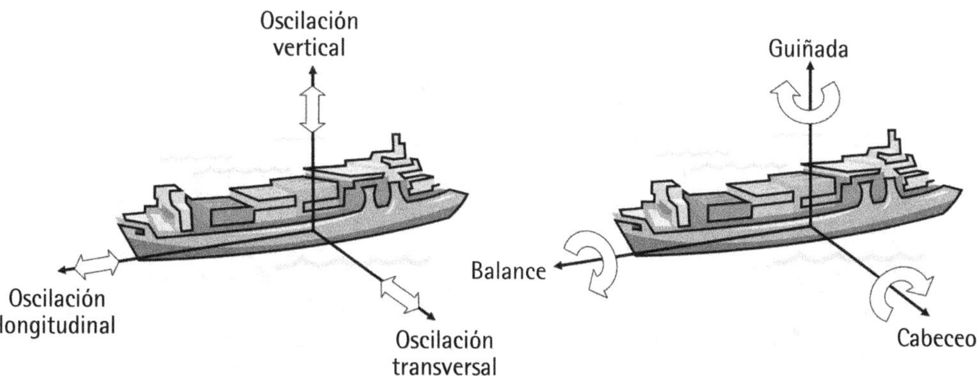

Figura 5.38. Movimientos lineales (izquierda) y rotacionales (derecha) del buque.

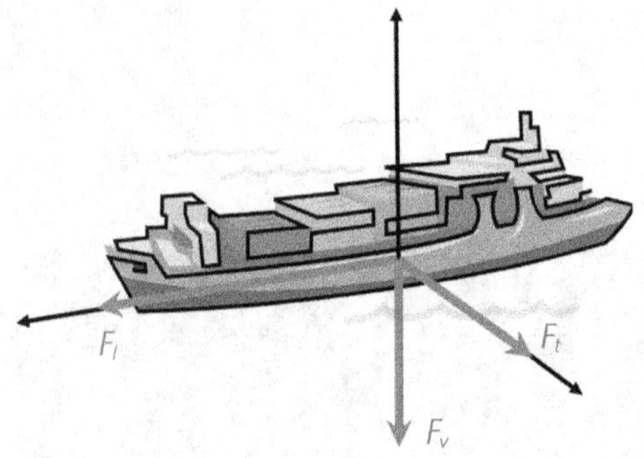

Figura 5.39
Fuerzas en el transporte marítimo.

Estos movimientos producen una serie de fuerzas en el buque que actúan sobre la mercancía y los contenedores (véase la figura 5.39).

En situación de mala mar, los movimientos del buque pueden alcanzar magnitudes que hagan peligrar gravemente la integridad de la carga, cuando no la del propio medio de transporte. Uno de los riesgos más habituales de la navegación en tales condiciones son los pantocazos o golpes entre el casco y el agua, normalmente fruto de un movimiento de cabeceo, al descender la proa del buque de la cresta al valle de las olas. La fuerza de estos golpes de mar es tal que, al impactar el agua sobre los contenedores, puede llegar a doblar sus paredes.

Durante los temporales, cuando las fuerzas transversales son extremas a causa del movimiento de balance, las consecuencias de una estiba y un trincaje inadecuados pueden ser nefastas. La figura 5.40 muestra los efectos de dicho movimiento durante un temporal, resultado de una incorrecta distribución de los pesos o de un trincaje inadecuado de los contenedores en el buque (izquierda) o de las mercancías en los contenedores (derecha).

Figura 5.40. Siniestro de múltiples contenedores (izquierda) y siniestro de un contenedor (derecha).

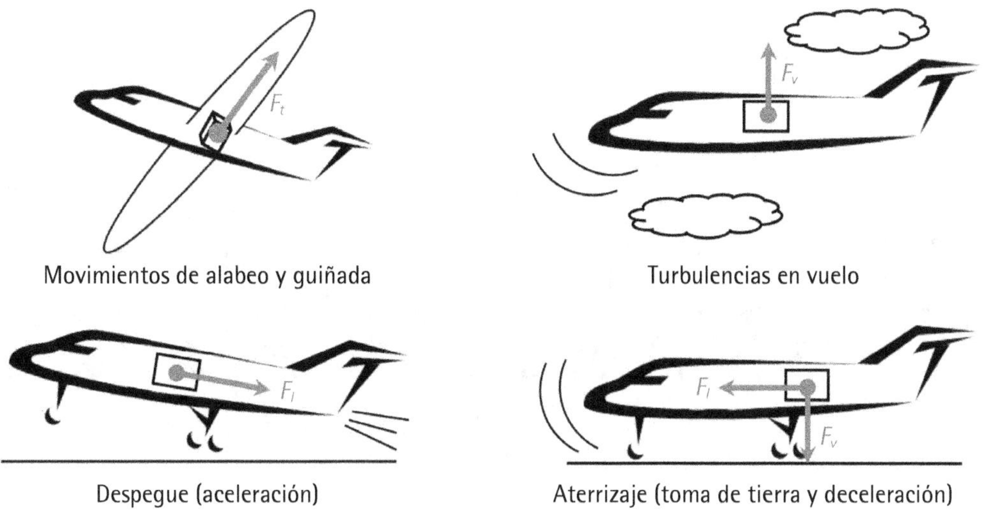

Figura 5.41. Fuerzas en el transporte aéreo.

4.1.3   Fuerzas en el transporte aéreo

Los aviones efectúan movimientos rotacionales como los de los buques, que reciben idénticas denominaciones salvo el consistente en el giro en torno al eje cola-morro, conocido como *alabeo* (equivalente al de balance del buque).

En la figura 5.41 se representan esquemáticamente las fuerzas inerciales que actúan sobre la carga en el transporte aéreo.

4.1.4   Fuerzas en la manipulación

Durante la manipulación y el transporte de los contenedores en las terminales, efectuados a menudo por equipos que se desplazan como los vehículos de carretera, las mercancías y los contenedores se ven asimismo sometidos a fuerzas similares a las que actúan en el transporte terrestre. A ello hay que añadir ciertos fenómenos inherentes a las operaciones de manipulación, como los impactos causados al apoyar unos contenedores sobre otros, vibraciones sobre la mercancía, fuerzas sobre la carga producidas por la oscilación de los contenedores en las grúas, etc.

En estos casos, la sujeción inadecuada de la mercancía en el contenedor puede agravar siniestros derivados, por ejemplo, de las fuerzas a las que se ve sometido el recipiente durante su manipulación mediante grúas (véase la figura 5.42, izquierda). No

Figura 5.42. Siniestros en la manipulación de contenedores mediante grúa de estiba
a buque (izquierda) y con apilador telescópico de contenedores (derecha).

obstante, en otras circunstancias los accidentes tienen como causa el uso incorrecto de los medios de manipulación, independientemente de que la estiba y el trincaje de la mercancía en el contenedor se hayan efectuado de manera adecuada (véase la figura 5.42, derecha).

4.2 Coeficientes de aceleración

Para planificar la correcta estiba y sujeción de la mercancía es necesario cuantificar previamente el valor de las fuerzas máximas que pueden actuar sobre ella durante el transporte. La segunda ley de Newton establece que la fuerza *(F)* que actúa sobre un cuerpo es el producto de su masa *(m)* por la aceleración *(a)* a la que está sometido *(F = m · a)*. De este modo, si se conocen la masa de la carga y la aceleración máxima que actuará sobre ella se obtiene la fuerza máxima a la que estará sometida.

La aceleración máxima se establece de acuerdo con los llamados *coeficientes de aceleración,* que permiten expresarla como un múltiplo de la aceleración de la gravedad *(g* = 9.81 m/s^2). En el tráfico internacional de mercancías, los coeficientes de aceleración usados en los cálculos de estiba y trincaje de las unidades de transporte de carga (UTC) se recogen en las directrices y recomendaciones establecidas por los organismos internacionales competentes:

– Código CTU (Code of Practice for Packing of Cargo Transport Units) para la estiba de UTC, establecido por la Organización Marítima Internacional

(OMI), la Organización Internacional del Trabajo (OIT) y la Comisión Económica de las Naciones Unidas para Europa (Cepe).[29]

– Código CSS (Cargo Stowage and Securing Code) de prácticas de seguridad para la estiba y la sujeción de la carga, establecido por la OMI.

– Manuales de carga aérea de la Asociación Internacional de Transporte Aéreo (Iata)[30] y normas ISO sobre dispositivos de sujeción en el transporte aéreo.[31]

Los cálculos de estiba y trincaje relativos a los modos de transporte marítimo, por carretera y ferroviario se basan en las directrices del Código CTU, mientras que en el transporte en modo aéreo son de aplicación las instrucciones emanadas de la Iata. La estiba y el trincaje de cargas pesadas en contenedores plataforma deben efectuarse conforme a lo dispuesto en el anexo 13 del Código CSS (véase el apartado 4.2.1.2).

Estas publicaciones proporcionan las aceleraciones máximas longitudinal *(x; a_l)*, transversal *(y; a_t)* y vertical *(z; a_v)* para cada modo de transporte, que se recogen en la tabla 5.3. Los coeficientes de aceleración longitudinales se indican según correspondan al sentido de la marcha (hacia delante) o al sentido contrario al de la marcha (hacia atrás); los coeficientes de aceleración transversales no distinguen los laterales.

Los coeficientes de aceleración de los modos terrestre (por carretera y ferroviario) y marítimo que se detallan en la tabla 5.3 corresponden al Código CTU de 1997. La tabla 5.4 recoge los cambios que incorpora la versión de dicho código aprobada en 2014. De este modo, para realizar los cálculos de estiba y trincaje basta con tomar como referencia los coeficientes de aceleración propuestos en una u otra versión según convenga.

....

[29] La versión del Código CTU vigente en el momento de editar esta obra es la publicada en 1997. En 2011, los organismos responsables de su elaboración empezaron a trabajar en la redacción de una nueva versión, aprobada en 2014. Salvo mención expresa de lo contrario, en adelante se toman como referencia los coeficientes de aceleración de la versión vigente (1997), hecho que no afecta a la argumentación técnica expuesta en el presente capítulo ni a su desarrollo práctico en los capítulos posteriores. El texto íntegro de la versión vigente y sus sucesivas actualizaciones se encuentran disponibles en el portal de transporte intermodal de la Cepe (en inglés): www.unece.org/trans/wp24/guidelinespackingctus/intro.html.

[30] El web de la Iata ofrece la lista de manuales de carga aérea (en inglés) mediante el enlace www.iata.org/publications/Pages/standards-manuals.aspx.

[31] Entre otras, la norma ISO 16049-2:2013: Equipos de carga aérea – Correas de sujeción – Parte 2: Directrices de utilización y cálculos de trincaje.

Transporte por carretera

Sujeción	Coeficientes de aceleración (CTU 1997)			
	Longitudinal (c_x)		Transversal (c_y)	Mínimo vertical hacia abajo (c_z)
	Hacia delante	Hacia atrás		
Dirección longitudinal	1.0	0.5	–	1.0
Dirección transversal	–	–	0.5	1.0

Transporte ferroviario (vagones no específicos para transporte combinado)

Sujeción	Coeficientes de aceleración (CTU 1997)			
	Longitudinal (c_x)		Transversal (c_y)	Mínimo vertical hacia abajo (c_z)
	Hacia delante	Hacia atrás		
Dirección longitudinal	4.0	4.0	–	1.0
Dirección transversal	–	–	0.5	1.0 ± 0.3*

Transporte ferroviario (vagones para transporte combinado)[32]

Sujeción	Coeficientes de aceleración (CTU 1997)			
	Longitudinal (c_x)		Transversal (c_y)	Mínimo vertical hacia abajo (c_z)
	Hacia delante	Hacia atrás		
Dirección longitudinal	1.0	1.0	–	1.0
Dirección transversal	–	–	0.5	1.0 ± 0.3*

Transporte marítimo

Zona marítima		Sujeción	Coeficientes de aceleración (CTU 1997)		
			Longitudinal (c_x)	Transversal (c_y)	Mínimo vertical hacia abajo (c_z)
A	Mar Báltico	Dirección longitudinal	0.3	–	1.0 ± 0.5*
		Dirección transversal	–	0.5	1.0
B	Mar del Norte	Dirección longitudinal	0.3	–	1.0 ± 0.7*
		Dirección transversal	–	0.7	1.0
C	Sin restricciones	Dirección longitudinal	0.4	–	1.0 ± 0.8*
		Dirección transversal	–	0.8	1.0

Transporte aéreo

Sujeción	Coeficientes de aceleración (lata)				
	Longitudinal (c_x)		Transversal (c_y)	Vertical hacia arriba $(c_z \uparrow)$	Vertical hacia abajo $(c_z \downarrow)$
	Hacia delante	Hacia atrás			
	1.5**	1.5	1.5	3**	3**

* La aceleración puede sufrir variaciones dinámicas. Por ejemplo, en el transporte marítimo en zona C, el coeficiente mínimo vertical hacia abajo con una sujeción en dirección longitudinal puede variar entre $0.2g$ y $1.8g$.[33] El primer valor se usa para obtener la fuerza normal $(F_N = m \cdot 0.2g)$ al calcular la fuerza de rozamiento[34] longitudinal $(F_R = \mu \cdot F_N$, donde μ es el coeficiente de rozamiento); el segundo valor se emplea para calcular la resistencia del embalaje.

** En algunos manuales de aviación militar se utiliza un coeficiente hacia delante de 3, vertical hacia arriba de 2 y vertical hacia abajo de 4.5.

Tabla 5.3. Coeficientes de aceleración del Código CTU de 1997 y del manual de carga de la lata.

....

[32] Vagones especiales para contenedores y cajas móviles provistos de amortiguadores de impacto que reducen las aceleraciones longitudinales en el acoplamiento de vagones.

[33] En adelante, entiéndase por $1g$ el producto de 1 por g $(1 \cdot g)$ (donde 1 representa el coeficiente de aceleración que corresponda en cada caso).

Transporte por carretera				
	Coeficientes de aceleración (CTU 2014)			
Sujeción	Longitudinal (c_x)		Transversal (c_y)	Mínimo vertical hacia abajo (c_z)
	Hacia delante	Hacia atrás		
Dirección longitudinal	0.8	0.5	–	1.0
Dirección transversal	–	–	0.5	1.0

Transporte ferroviario (vagones para transporte combinado)				
	Coeficientes de aceleración (CTU 2014)			
Sujeción	Longitudinal (c_x)		Transversal (c_y)	Mínimo vertical hacia abajo (c_z)
	Hacia delante	Hacia atrás		
Dirección longitudinal	0.5 (1.0)*	0.5 (1.0)*	–	1.0 (0.7)*
Dirección transversal	–	–	0.5	1.0 (0.7)*

Transporte marítimo				
Altura de ola significante en la zona marítima	Sujeción	Coeficientes de aceleración (CTU 2014)		
		Longitudinal (c_x)	Transversal (c_y)	Mínimo vertical hacia abajo (c_z)
A $H_s \leq 8$ m	Dirección longitudinal	0.3	–	0.5
	Dirección transversal	–	0.5	1.0
B 8 m $< H_s \leq 12$ m	Dirección longitudinal	0.3	–	0.3
	Dirección transversal	–	0.7	1.0
C $H_s > 12$ m	Dirección longitudinal	0.4	–	0.2
	Dirección transversal	–	0.8	1.0

Zonas marítimas		
A	B	C
$H_s \leq 8$ m	8 m $< H_s \leq 12$ m	$H_s > 12$ m

– Mar Báltico (incluido el estrecho de Kattegat)
– Mar Mediterráneo
– Mar Negro
– Mar Rojo
– Golfo de Persia
– Viajes costeros o entre islas en las siguientes áreas:
  – Océano Atlántico central (entre 30° N y 35° S)
  – Océano Índico central (hasta 35° S)
  – Océano Pacífico central (entre 30° N y 35° S)
	– Mar del Norte
	– Estrecho de Skagerrak
	– Canal de la Mancha
	– Mar de Japón
	– Mar de Okhotsk
	– Viajes costeros o entre islas en las siguientes áreas:
	  – Océano Atlántico sur-central (entre 35° S y 40° S)
	  – Océano Índico sur-central (entre 35° S y 40° S)
	  – Océano Pacífico sur-central (entre 35° S y 45° S)
		Sin restricciones (aplicable a la navegación internacional por cualquier mar, océano o vía navegable interior)

* Los valores entre paréntesis se aplican a cargas de choque con impactos cortos de 150 ms o menos, y pueden ser usadas, por ejemplo, en el diseño del embalaje.

Tabla 5.4. Coeficientes de aceleración y zonas marítimas del Código CTU de 2014.

....

[34] La fuerza de rozamiento (F_R) es la que evita de manera natural que las cargas puedan deslizarse sobre el suelo del contenedor o sobre otras cargas (véase el apartado 3 del capítulo 8).

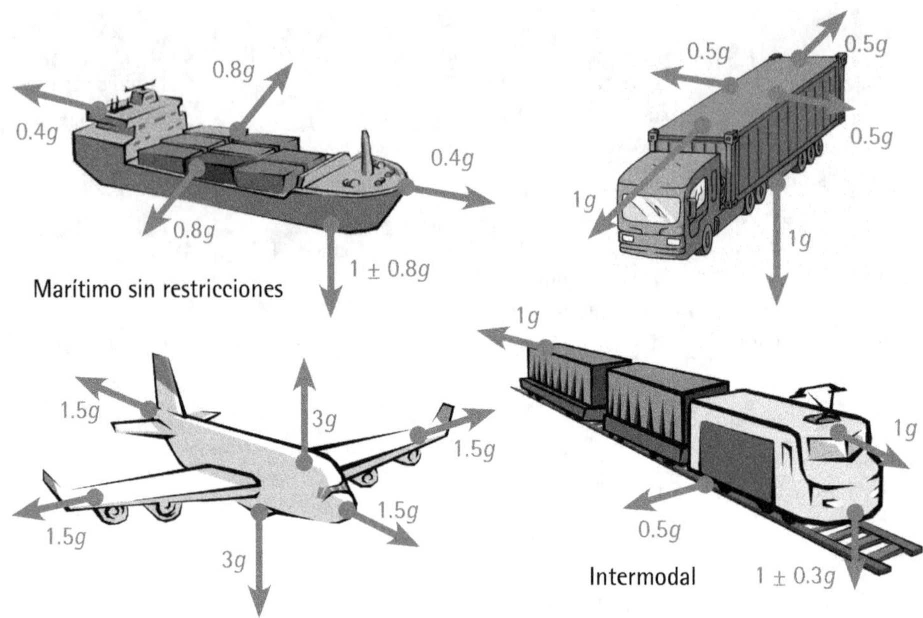

Figura 5.43. Coeficientes de aceleración en los diferentes modos de transporte.

Las modificaciones más significativas del Código CTU de 2014 conciernen fundamentalmente al modo de transporte terrestre: el coeficiente de aceleración longitudinal hacia delante se reduce de 1.0 a 0.8 en el transporte por carretera, y de 1.0 a 0.5 hacia delante y hacia atrás en el transporte ferroviario combinado. En cuanto al modo marítimo, se definen las zonas de aplicación de los coeficientes en función de la altura de ola significante (H_s),[35] pero los valores se mantienen.[36]

En la figura 5.43 se representan los coeficientes de aceleración aplicables en cada modo de transporte sobre la base de los datos recogidos en la tabla 5.3 (en el caso del modo marítimo, se ilustran los coeficientes aplicables sin restricciones). Nótese que, si los cálculos de las fuerzas tienen por objeto un transporte unimodal, son de aplicación los coeficientes de dicho modo, mientras que en el transporte intermodal corresponde emplear los coeficientes más altos de cada una de las coordenadas (longitudinal, transversal y vertical) para los distintos modos en que vaya a efectuarse el

[35] La altura de ola significante representa la media aritmética de la altura del tercio de las olas más altas registradas en el muestreo de medición.

[36] Nótese que, dado que la versión de 2014 del Código CTU contempla la reducción de determinados coeficientes de aceleración en el transporte terrestre, la aplicación de los coeficientes de la versión de 1997 –más altos– no implica en ningún caso situaciones de riesgo durante el transporte.

transporte. Por ejemplo, en el caso de un transporte intermodal marítimo sin restricciones combinado con terrestre, en que los coeficientes de aceleración transversal son 0.8 y 0.5, respectivamente, el coeficiente adecuado es 0.8.

Una vez descritos la magnitud y los coeficientes con que se miden las fuerzas que intervienen en el transporte, el siguiente paso consiste en proceder a su cálculo. A continuación se propone un ejemplo para el transporte por carretera:

1. El coeficiente de aceleración transversal (c_y) en carretera es de 0.5. Por tanto, la aceleración máxima transversal (a_t) resulta de $c_y \cdot g = 0.5g$.
2. Si el peso de la mercancía es la masa multiplicada por la aceleración de la gravedad $(P = m \cdot g)$, la fuerza máxima que actuará sobre ella transversalmente (F_t) se obtiene de $m \cdot a_t = m \cdot 0.5g$, y, por tanto, $F_t = 0.5 \cdot P$.
3. El resultado se traduce en que, en el transporte por carretera, la magnitud de la fuerza máxima transversal puede alcanzar el 50 % del peso de la mercancía, de modo que es necesaria una sujeción transversal equivalente al 50 % de su peso.

En la figura 5.44 se ilustra una analogía entre las aceleraciones que actúan en el transporte por carretera (hacia delante [1*g*] y lateralmente [0.5*g*]) y la posición que el vehículo debería adoptar estáticamente para que llegasen a actuar sobre la mercancía las fuerzas que implican dichas aceleraciones. Así, la actuación hacia delante de una fuerza de $m \cdot 1g$ en una frenada equivale a la fuerza a la que estaría sometida

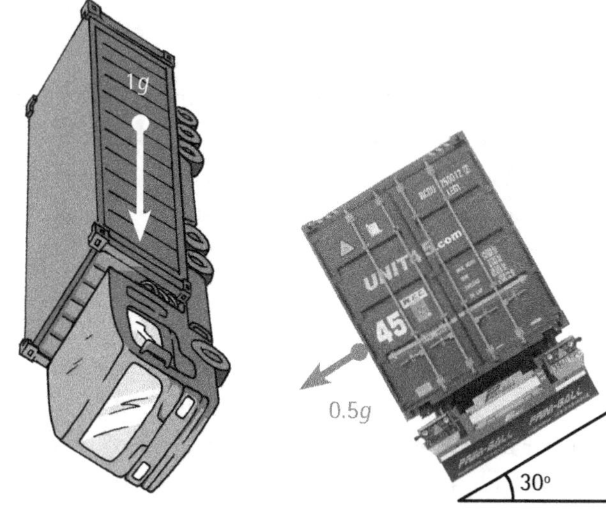

Figura 5.44
Equivalencias entre fuerzas estáticas y fuerzas dinámicas en el transporte por carretera.

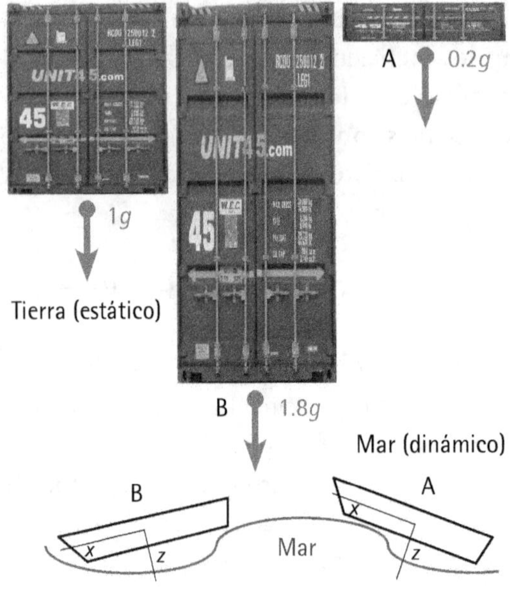

Figura 5.45
Variaciones dinámicas de las aceleraciones verticales.

la mercancía si el vehículo se colgase en vertical como se muestra, y la actuación transversal de una fuerza de $m \cdot 0.5g$ equivale a la fuerza a la que se sometería la carga si el vehículo se inclinase 30° en posición estática.

En cuanto a las variaciones dinámicas de las aceleraciones verticales y, consecuentemente, de las fuerzas verticales, en un buque que navega sin restricciones se observa que la aceleración vertical en dirección longitudinal es de $1.0 \pm 0.8g$ hacia abajo debido a las variaciones dinámicas. Esto significa que en dicho sentido puede llegar a acelerar hasta $1.8g$ (si se redondea a $2g$, puede considerarse que la carga ve duplicado su peso) o reducirse a $0.2g$ (como si el peso se redujese a la quinta parte).

Para facilitar la comprensión de este fenómeno, representado en la figura 5.45, recuérdese la sensación que se experimenta al viajar en una montaña rusa: al descender al valle de la montaña (B), la fuerza ejercida hace que la persona (esto es, la mercancía) sea empujada hacia el asiento y tenga la sensación de pesar más, mientras que al llegar a una cima (A) se experimenta todo lo contrario, es decir, una sensación de flotabilidad o ingravidez.

4.2.1 Aceleraciones en el transporte marítimo de contenedores

Al estibar un contenedor marítimo en el buque portacontenedores, la empresa cargadora nunca conoce *a priori* la posición que el recipiente va a ocupar a bordo, y a menudo ni siquiera por qué mares u océanos navegará el buque ni en qué puertos se hará transbordo. En consecuencia, al calcular las fuerzas que actuarán en el transporte conviene optar por los coeficientes de aceleración del modo marítimo sin restricciones, que prevén las máximas fuerzas posibles a las que la mercancía puede verse sometida.

En este apartado se aplican los coeficientes de aceleración al transporte de contenedores de acuerdo con las directrices de los códigos CTU y CSS.

4.2.1.1   Aceleraciones en contenedores (excepto plataforma con cargas pesadas)

En la figura 5.46 se representan las aceleraciones correspondientes a tres casos de transporte intermodal y uno de transporte unimodal establecidas en el Código CTU. Por ejemplo, del uso de los modos por carretera, ferroviario y marítimo sin restricciones (véase la figura 5.46, inferior derecha) se desprenden las siguientes consideraciones:

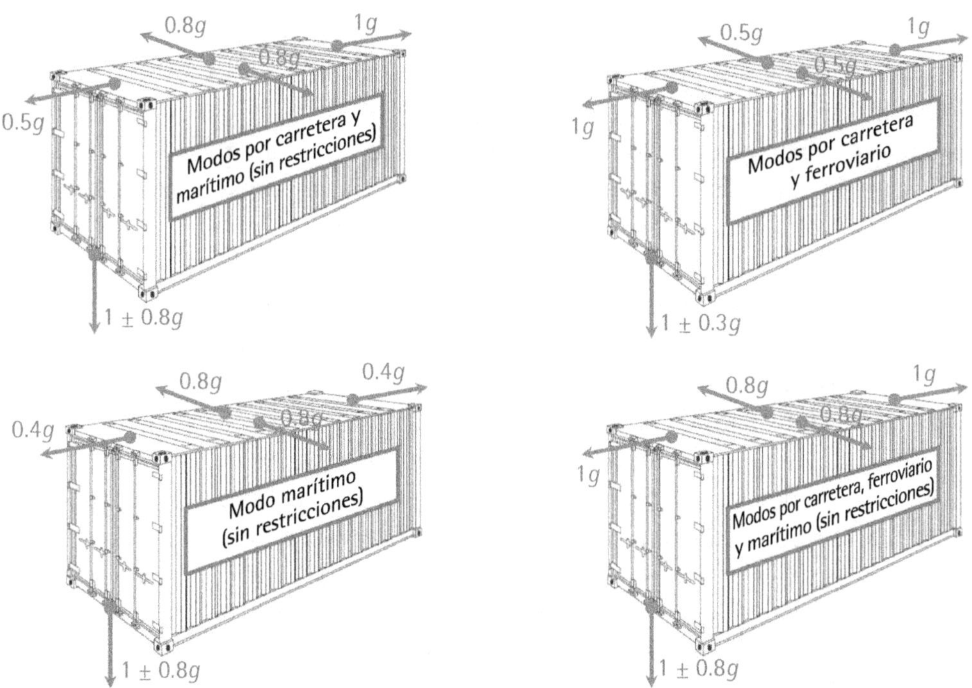

Figura 5.46. Aceleraciones en contenedores marítimos no plataforma.

- La aceleración longitudinal hacia delante y hacia atrás es de 1*g*; por tanto, la fuerza de sujeción de la mercancía en estas direcciones debe ser equivalente a su peso.
- La aceleración transversal es de 0.8*g*; en consecuencia, se requiere un amarre equivalente al 80 % del peso de la mercancía en este sentido.
- La aceleración vertical hacia abajo es de 0.2*g* para obtener la fuerza normal al calcular la fuerza de rozamiento longitudinal y de 1.8*g* al construir el embalaje (en caso de que se transporten cargas apiladas, la resistencia del embalaje debe duplicar aproximadamente a la que corresponde al apilamiento estático en tierra).

4.2.1.2   Aceleraciones en contenedores plataforma con cargas pesadas

Los contenedores plataforma con cargas pesadas suelen transportarse únicamente en modo marítimo entre puertos. En estos casos, lo habitual es que el contenedor sea cargado y descargado en los puertos de origen y de destino por las empresas estibadoras y se proceda posteriormente a la entrega de la mercancía, una vez descargada del contenedor, en vehículos de transporte especial.

Como se ha indicado, la estiba y el trincaje de cargas pesadas en contenedores plataforma deben efectuarse conforme a lo dispuesto en el anexo 13 del Código CSS, que propone dos métodos de cálculo: uno avanzado y otro empírico. El primero requiere conocer la posición exacta del contenedor a bordo del buque, dato del que la empresa consolidadora difícilmente dispone; de ahí que en la práctica se opte por el segundo. El método empírico se expone como sigue en el apartado 5.º del anexo 13 del Código CSS:

5.1 El total de los valores de carga máxima de sujeción *(maximum securing load* o MSL) de los dispositivos de trincaje a cada costado de la unidad de carga (tanto a babor como a estribor) será igual al peso de la unidad en newtons (N) o múltiplos de N (kN, daN).

5.2 Este método, que implica una aceleración transversal de 1*g*, es aplicable a buques de cualquier tamaño con independencia del lugar de estiba, de las condiciones de estabilidad y de carga, de la estación del año y de la zona de operaciones. Sin embargo, no tiene en cuenta los efectos negativos de los ángulos de trincaje, la distribución irregular de fuerzas en los dispositivos de sujeción ni tampoco los efectos favorables de la fricción.

5.3 Los ángulos de trincaje en posición transversal a la cubierta no serán superiores a 60°, y es importante lograr una fricción adecuada mediante el uso

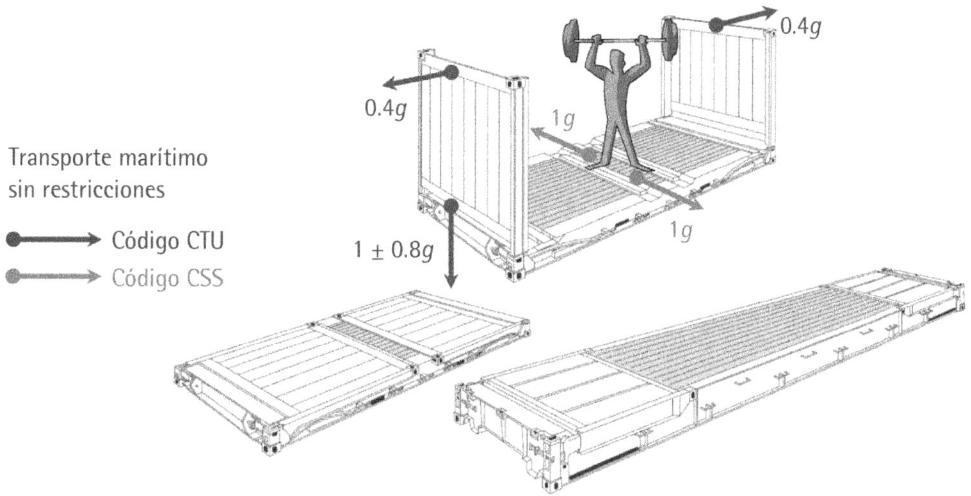

Figura 5.47. Aceleraciones en contenedores plataforma con cargas pesadas.

de material apropiado. Las trincas adicionales con ángulos superiores a 60° pueden ser convenientes para evitar el vuelco de la carga, pero no serán incluidas en el número de trincas resultante de la aplicación del punto 5.1.

En la figura 5.47 se ilustra el resultado de la aplicación del método empírico en un contenedor plataforma con carga pesada, además de los coeficientes de aceleración longitudinal y vertical para transporte marítimo sin restricciones del Código CTU. Como puede observarse, la aplicación de este criterio específico consiste básicamente en aumentar el coeficiente de aceleración transversal de 0.8g a 1g. Por otra parte, no puede considerarse el efecto positivo de la fuerza de rozamiento, y los ángulos de trincaje no pueden ser superiores a 60°; de lo contrario, las trincas adicionales con estas características no computan en el cálculo total de los valores de carga máxima de sujeción.

Capítulo 6

Logística del contenedor

Una vez consolidado y estibado a bordo del medio de transporte en que viajará hasta destino, el contenedor objeto del transporte internacional se integra en un flujo logístico complejo formado por múltiples actores y operaciones. En este capítulo se aporta una visión global de la cadena de transporte del contenedor y se describe en líneas generales la logística de esta unidad de carga desde un punto de vista operacional.

1 Logística del contenedor en las operaciones de comercio internacional

El número y la tipología de los actores que intervienen en la cadena de transporte del contenedor dependen de los modos de transporte utilizados y del tipo de operación comercial de la que es objeto la mercancía (exportación, importación, transacción directa o con intermediarios comerciales, etc.). A fin de aportar una perspectiva de conjunto de la logística del contenedor en las operaciones de comercio internacional, en este apartado se desarrolla como ejemplo el caso de una operación de exportación que comprende los modos por carretera y marítimo, circunstancias habituales del transporte de contenedores (véase la figura 6.1).

Para iniciar el proceso, es necesario que la empresa compradora o importadora del país de destino (en este ejemplo, el destinatario o consignatario[1] de la mer-

---

[1] Nótese que el consignatario de la mercancía o entidad a quien va consignada *(consignee)* difiere del consignatario o agencia consignataria del buque *(ship's agent)*, entidad esta última que, en nombre y por cuenta de la naviera, se encarga de efectuar los trámites administrativos necesarios para que el buque pueda hacer escala en el puerto y gestiona todo servicio por él requerido (suministro de combustible o de alimentos, servicio de remolcadores o de amarradores, etc.).

Flujo logístico del contenedor

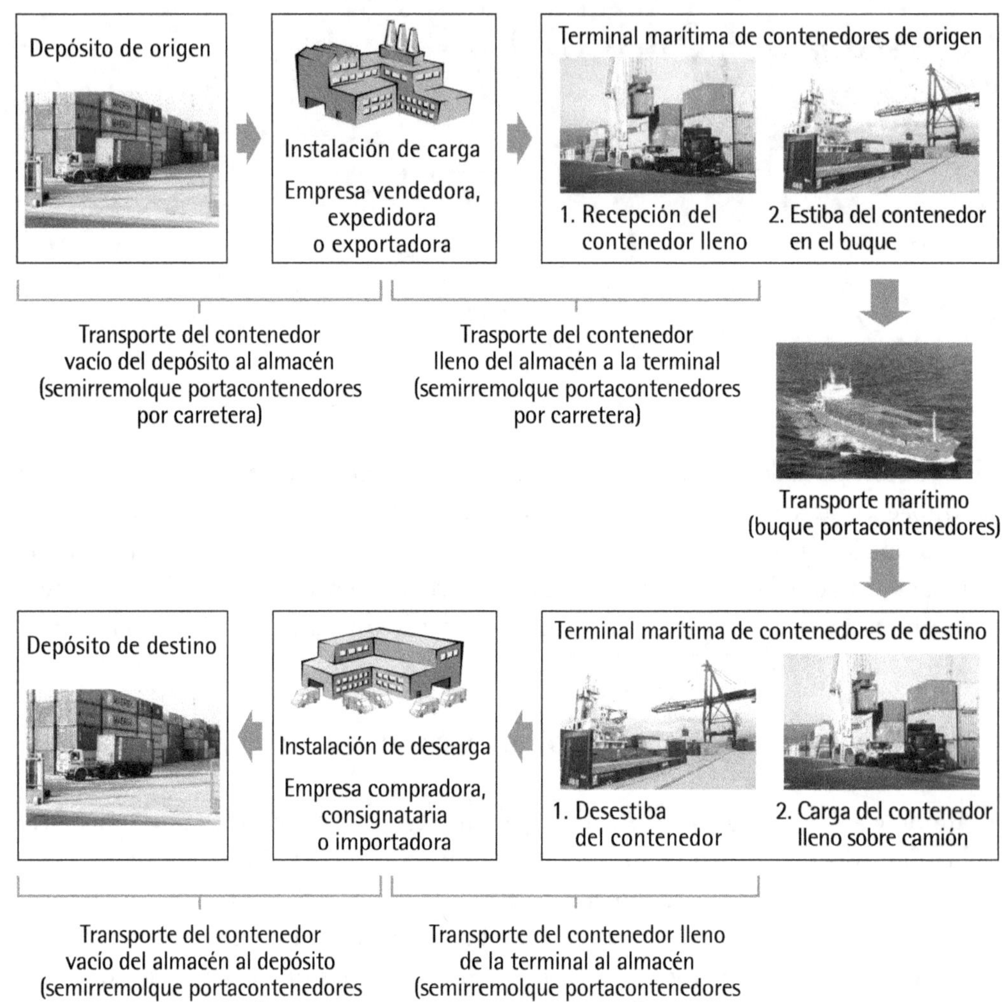

Figura 6.1. Flujo logístico del contenedor en una operación de exportación por carretera y por mar.

cancía, responsable de la recepción en sus instalaciones) establezca un contrato de compraventa con la empresa vendedora o exportadora del país de origen (el expedidor de la mercancía o el responsable de la expedición en sus instalaciones). Surge entonces la necesidad de transportar la mercancía desde el punto de origen hasta el de destino y, consecuentemente, de establecer un contrato de transporte. Las condiciones del transporte y de la entrega de la mercancía, así como los riesgos y los costos que asume cada parte (vendedora y compradora) en relación con el transporte, se determinan en función de la regla Incoterms[2] pactada en el contrato de compraventa.[3]

En el ejemplo que nos ocupa, supóngase que la regla Incoterms convenida es «DAP *(delivered at place,* «entregada en lugar») instalación de descarga de la empresa compradora en el país de destino». Esto significa que la empresa vendedora asume los riesgos y los costos derivados de situar el contenedor en la puerta de las instalaciones de la empresa compradora para que esta pueda desestibar la mercancía y tomarla a su cargo, y que las formalidades aduaneras de importación son asumidas por la empresa compradora. Considérese asimismo que la empresa vendedora contrata la gestión integral del transporte a una agencia transitaria.[4]

En la tabla 6.1 se describen las relaciones de las empresas clientes y las empresas proveedoras con las entidades que intervienen en el caso expuesto. Con vistas a

Relaciones de las empresas clientes y las empresas proveedoras		
Entidad	**Empresa cliente**	**Empresa proveedora**
Expedidor	Consignatario de la mercancía	Agencia transitaria
Agencia transitaria	Expedidor	Transportista por carretera en origen y en destino Agencia de aduanas en origen y en destino Compañía de seguros Línea marítima de contenedores
Línea marítima	Agencia transitaria	Depósito de contenedores en origen y en destino Terminal de contenedores en origen y en destino Consignatario del buque en origen y en destino Autoridad portuaria en origen y en destino Capitanía marítima en origen y en destino

Tabla 6.1. Relaciones de las empresas clientes y las empresas proveedoras con las entidades que intervienen en una operación de exportación por carretera y por mar.

....

[2] Las reglas Incoterms® (acrónimo de *international commercial terms),* establecidas por la Cámara de Comercio Internacional (CCI) a principios del siglo xx, tienen por objeto contribuir a la estandarización de las condiciones de entrega de la mercancía y a la seguridad jurídica en las operaciones internacionales de compraventa. Para obtener más información acerca de la descripción y el uso de las reglas Incoterms 2010 (la versión más reciente en el momento de editar esta obra), véase *Las reglas Incoterms® 2010. Manual para usarlas con eficacia,* de Alfonso Cabrera Cánovas (Marge Books, Barcelona, 2013).

[3] Las consideraciones relativas a los costos del transporte y a la legislación internacional aplicable a los contratos de compraventa y de transporte internacionales se exponen en los apartados 6 y 7, respectivamente.

[4] Los operadores de tráfico de contenedores que intervienen en su cadena logística, así como las infraestructuras necesarias para llevarla a cabo, se describen en los apartados 2 y 3, respectivamente.

establecer las responsabilidades sobre la mercancía durante las diferentes etapas del transporte en contenedor, estas relaciones y las distintas fases quedan reflejadas en diversos documentos básicos para el transporte. En la tabla 6.2 se enumeran los documentos más significativos de los que se generan en el flujo logístico del contenedor junto con sus correspondientes emisores.

En líneas generales, el proceso se desarrolla en las siguientes fases:

1. El expedidor contrata al transitario la gestión integral del transporte y le facilita la lista de contenido y la factura comercial de exportación.
2. El transitario, una vez determinado el tipo de contenedor necesario, abre una reserva de espacio en la línea marítima de contenedores y obtiene de ella un documento entréguese/admítase, que le permite retirar el contenedor vacío del depósito y, posteriormente, entregarlo cargado en la terminal de embarque.
3. El transitario da orden de transporte a la empresa transportista por carretera, la cual recoge el contenedor vacío del depósito, lo lleva a las instalaciones del expedidor –donde se carga– y lo entrega lleno en la terminal. Paralelamente, suscribe el seguro de transporte de la mercancía por medio de la compañía de seguros, con entrada en vigor a partir del momento de la recogida en las instalaciones del expedidor.
4. La agencia transitaria, con el número de contenedor asignado y la documentación del expedidor, tramita las formalidades aduaneras de exportación por

Documentos básicos del transporte internacional de contenedores	
Documento	**Emisor**
Lista de contenido Factura de exportación	Expedidor
Entréguese/admítase Conocimiento de embarque *master*	Línea marítima
Carta de porte	Transportista por carretera
Despacho de aduanas	Agencia de aduanas
Póliza o certificado de seguro	Compañía de seguros
Instrucciones de embarque Conocimiento de embarque *house*	Agencia transitaria

Tabla 6.2. Principales documentos del transporte internacional de contenedores.

medio de la agencia de aduanas. Al mismo tiempo, facilita a la línea marítima las instrucciones de embarque para la confección del conocimiento de embarque *(bill of lading* o BL).

5. Una vez que el contenedor se ha estibado a bordo del buque correspondiente (operación que realiza la terminal), la línea marítima emite el BL *master*,[5] que entrega al transitario.

6. El transitario emite el BL *house*[6] y se lo entrega al expedidor.[7]

7. Al llegar el contenedor a destino, la agencia transitaria organiza el transporte de entrega mediante pasos similares a los ya descritos y gestiona las formalidades aduaneras de importación por medio de una agencia de aduanas en destino.

En los siguientes apartados se describen los operadores y las infraestructuras logísticas que intervienen en el transporte internacional de contenedores.

2   Operadores de tráfico de contenedores

Los operadores de tráfico son los actores de la cadena logística que proporcionan el contenedor a las empresas interesadas en transportar mercancía contenerizada y que comercializan su transporte en medios propios o de terceros.

Habitualmente, tanto los contenedores como los buques portacontenedores son propiedad de las líneas marítimas o navieras que comercializan el servicio de transporte de estas unidades de carga. Estas empresas son asimismo propietarias o concesionarias de depósitos y terminales, y poseen agencias consignatarias de buques en aquellos puertos de su interés desde el punto de vista económico, estratégico o logístico, mientras que en otros puertos subcontratan estos servicios a empresas locales.

---

[5] En este documento suelen aparecer el transitario como expedidor y la agencia del transitario en el país de destino como consignataria de la mercancía. Del BL *master* suelen emitirse tres originales que actúan como título de valor de la mercancía; todos ellos deben entregarse a la línea marítima en destino para poder retirar el contenedor.

[6] En el BL *house* figuran el expedidor y el consignatario que vende y compra la mercancía, respectivamente.

[7] Algunos transitarios solicitan a la línea marítima el BL *master* emitido a nombre de las empresas vendedora y compradora y no emiten BL *house* propio. En estos casos, el BL se emite sin valorar, para que el expedidor o consignatario no conozca el costo real de la operación ni, por tanto, la comisión de intermediación que el transitario cobra por ella.

No obstante, en ocasiones, para optimizar medios y costos, las navieras alquilan buques, bodegas de buque o cierto número de huecos a otras líneas marítimas con las que comparten el transporte, o bien alquilan contenedores a compañías dedicadas a su arrendamiento si en determinada situación carecen de unidades disponibles suficientes. Existen gran número de compañías de alquiler de contenedores en todo el mundo.

Las empresas exportadoras e importadoras con recursos humanos propios dedicados al comercio y a la logística internacionales negocian directamente el transporte con las líneas marítimas. En cambio, aquellas empresas que carecen de conocimientos consolidados en estos ámbitos o que, sencillamente, deciden externalizar la gestión del transporte delegan esta función en las agencias transitarias *(freight forwarders)*, que actúan como intermediarias.

La labor de estas empresas consiste en seleccionar la mejor opción para sus clientes, basada en la elección de la línea marítima óptima para transportar la mercancía hacia determinado destino al menor costo y con el tiempo de tránsito más corto. Las agencias transitarias no poseen buques, de modo que compran el servicio de transporte a la línea marítima para revenderlo a la empresa cliente. Habitualmente, estos intermediarios tampoco son propietarios de contenedores; en caso de serlo, proporcionan sus propios recipientes y contratan de igual modo el servicio de transporte a la línea marítima.[8]

Si bien en el pasado las navieras comercializaban únicamente los tramos de transporte marítimo, en la actualidad ofrecen servicios puerta a puerta que incluyen el transporte terrestre hasta la terminal marítima y, una vez en el puerto de destino, el traslado del contenedor hasta las instalaciones señaladas por la empresa importadora. Las líneas marítimas que transportan contenedores se han convertido, por tanto, en operadores de transporte multimodal (OTM), condición que comparten con las agencias transitarias. Esta denominación, acuñada por la Conferencia de las Naciones Unidas sobre Comercio y Desarrollo (Unctad, por sus siglas en inglés), puede precisarse y designar a los OTM operadores de buque *(vessel operator* o VO; esto es, las líneas marítimas) y a los OTM no operadores de buque *(non-vessel operator* o NVO; las agencias transitarias).[9]

---

[8] Al embarcar contenedores propiedad de la empresa cargadora *(shipper owner containers* o SOC), las líneas marítimas solicitan a la empresa propietaria un certificado del cumplimiento de las normas ISO y del Convenio CSC de dichos contenedores a fin de garantizar la seguridad del buque.

[9] La Ley de Transporte Marítimo de Mercancías estadounidense (Carriage of Goods by Sea Act o Cogsa) establece las denominaciones equivalentes *vessel operating common carrier* (VOCC) y *non-vessel operating common carrier* (NVOCC), respectivamente.

3   Modalidades de carga e infraestructuras logísticas

Los contenedores pueden viajar con mercancía propiedad de un único remitente o con mercancías pertenecientes a distintos remitentes, y a lo largo de su cadena de transporte circulan por infraestructuras logísticas con funciones bien diferenciadas.

El primer aspecto determina la modalidad de carga del contenedor, que puede consolidarse completo o mediante el grupaje de mercancías de procedencias diversas.

- **Carga de contenedor completo** *(full container load* o **FCL)**
  Tiene lugar cuando la mercancía de un único expedidor llena un contenedor completo. En las cargas FCL, lo habitual es que el OTM transporte el contenedor en un semirremolque portacontenedores (o bien combinando los modos ferroviario y por carretera) hasta las instalaciones del expedidor y que allí se proceda a su consolidación. No obstante, en ocasiones, por motivos técnicos o económicos, la empresa cliente prefiere que el contenedor se llene en instalaciones ajenas, y en tal caso la mercancía se transporta en un camión convencional hasta una empresa de consolidación de contenedores *(container freight station* o CFS).

- **Carga de contenedor mediante grupaje** *(less than container load* o **LCL)**
  Tiene lugar cuando el contenedor ha de ser compartido por varios expedidores. En estos casos, la mercancía se transporta en un camión convencional directamente hasta las instalaciones de la empresa consolidadora, donde se procede al llenado del contenedor con mercancías de diferentes expedidores para un mismo destino.

Respecto a las infraestructuras, existen principalmente dos: los depósitos y las terminales de contenedores (véanse los apartados 3.1 y 3.2). La cadena de transporte del contenedor empieza en el depósito, de donde sale vacío para ser trasladado a las instalaciones de carga. Previamente, la empresa cargadora (el propio expedidor o bien una empresa consolidadora) habrá tenido que verificar la capacidad del recipiente a fin de optimizar y planificar la carga, que debe sujetar de manera adecuada una vez estibada en él. El contenedor se transporta entonces a la terminal, desde donde parte hacia destino.

3.1   El depósito de contenedores

Se trata de una infraestructura generalmente privada que presta servicio a las líneas marítimas, las compañías de alquiler de contenedores u otros operadores de transporte propietarios de estos recipientes para llevar a cabo la inspección, el mantenimiento, la reparación y el almacenamiento de dichos equipos. Los operadores de transporte establecen con los depósitos el precio por manipulación y por el resto de los servicios citados, además del criterio que debe aplicarse en su inspección (véase el apartado 4).

Los contenedores llegan vacíos a los depósitos en un flujo de importación, después de haber sido descargados en el almacén de la empresa importadora, y permanecen almacenados hasta que el operador de transporte se dispone a utilizarlos para sus clientes en un flujo de exportación. También se producen flujos de entrada y salida de contenedores vacíos cuando la línea marítima o el operador, por necesidades logísticas, decide evacuar cierto número de recipientes y trasladarlos a otros puertos donde la demanda es mayor.

Para que el depósito pueda admitir un contenedor, la empresa transportista que lo traslada debe entregar en dicha infraestructura un documento *admítase* emitido por la línea marítima. De igual modo, para entregar un contenedor a la empresa transportista, el depósito tiene que solicitarle el documento *entréguese*, también expedido por la naviera. Dependiendo del puerto, ambos pueden emitirse en formato papel o electrónico. En el primer caso, los documentos son entregados y recibidos en mano por el transportista; en el segundo se procede al envío de mensajes mediante sistemas de intercambio electrónico de datos *(electronic data interchange* o EDI) entre la línea marítima y el depósito en los que se asigna un contenedor a una matrícula de camión y a un transportista determinados.[10]

3.2   La terminal de contenedores

Las terminales marítimas de contenedores son entidades públicas, privadas o concesionadas por la Administración pública que prestan servicio a los operadores

---

[10] En formato electrónico suele usarse el estándar de intercambio electrónico de datos para la Administración, el comercio y el transporte de la Organización de las Naciones Unidas (UN/Edifact). Existen diversos tipos de mensajes electrónicos UN/Edifact destinados a la transmisión de información entre depósitos, terminales y operadores, tales como COPARN *(container pre-arrival notice,* «preaviso de llegada de contenedor»), COARRI *(container discharge/loading report message,* «informe de descarga/carga del contenedor»), etc. Las notificaciones de entrada y salida de los contenedores en los depósitos se transmiten habitualmente mediante mensajes CODECO *(container gate-in/gate-out report,* «informe de entrada y salida de contenedores»).

de contenedores para recepcionar y estibar o desestibar dichos recipientes en los buques.[11]

El procedimiento llevado a cabo en una terminal marítima de contenedores es similar al de un depósito. La principal diferencia estriba en que en el depósito solo entran y salen contenedores vacíos, mientras que en la terminal también lo hacen contenedores llenos. Por otra parte, en el depósito los contenedores entran y salen por vía terrestre; modo de transporte al que, en el caso de la terminal, se añade el marítimo.

El esquema de funcionamiento básico de la terminal de contenedores se resume como sigue (véase la figura 6.2):

- Los contenedores llenos que llegan a la terminal por vía marítima en un flujo de importación se desestiban del buque y se sitúan en una zona de almacena-

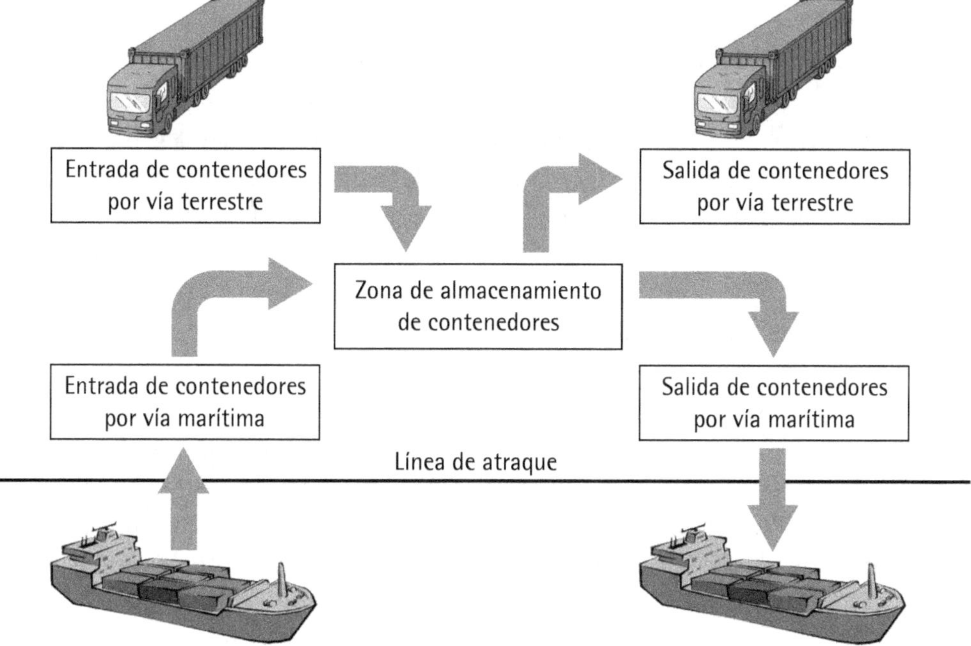

Figura 6.2. Esquema de funcionamiento de una terminal marítima de contenedores.

---

[11] Si bien en este apartado se describe el funcionamiento de las terminales marítimas, nótese que el de las terminales ferroviarias es muy similar. En efecto, en el diagrama de flujo operacional, basta con sustituir el buque por el tren y considerar los medios de manipulación correspondientes.

miento, a la espera de que se formalicen los trámites aduaneros de importación y puedan ser retirados para proceder a su entrega a los consignatarios de la mercancía.

- Los contenedores vacíos que llegan a la terminal por vía marítima en un flujo de importación se desestiban del buque y se sitúan en una zona de almacenamiento, a la espera de ser cargados por un expedidor[12] o de ser trasladados a un depósito.
- Los contenedores, llenos o vacíos, que llegan a la terminal por vía terrestre en un flujo de exportación o procedentes de un depósito para ser evacuados a otro puerto, respectivamente, se descargan del camión y se sitúan en una zona de almacenamiento, a la espera de ser estibados en el buque.

En la zona de almacenamiento, los contenedores se distribuyen en una disposición similar a la que ocupan en los buques, en la que la posición suele determinarse mediante calles, pilas, andanas y alturas. Existen diferentes distribuciones en planta en función del tipo de terminal[13] y de los medios de manipulación y transporte en ella utilizados (con las calles paralelas o perpendiculares a la línea de atraque, etc.).

Los contenedores de exportación o salida son estibados a bordo del buque de acuerdo con el plano de estiba que la terminal recibe antes de su llegada al puerto. Los documentos para la admisión y la entrega de contenedores en la terminal son similares a los indicados respecto al depósito de contenedores (véase el apartado 3.1).

4 Inspección de contenedores

La empresa que suministra el contenedor debe garantizar que este se encuentra en condiciones óptimas para el transporte de acuerdo con los criterios legales y profesionales de inspección establecidos (véanse los apartados 4.2 y 4.3). No obstante, en ocasiones los contenedores proceden directamente de terminales donde no han sido inspeccionados, e incluso puede ocurrir que ciertas averías pasen inadvertidas

---

[12] En los puertos pequeños, es habitual que las terminales almacenen los contenedores vacíos, con lo que desempeñan funciones de depósito. En los grandes puertos, ambos tipos de entidades están bien diferenciadas y los contenedores vacíos no permanecen almacenados en la terminal, sino que son trasladados al depósito.

[13] Para obtener más información acerca de las terminales de contenedores, véase *Transporte en contenedor*, de Jaime Rodrigo de Larrucea, Ricard Marí Sagarra y Joan Martín Mallofré (Marge Books, Barcelona, 2012 [2.ª ed.]).

en la inspección. De resultas de ello, no es infrecuente que se proceda a la carga de contenedores que no se encuentran en condiciones aptas para el transporte y que la mercancía llegue dañada a destino.

Cuando un contenedor entra dañado en un depósito, el personal de la instalación debe dejar constancia de ello mediante un recibo de intercambio de equipo *(equipment interchange receipt* o EIR) en el que se reflejan los daños observados en el contenedor. Posteriormente, el depósito elabora un presupuesto de reparación y lo remite a la línea marítima u operador propietario para, una vez aprobado, poder dejar el recipiente en condiciones aptas para el transporte.[14]

En el caso de los contenedores propiedad de las compañías de alquiler, el depósito efectúa una inspección previa al arrendamiento *(on hire survey)* y otra posterior *(off hire survey)* en las que se constata el estado de los contenedores al inicio y al término del periodo de alquiler, respectivamente. Las compañías de alquiler exigen que los contenedores sean devueltos en el estado en que fueron alquilados.

Los contenedores, a consecuencia de su uso, pueden sufrir daños de dos tipos:

- **Daños accidentales**
  Se producen por los golpes debidos a una mala disposición de la mercancía en el interior, durante su manipulación en el depósito o en la terminal, durante el transporte, etc. Son imputables a las partes que intervienen en la carga, la descarga, el transporte o la manipulación del contenedor.

- **Daños de uso y desgaste**
  Se derivan del uso y el desgaste normales de los materiales, debidos a la oxidación y al envejecimiento de las partes del recipiente. Son imputables a la empresa propietaria del contenedor.

Uno de los mayores problemas en relación con los daños es la imputación de su responsabilidad, pues a menudo se desconoce el punto exacto en que se han producido. Por este motivo es frecuente que, si los distintos eslabones de la cadena de transporte dan por bueno el estado del contenedor en las sucesivas terminales de origen, transbordo y destino y la trazabilidad del recipiente hasta destino es dada como

---

[14] Los presupuestos de reparación de los contenedores se transmiten habitualmente mediante mensajes DESTIM *(equipment damage and repair estimate,* «presupuesto de reparación de contenedores dañados») en el marco del sistema de intercambio electrónico de datos UN/Edifact, o bien por medio del programa informático específico de cada línea marítima.

conforme, la parte perjudicada sea el último eslabón antes de la detección del daño. En efecto, cuando un contenedor entra en un depósito con un daño accidental y el único EIR que da fe del daño es el de entrada en el depósito, se da por supuesto que el contenedor se encontraba en buen estado anteriormente. En esta situación, la empresa propietaria suele imputar la responsabilidad del daño y facturar el costo de su reparación a la que lo ha descargado o a la empresa transportista que ha retirado el contenedor de la terminal para transportarlo hasta la instalación de descarga y, de ahí, al depósito.

Para hacer frente a esta realidad, existen dispositivos de almacenamiento de datos para contenedores dotados con sensores lumínicos, de temperatura, de humedad, de impactos e inclinación (por medio de acelerómetros), etc., que permiten registrar dichas variables en el tiempo, de modo que es posible saber si un contenedor ha sufrido un daño y en qué momento, lo que facilita la investigación de las causas del siniestro. No obstante, el uso de estos dispositivos no está muy extendido debido a su elevado costo y solamente se instalan en contenedores que transportan mercancías de alto valor.

Así pues, la responsabilidad de las consecuencias derivadas de un daño o siniestro resultan a menudo difíciles de determinar, razón por la cual se suele recurrir a los tribunales. Sin embargo, la legislación del transporte internacional, pese a estar fundamentada en convenios ratificados por numerosos países, no es aplicable en todos los estados del mundo (véase el apartado 7); además, muchos tribunales dictaminan sobre la base de la legislación nacional del país en que ha tenido lugar el siniestro. Una realidad que, en definitiva, dificulta la imputación de responsabilidades, que en no pocas ocasiones tardan años en esclarecerse cuando no quedan directamente indeterminadas.

4.1   Criterio básico de inspección

Ante la dificultad de atribuir responsabilidades en caso de daño o siniestro de la mercancía o el contenedor, la práctica totalidad de las navieras que operan con contenedores han incluido en sus conocimientos de embarque cláusulas que delegan en la empresa cargadora la responsabilidad de haber aceptado un contenedor apto para el transporte. Por este motivo, resulta esencial para dicha empresa disponer de un criterio básico de inspección para examinarlo, como el propuesto en la tabla 6.3. Este criterio de mínimos facilita la inspección a toda persona encargada de la consolidación del contenedor, cuya sustitución debe reclamarse a la empresa suministradora en caso de detectar cualquier daño.

Criterio básico de inspección de contenedores
Comprobaciones en el exterior del contenedor
- La placa CSC es apta - Las paredes y el techo no presentan agujeros ni abolladuras considerables - El bastidor (vigas y postes o pilares principales) no presenta abolladuras considerables - Las puertas abren y cierran correctamente - Los dispositivos de cierre funcionan correctamente y las juntas de goma de la puerta se encuentran en buen estado - El contenedor no exhibe paneles ni adhesivos relativos a la carga anterior - *Contenedores de techo abierto con toldo:* están todas las barras de soporte y se encuentran en buen estado; el toldo no tiene agujeros; el cable de sujeción se encuentra en buen estado y los ojales por donde pasa no están rotos - *Contenedores de techo abierto con chapa rígida desmontable:* el techo no presenta abolladuras considerables ni agujeros y los mecanismos de fijación se encuentran en buen estado - *Contenedores plataforma:* las paredes de los extremos se encuentran en buen estado y las anillas de amarre no están rotas. Si se trata de paredes plegables, debe comprobarse que los bulones y los pasadores de cierre se encuentran en buen estado - *Contenedores frigoríficos:* el cable y la clavija de conexión se encuentran en buen estado. Si es posible, debe comprobarse que el ajuste de la temperatura es adecuado para la mercancía transportada
Comprobaciones en el interior del contenedor
- El contenedor es estanco al agua y a la luz. Dentro de él, con las puertas cerradas, no entra luz a través de agujeros, juntas, etc. - El interior está seco (no hay charcos ni indicios de que los hubo, trazas de óxido provocadas por goteras, etc.) - El suelo no presenta agujeros ni roturas - El suelo no presenta clavos ni otros elementos que puedan dañar la carga - El contenedor está limpio y libre de residuos de cargas anteriores y de olores fuertes

Tabla 6.3. Criterio básico de inspección de contenedores.

4.2   *Criterios legales de inspección*

El Convenio Internacional sobre la Seguridad de los Contenedores (CSC) establece los criterios legales de inspección de estos recipientes, que pueden aplicarse mediante dos sistemas:

- Programa autorizado de inspección continua *(approved continuous examination program* o ACEP).
- Inspección por un organismo de control autorizado (OCA).

El programa de inspección continua implica un compromiso de inspección y control constante de los contenedores mediante una red internacional privada de depósitos. A este sistema suelen acogerse las líneas marítimas y las compañías de alquiler propietarias de contenedores, que solicitan su inclusión en él a las autoridades nacionales competentes (habitualmente, el Ministerio de Industria). Estas compañías deben llevar un registro de la totalidad de sus contenedores en propiedad, con sus respectivas matrículas, y un histórico por matrícula con todas las inspecciones y reparaciones efectuadas en cada contenedor mientras es propiedad de la empresa. Las inspecciones de contenedores inscritas en el sistema ACEP se basan en criterios profesionales de aplicación internacional.

La inspección de los contenedores cuyas empresas propietarias no están inscritas en el sistema ACEP (generalmente, pequeñas compañías o incluso particulares) se efectúa mediante un OCA de acuerdo con los criterios legales de inspección. En este caso, la primera inspección obligatoria debe llevarse a cabo a los cinco años de la fecha de fabricación del contenedor, y, posteriormente, cada treinta meses.

4.3   Criterios profesionales de inspección

Las compañías navieras y de alquiler propietarias de contenedores inscritas en el sistema ACEP firman contratos de depósito con redes privadas de depósitos de contenedores en los que se aplica el criterio de inspección acordado.

Los criterios de inspección más empleados a escala internacional son tres:

– IICL-5, del Instituto Internacional de Arrendadores de Contenedores (IICL).
– Ucirc (Unified Container Inspection and Repair Criteria), de la Cámara de Navegación Internacional (ICS).
– CIC (Common Interchange Criteria), de la Asociación de Propietarios de Contenedores (COA).

La mayoría de las líneas marítimas internacionales utilizan uno de estos tres criterios, si bien en casos extraordinarios las compañías establecen normas particulares de inspección. Las diferencias entre los criterios de inspección estriban en las tolerancias que permite cada uno de ellos. Por ejemplo, según el IICL-5, la abolladura en la corruga de un panel debe repararse si tiene más de 35 mm de profundidad, mientras que en este mismo caso el Ucirc tolera hasta 50 mm.

A título ilustrativo, en la figura 6.3 se señalan las principales partes y componentes del contenedor que suelen ser objeto de inspección, y en la tabla 6.4 se resumen los criterios profesionales del IICL.[15]

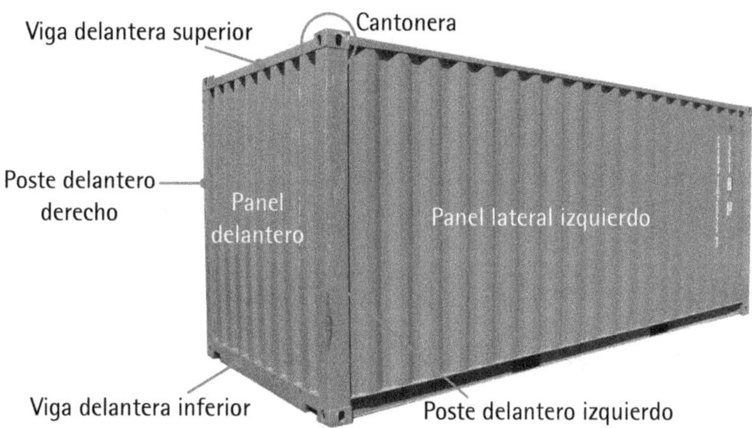

Figura 6.3. **Principales partes y componentes del contenedor objeto de inspección.**[16]

....

[15] Si bien el IICL-5 ha sido tradicionalmente el criterio de inspección más utilizado, a raíz de la crisis económica desatada a finales de la década de 2000 las compañías empezaron a aplicar criterios menos restrictivos, como el Ucirc y el CIC, o incluso criterios particulares más permisivos que estos últimos, con vistas a reducir los costos de reparación de los contenedores.

[16] Las vigas longitudinales se conocen también como *largueros,* y las transversales, como *travesaños.* Las partes y los componentes de los contenedores se describen en el apartado 4.3.2 del capítulo 4.

Criterio profesional de inspección de contenedores

Vigas

Reparar siempre si:

- La viga está agujereada, cortada o agrietada
- La soldadura de la viga a la cantonera o a la pared del contenedor está rota
- Le falta un trozo (pérdida de material) del ala o del alma

Reparar solo si:

- Las vigas inferiores laterales, frontal y de puerta tienen una abolladura en el alma de más de 50 mm de profundidad o están abolladas de manera que se exceden las dimensiones ISO del contenedor (las abolladuras en las alas no se consideran)
- Las vigas superiores laterales tienen una abolladura de más de 30 mm de profundidad o están abolladas de manera que se exceden las dimensiones ISO del contenedor
- La viga delantera superior tiene una abolladura de más de 25 mm de profundidad o está abollada de manera que se exceden las dimensiones ISO del contenedor
- La viga trasera superior tiene una abolladura de más de 35 mm de profundidad o está abollada de manera que se exceden las dimensiones ISO del contenedor

Especial cuidado:

- Revisar bien las cantoneras si hay una deformación a menos de 25 cm de distancia (es importante comprobar que la soldadura se encuentra en buen estado)

Postes

Reparar siempre si:

- El poste está agujereado, cortado o agrietado
- La soldadura del poste a la cantonera o a la pared del contenedor está rota
- Le falta un trozo (pérdida de material)
- Un poste trasero (de puerta) tiene una deformación que impide abrir completamente la puerta

Reparar solo si:

- Un poste tiene una abolladura de más de 25 mm de profundidad o está abollado de manera que se exceden las dimensiones ISO del contenedor
- Un poste tiene dos o más abolladuras de más de 15 mm de profundidad cada una

Especial cuidado:

- Revisar bien las cantoneras si hay una deformación a menos de 25 cm de distancia (es importante comprobar que la soldadura se encuentra en buen estado)

Paneles

Reparar siempre si:

- El panel está agujereado, cortado o agrietado
- Las anillas interiores, las exteriores del cable (en los contenedores de techo abierto) o las rejillas de ventilación, etc., faltan o están rotas
- Le falta un trozo (pérdida de material)

Continúa

Continuación

Reparar solo si:
- Un panel tiene una abolladura en una corruga de más de 35 mm de profundidad o está abollado de manera que se exceden las dimensiones ISO del contenedor - Una abolladura que afecta a un panel completo reduce la capacidad interior del contenedor en más de 50 mm
Puerta
Reparar siempre si:
- La puerta está agujereada, cortada o agrietada - Las juntas de goma están sueltas o rotas y permiten la entrada de agua - Le falta un componente o este está roto (bisagra, barra de cierre, abrazadera de la barra, maneta, retén de la maneta, retén del precinto, etc.)
Reparar solo si:
- El panel de puerta tiene una abolladura de más de 35 mm de profundidad o está abollado de manera que se exceden las dimensiones ISO del contenedor - Una abolladura que afecta a todo el panel de puerta reduce la capacidad interior del contenedor en más de 50 mm
Techo
Reparar siempre si:
- El techo está agujereado, cortado o agrietado - Le falta un trozo (pérdida de material)
Reparar solo si:
- El techo tiene una abolladura en una corruga de más de 35 mm de profundidad o está abollado de manera que se exceden las dimensiones ISO del contenedor - Una abolladura que afecta a un panel entero o viga del techo reduce la capacidad interior del contenedor en más de 50 mm
Suelo
Reparar siempre si:
- El suelo está agujereado y se ve luz a través del agujero - El suelo está agrietado y se ve luz a través de la grieta - El suelo está delaminado[17] o astillado - Los tornillos de fijación del tablero a las vigas sobresalen o están rotos
Reparar solo si:
- Tiene una hendidura de más de 15 mm de profundidad - Tiene una hendidura de más de 5 mm a lo largo de más de 150 mm - Los paneles del tablero o de las partes metálicas se encuentran a diferencias de altura superiores a 5 mm (descabalgados)

Continúa

....

[17] El contrachapado está formado por finas láminas de madera pegadas que constituyen un tablero. La delaminación se produce cuando estas láminas de despegan a medida que se degrada el suelo.

Continuación

<table>
<tr><td colspan="1">Estructura bajo el suelo</td></tr>
</table>

Reparar siempre si:

- La viga está agujereada, cortada o agrietada
- La soldadura de la viga al bastidor está rota
- Le falta un trozo (pérdida de material) del ala o del alma

Reparar solo si:

- La viga tiene una abolladura en el alma de más de 50 mm de profundidad o está abollada de manera que se exceden las dimensiones ISO del contenedor
- El ala superior (la que está en contacto con el suelo del contenedor) tiene una deformación de más de 50 mm o en el punto donde está el tornillo se separa más de 10 mm del suelo
- El ala inferior está agujereada, cortada o agrietada (las abolladuras en el ala inferior no se consideran)
- Hay una abolladura de más de 50 mm en el túnel de horquillas

<table>
<tr><td colspan="1">Varios</td></tr>
</table>

Reparar siempre si:

- Están rotas las anillas de amarre
- Faltan los números de la matrícula
- Falta o está rota o ilegible la placa CSC
- Están rotas las soldaduras de las cantoneras
- Hay puntas clavadas en el suelo (deben eliminarse)
- Hay etiquetas antiguas de mercancías peligrosas (deben desecharse)

<table>
<tr><td colspan="1">Limpieza</td></tr>
</table>

- Barrer si hay polvo y retirar restos de madera, plástico, etc.
- Lavar si hay restos de grasa transferibles[18] o malos olores
- Lijar el suelo si en él hay restos de pintura, pegamento o similar
- Lavar las paredes y el techo si en ellos hay restos de polvo que mancha como el de carbón, tierra o similar
- Lijar y pintar si hay mucho óxido

Tabla 6.4. Criterio profesional de inspección de contenedores IICL-5.

---

[18] Se consideran transferibles los restos de grasa cuya suciedad se traspasa a la mano al pasarla por la mancha.

Selección e inspección de contenedores para *flexitanks*

Las empresas fabricantes de depósitos flexibles para graneles líquidos en contenedor *(flexitanks)* facilitan instrucciones para la selección del contenedor y la instalación del depósito, ya que este embalaje es especialmente susceptible de dañarse si las condiciones del contenedor no son adecuadas. En general, los fabricantes recomiendan no instalar dichos depósitos en contenedores con más de cinco años de antigüedad, pero esto no siempre es posible. En cambio, sí puede velarse por la correcta selección e inspección del contenedor en que se prevé instalar el depósito.

Habida cuenta de la alta siniestralidad relacionada con este tipo de embalaje, la Asociación de Propietarios de Contenedores (COA) expone en un manual los criterios de selección e inspección fundamentales en este aspecto, que se resumen como sigue:

- La masa bruta máxima autorizada del contenedor no debe ser inferior a 30 t; en caso contrario, solo se puede cargar el 60 % de la carga útil máxima autorizada.
- Las paredes del contenedor deben ser corrugadas en toda su longitud. No tienen que admitirse contenedores con paneles de rotulación planos.
- La puerta debe encontrarse en perfecto estado (barras de cierre y retenes correctamente operativos y hojas de la puerta sin abolladuras).
- El suelo debe encontrarse en perfecto estado, sin aristas, puntas clavadas, delaminación ni agujeros que puedan dañar el embalaje. El uso del contenedor debe rechazarse si su suelo:

  - Tiene una hendidura de más de 15 mm de profundidad.
  - Tiene una hendidura de más de 6 mm a lo largo de más de 150 mm.
  - Los paneles del tablero se encuentran a diferencias de altura superiores a 10 mm (descabalgados).

- La placa CSC debe estar en vigor.
- Los paneles laterales y delantero no deben tener reparaciones; en caso contrario, estas han de haber sido efectuadas de acuerdo con el manual de reparación del Instituto Internacional de Arrendadores de Contenedores (IICL).

5 Transporte marítimo de contenedores

El transporte marítimo se caracteriza básicamente por el tipo de buque empleado y por el régimen de transporte en que este circula.

Según la carga transportada, los buques pueden clasificarse en:

- *Buques de carga general.* Provistos de una o varias cubiertas, transportan todo tipo de mercancías.
- *Buques tanque.* Se destinan al transporte de crudo, productos refinados o químicos, gases licuados, etc.
- *Buques graneleros.* Suelen transportar minerales y cereales.
- *Buques portacontenedores.* Están específicamente diseñados para transportar contenedores.[19]
- *Buques de transbordo rodado.* Se dedican al transporte de carga rodada.

En cuanto a los regímenes de transporte, existen principalmente dos:

- El transporte marítimo de línea regular *(liner).*
- El transporte marítimo en régimen de fletamento *(tramp).*

En el transporte marítimo de línea regular se contrata un transporte efectuado mediante rutas y escalas establecidas con frecuencias de tráfico prefijadas, regularidad que permite ofrecer tarifas predeterminadas y prever con exactitud los tiempos de transporte. Su contratación se refleja en el conocimiento de embarque.

El transporte marítimo en régimen de fletamento consiste en la contratación libre de buques para el transporte de grandes volúmenes de mercancía (cereales, petróleo, etc.). Se contrata, por tanto, el buque, tal como se establece en la correspondiente póliza de fletamento.

El transporte marítimo internacional de contenedores se caracteriza por el uso de buques portacontenedores en régimen de línea regular. Estos transportes, que conforman un tráfico marítimo de considerables proporciones, requieren una logística específica adaptada a sus características.

---

[19] El buque portacontenedores se describe en el apartado 3.1 del capítulo 5.

5.1 Tráfico marítimo de contenedores

La gran aceptación del transporte en contenedor a partir de la segunda mitad del siglo xx dio lugar a un tráfico marítimo sin precedentes que no ha hecho sino consolidarse hasta alcanzar magnitudes ingentes. Existen múltiples organismos nacionales e internacionales que facilitan información sobre el tráfico marítimo internacional de contenedores; entre ellas, la Unctad, que publica anualmente los índices globales del transporte marítimo internacional.[20]

Se estima que, a inicios de 2014, la flota mundial de buques de línea regular para el transporte de contenedores rondó los seis mil buques, con una capacidad total aproximada de 18 millones de TEU *(twenty-foot equivalent units)*. En la tabla 6.5 se enumeran las veinte primeras líneas marítimas del mundo por capacidad de flota medida en TEU y sus porcentajes sobre el total mundial. Como puede observarse, dichas compañías acaparan el 84.8 % de la flota mundial de buques portacontenedores, y solamente tres de ellas el 36.9 % de toda la flota, lo que supone más de un tercio del total mundial.

La logística del transporte marítimo de contenedores implica la necesidad de tener equipos depositados en los distintos puertos de origen y de destino, además de los que viajan en los propios buques. De modo que, aunque la capacidad mundial de transporte ronda los 18 millones de TEU, la cantidad real de contenedores es sustancialmente mayor. A finales de 2012 existían en el mundo alrededor de 32.9 millones de TEU, y, habida cuenta del ritmo de crecimiento, la cifra alcanzada a inicios de 2014 se estima en 35 millones de TEU. Esta cantidad se distribuye entre compañías de alquiler de contenedores (45 %) y líneas marítimas y operadores de transporte (55 %). En la tabla 6.6 se enumeran las principales compañías de alquiler de contenedores a escala mundial.

Estas capacidades de la flota mundial no significan que todos los buques estén navegando simultáneamente al 100 % de su ocupación (de producirse esta circunstancia, por cada contenedor embarcado habría aproximadamente otro contenedor en tierra). Se calcula que, por término medio, por cada contenedor embarcado existen entre dos y tres contenedores en tierra.

El tráfico marítimo de contenedores comprende tanto el tráfico de transporte como el de manipulación en los puertos.

---

[20] La Subdivisión de Logística Comercial de la División de Tecnología y Logística de la Unctad publica anualmente desde 1968 el informe *Review of Maritime Transport,* disponible en línea también en español en el web www.unctad.org/en/pages/publications/Review-of-Maritime-Transport-%28Series%29.aspx.

Principales líneas marítimas de tráfico de contenedores			
Posición	Línea marítima	TEU	% TEU
1	APM-Maersk	2 630 861	14.9
2	Mediterranean Shipping Co. (MSC)	2 382 755	13.5
3	CMA-CGM Group	1 502 474	8.5
4	Evergreen Line	813 015	4.6
5	Cosco Container L.	790 939	4.5
6	Hapag-Lloyd	737 794	4.2
7	Hanjin Shipping	646 752	3.7
8	APL	643 750	3.6
9	CSCL	585 027	3.3
10	MOL	545 100	3.1
11	OOCL	472 523	2.7
12	NYK Line	458 716	2.6
13	Hamburg Süd Group	440 808	2.5
14	PIL (Pacific Int. Line)	379 914	2.1
15	Yang Ming Marine Transport Corp.	373 459	2.1
16	K Line	357 254	2.0
17	Hyundai MM	335 493	1.9
18	Zim	335 237	1.9
19	UASC	283 136	1.6
20	CSAV Group	260 019	1.5

Fuente: Alphaliner (www.alphaliner.com), octubre de 2013.

Tabla 6.5. Principales líneas marítimas de tráfico de contenedores.

- **Tráfico de transporte o de mercado**

Lo constituye el número de contenedores, medido en TEU, que han sido cargados con mercancía y transportados desde un puerto de origen hasta uno de destino. Puede valorarse asimismo tomando en consideración el número de contenedores que han transportado mercancía sujeta a transacciones comerciales (mayoritariamente, en flujos de exportación e importación, aunque también

Principales compañías de alquiler de contenedores		
Posición	**Compañía**	**Cuota de mercado (%)**
1	Textainer	17.7
2	Triton	13.3
3	Florens	12.7
4	TAL	11.6
5	SeaCo	7.1
6	CAI	6.7
7	SeaCube Containers	6.7
8	Cronos Group	5.2
9	Touax (Gold)	3.6
10	Dong Fang Intl	3.5
11	Beacon Intermodal	2.7
12	UES Intl HK	2.1
13	Otras	7.1
	Total	100.0

Fuente: World Cargo News Online (www.worldcargonews.com), abril de 2012.

Tabla 6.6. Principales compañías de alquiler de contenedores.

se incluye el tráfico en el mercado nacional; por ejemplo, el de un país a islas que pertenecen a su territorio).

- **Tráfico portuario**
  Lo conforma el número de contenedores, medido en TEU, que han sido manipulados en los puertos. Este tráfico incluye, para un puerto dado, los contenedores de entrada[21] (importación), los contenedores de salida (exportación) y los contenedores en tránsito o transbordo.

---

[21] Para facilitar la comprensión del concepto de *tráfico portuario*, los tráficos de salida se equiparan a flujos de exportación y los de entrada, a flujos de importación, con independencia de que puedan existir entradas y salidas de contenedores dentro del mercado nacional sin que se trate, pues, de operaciones de exportación o importación.

Según datos publicados por la Unctad,[22] el tráfico de mercado de contenedores aumentó ininterrumpidamente desde 1996 hasta 2009, con una tasa media de crecimiento interanual del 9-10 %. En 2009 tuvo lugar una importante caída a raíz de la crisis económica desatada a finales de la década de 2000, si bien a partir de 2010 el tráfico se recuperó progresivamente hasta alcanzar los 155 millones de TEU en 2012. Las cifras provisionales para 2013 arrojan un resultado de 163 millones de TEU, con un crecimiento de alrededor del 5 % respecto a 2012.

La tendencia del tráfico portuario es similar a la del tráfico de mercado, con 602 millones de TEU manipulados en 2012. El tráfico portuario de los cincuenta puertos con mayor tráfico internacional de contenedores representa alrededor del 67 % de todo el tráfico portuario mundial. Solo los puertos de China (incluidos los de Hong Kong y Taiwán), con siete de los diez primeros puertos mundiales en tráfico portuario, representaron en 2012 casi el 32 % del tráfico portuario mundial con 192 millones de TEU.

Si se divide el tráfico portuario entre el tráfico de mercado, la ratio obtenida para 2012 es de 3.88 (602/155). Esto significa que por cada contenedor transportado con mercancía se producen de media casi cuatro movimientos portuarios. Por otra parte, de la ratio obtenida de dividir el tráfico de mercado entre el número de contenedores existentes en 2012 (155/32.9 = 4.71) se desprende que cada contenedor realiza una media de en torno a cinco viajes anuales cargado con mercancía. Estos movimientos están condicionados por la logística del transporte de contenedores, imprescindible para interpretar adecuadamente dichos datos.

5.2   Logística del transporte marítimo de contenedores

El transporte marítimo de contenedores se efectúa mediante la interacción de puertos de diverso tamaño y estructura con funciones logísticas bien diferenciadas a lo largo de líneas marítimas principales y secundarias (de alimentación). En la configuración de los puertos resulta especialmente relevante la importancia de su área de influencia terrestre (*hinterland* o traspaís), por medio de la cual se canalizan las exportaciones y se distribuyen las importaciones de la industria de determinada región o zona del país.

De acuerdo con estas consideraciones, los puertos pueden clasificarse en principales, concentradores y periféricos.

---

[22] La publicación más reciente del informe *Review of Maritime Transport* en el momento de editar esta obra es la correspondiente a 2013.

- **Puerto principal** *(gateway)*

  Caracterizadas por la fuerte influencia de su traspaís, estas infraestructuras configuran las líneas principales de navegación. Pueden realizar también funciones de puerto concentrador.

- **Puerto concentrador** *(hub)*

  Su función consiste en concentrar y distribuir los contenedores a lo largo del tráfico marítimo. Para ello recibe contenedores de las líneas de alimentación y los transfiere a las líneas principales de navegación. Los puertos concentradores no cuentan necesariamente con un traspaís fuerte; se caracterizan más bien por su ubicación geoestratégica.[23]

- **Puerto periférico** *(spoke)*

  Puerto secundario de carácter local o regional con un traspaís débil al que llegan únicamente líneas de navegación secundaria, con las que alimenta el tráfico de los puertos concentradores.

En la logística de las líneas marítimas para el transporte de contenedores, conocida como *hub and spoke,* los buques portacontenedores oceánicos viajan entre los puertos principales y los concentradores siguiendo las líneas principales de navegación, mientras que los puertos periféricos nutren de contenedores los puertos principales o concentradores mediante líneas de navegación secundarias que operan con buques alimentadores de menor tamaño (véase la figura 6.4).

En la figura 6.5 se ilustra un ejemplo de transporte marítimo con sus correspondientes líneas de navegación secundaria y principal. En este caso, un contenedor con destino a Hong Kong (China) cargado por una empresa exportadora en un puerto periférico como el de Vigo (España) debe:

1. Ser embarcado en un buque alimentador que lo transporte desde el puerto de Vigo hasta el puerto concentrador de Algeciras (España). Si el embarque tiene lugar un miércoles, el contenedor llegará a Algeciras el próximo sábado (tres días de tránsito desde la salida hasta la llegada).

---

[23] Los puertos concentradores con ubicación geoestratégica deben su importante volumen de manipulaciones al transbordo de contenedores procedentes de líneas de alimentación y no al del comercio internacional generado por su traspaís. Los puertos de los canales de Suez y de Panamá y los de los estrechos de Malaca y de Gibraltar son ejemplos de puertos concentradores en puntos geoestratégicos de las rutas principales de navegación internacional.

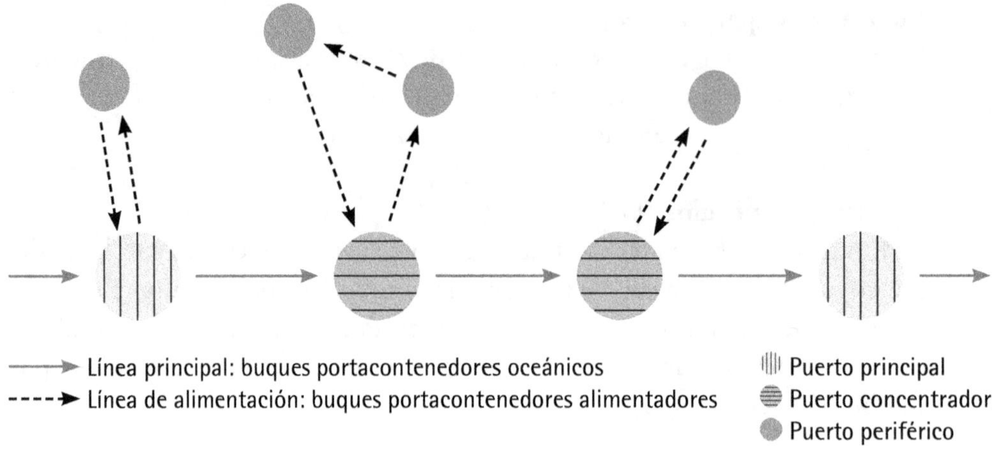

Figura 6.4. Logística del transporte marítimo de contenedores.

2. Esperar cinco días en Algeciras para ser embarcado en una línea principal con destino a Hong Kong (el jueves de la semana siguiente) y navegar 32 días más hasta llegar al puerto asiático. De este modo, el tiempo de tránsito total del contenedor habrá sido de 40 días.

Este ejemplo confirma las ratios calculadas en el apartado 5.1. En efecto, la mayoría de los contenedores son habitualmente objeto de un transbordo, con una ratio entre tráfico portuario y tráfico de mercado cercana a 4 (en el ejemplo de la figura 6.5 tienen lugar cuatro manipulaciones: de salida en Vigo, de entrada en Algeciras, de salida en Algeciras y de entrada en Hong Kong). Por otra parte, la ratio de cinco viajes anuales por contenedor parece ajustada habida cuenta de los tiempos de espera necesarios para efectuar los trámites aduaneros, cargar y descargar la mercancía, realizar los transportes de recogida y entrega, etc., con tiempos de tránsito de entre 30 y 40 días en los tráficos transoceánicos.

6 Costos del transporte marítimo de contenedores

En este apartado se describen a grandes rasgos los costos que soporta la empresa que decide transportar determinada mercancía en contenedor por vía marítima, ya sea mediante la negociación directa con la naviera o bien por medio de una agencia transitaria.

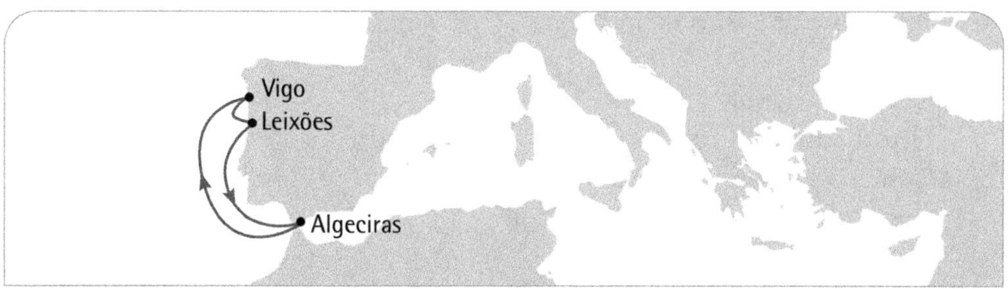

Línea de navegación marítima de alimentación			
Puerto	**Llegada**	**Salida**	**Tiempo de tránsito***
Algeciras	–	Domingo	–
Vigo	Martes	Miércoles	3 días
Leixões	Miércoles	Jueves	4 días
Algeciras	Sábado	Domingo	7 días

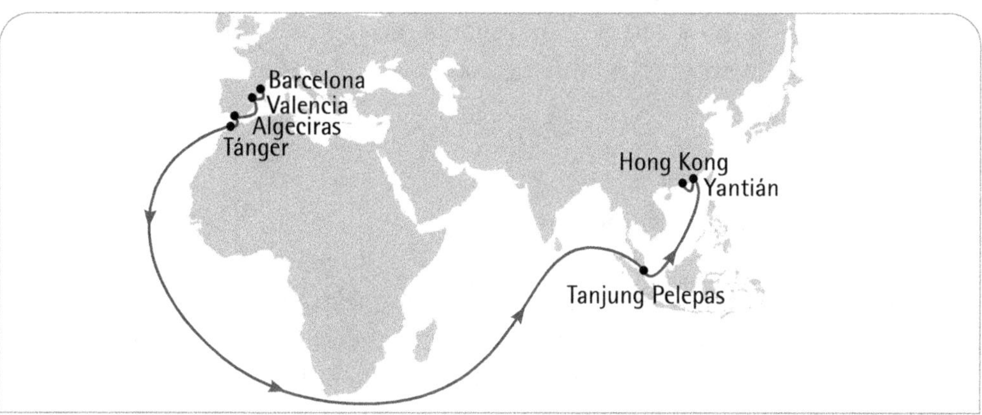

Línea de navegación marítima principal			
Puerto	**Llegada**	**Salida**	**Tiempo de tránsito***
Barcelona	–	Sábado	–
Valencia	Sábado	Lunes	2 días
Algeciras	Martes	Jueves	5 días
Tánger	Viernes	Viernes	6 días
Tanjung Pelepas	Lunes	Miércoles	32 días
Yantián	Viernes	Sábado	36 días
Hong Kong	Domingo	Lunes	38 días

* Tiempo de tránsito acumulado desde la salida del primer puerto hasta la salida del puerto en curso.

Figura 6.5. Ejemplos de línea de navegación marítima secundaria o de alimentación (arriba)
y de línea de navegación principal (abajo) en un tráfico transoceánico de larga distancia.

La estructura de costos se divide en:

- Costos previos al embarque.
- Flete marítimo y recargos (con los descuentos pertinentes según corresponda).
- Costos posteriores al desembarque.
- Costos de demora y de paralización.

Como se expuso en el apartado 1, el reparto entre las partes vendedora y compradora de los costos correspondientes al transporte se establece en función de la regla Incoterms pactada en el contrato de compraventa. Por ejemplo, en condiciones CIF *(cost, insurance and freight,* «costo, seguro y flete») puerto de destino, la empresa vendedora asume los costos previos al embarque en origen y el flete –con los recargos correspondientes– hasta el puerto de destino (además de la prima de seguro obligatoria para el transporte marítimo de la mercancía).[24] En cambio, en condiciones FOB *(free on board,* «franco a bordo») puerto de origen, la empresa vendedora solo asume los costos hasta situar la mercancía a bordo del buque en el puerto de origen, mientras que el flete y todo gasto posterior son asumidos por la empresa compradora.

6.1   Costos previos al embarque

Los costos previos al embarque o costos FOB son aquellos que se originan desde que la mercancía abandona las instalaciones de la empresa vendedora, cargada en el contenedor, hasta que este se sitúa al costado del buque en disposición de ser estibado a bordo.[25] Dichos costos corresponden a los siguientes conceptos:

- *Transporte terrestre* desde la instalación de carga hasta la terminal marítima, previo paso por el depósito para recoger el contenedor vacío. Se trata de viajes

---

[24] La regla Incoterms CIF añade a las condiciones CFR *(cost and freight,* «costo y flete») la obligación, por parte de la empresa vendedora, de contratar un seguro de transporte que cubra los riesgos soportados por la compradora. Dicho seguro debe ofrecer la cobertura mínima establecida en la modalidad C de las cláusulas de carga del Instituto de Aseguradores de Londres (ICC, por sus siglas en inglés) o similares (véase el apartado 6 del capítulo 3), y el importe asegurado ha de cubrir como mínimo el 110 % del precio CIF.

[25] Los costos previos al embarque se conocen comúnmente como *costos FOB* aun cuando estas condiciones incluyen el costo de estiba a bordo del buque (embarque) (con lo cual, en cierto modo, se pierde el concepto de «previo», que puede interpretarse como «hasta»).

de ida y vuelta ya que se recoge el contenedor vacío, que se traslada a la instalación de carga, y se regresa a la terminal de embarque.

- *Consolidación del contenedor* cuando tiene lugar en las instalaciones de una empresa consolidadora.
- *Cargo por manipulación en la terminal* (terminal handling charge *o THC)*. Costo operativo de la terminal de contenedores por la manipulación de recepción, la estancia previa al embarque y el traslado del contenedor al costado del buque en una operación de exportación (a la inversa en un flujo de importación).
- *Tarifa o tasa portuaria.* Costo por salida de contenedores repercutido por la administración o autoridad portuaria correspondiente.
- *Emisión del conocimiento de embarque.* Las líneas marítimas, a partir de las instrucciones de embarque facilitadas por el expedidor, le remiten un borrador del conocimiento de embarque y, una vez aprobado, emiten los originales, al tiempo que facturan determinado importe en concepto de dicho servicio administrativo. También se factura cualquier posible enmienda debida a un error del expedidor una vez que este ha confirmado el borrador y los originales han sido emitidos.
- *Derecho de obtención de divisa o quebranto de moneda (DOD).* Comisión en concepto del cambio a la moneda local, por cuanto los fletes suelen cotizarse en dólares estadounidenses (USD).
- *Costos del despacho de aduanas de exportación.* Los agentes de aduanas presentan ante la aduana de salida toda la documentación necesaria para que el contenedor pueda salir del país en un flujo de exportación, con su correspondiente costo administrativo.
- *Costos de almacenamiento en la terminal* si se supera un número de días establecido, antes de que se produzca el embarque, por causa imputable al expedidor.
- *Otros gastos.* Certificados de fumigación, veterinarios o fitosanitarios, de inspección de la carga, de origen, de calidad, etc.

6.2 Flete marítimo, recargos y descuentos

Las navieras efectúan habitualmente los transportes de contenedores en régimen de línea regular, y lo que facturan en concepto de flete incluye la estiba y el trincaje del contenedor a bordo del buque en el puerto de origen y la desestiba en el puerto de destino (así como dichas operaciones en los puertos de transbordo).[26] El flete no incluye el traslado del contenedor en la terminal de origen desde la pila de almacenamiento hasta el costado del buque ni ninguna otra operación anterior, salvo la estiba a bordo mediante la grúa de estiba a buque desde que el contenedor se engancha al bastidor hasta que es depositado en su posición correspondiente.[27] En destino, de manera similar, el flete no incluye los costos posteriores al desenganche del bastidor.

A la tarifa correspondiente al flete las líneas marítimas incorporan múltiples tipos de recargos en concepto de circunstancias de diversa naturaleza. En la tabla 6.7 se describen los más conocidos en el ámbito internacional, si bien muchas compañías establecen codificaciones propias.

Determinadas circunstancias del transporte permiten aplicar descuentos al flete, entre los más comunes de los cuales figuran los siguientes:

- SOC *(shipper owner container)*. Descuento aplicable cuando el contenedor es propiedad de la empresa cargadora y no de la línea marítima.
- FAC *(forwarding agent commission)*. Comisión o descuento comercial que las líneas marítimas ofrecen a las agencias transitarias por la contratación de un volumen importante de servicios de transporte.

6.3   Costos posteriores al desembarque

Los costos posteriores al desembarque son de naturaleza análoga a la de los previos al embarque y dependen del país de destino. Los más habituales son los cargos por manipulación en la terminal, las tasas portuarias, los costos del despacho de aduanas de importación –que incluyen impuestos sobre el consumo y aranceles cuyo

---

[26] El costo que una empresa abona por el uso del contenedor cuando contrata un servicio de transporte es un costo interno del operador de tráfico de contenedores y se incluye también en el importe facturado en concepto de flete.

[27] En función de la regla Incoterms convenida, existen ciertas controversias relativas a los servicios facturados por las líneas marítimas en concepto de manipulación en la terminal, ya que a menudo se plantea la duda (sobre todo en condiciones CIF y FOB) de si se está pagando dos veces por la estiba y la desestiba del contenedor a bordo del buque. Por ejemplo, en una venta en condiciones FOB puerto de origen, la empresa vendedora asume los costos hasta la estiba del contenedor a bordo del buque, mientras que el pago del flete corresponde a la compradora. Dado que el flete de línea regular incluye la estiba a bordo del buque, al facturar dicha manipulación a la empresa vendedora surge la cuestión de si el mismo concepto se está cobrando a ambas partes. La bibliografía citada acerca del uso de las reglas Incoterms ayuda a resolver este tipo de controversias.

Recargos sobre el flete	
Recargo	**Descripción**
BAF *(bunker adjustment factor)*, BS *(bunker surcharge)* o BUC *(bunker contribution, bunker charge)*	Factor de ajuste aplicado en previsión de posibles fluctuaciones del precio del combustible
CAF *(currency adjustment factor)*	Factor de ajuste aplicado en previsión de posibles fluctuaciones en el precio de la divisa en que se ha ofertado el flete
CS *(congestion surcharge)*	Recargo aplicado a fletes con destino a puertos donde hay exceso de contenedores
CLF *(freight collection fee)* o *collect surcharge*	Recargo por cobro del flete en destino
HCS *(hazardous cargo surcharge)* o DCS *(dangerous cargo surcharge)*	Recargo por transporte de mercancía peligrosa, también conocido como *recargo IMO*
OOG *(out of gauge)*	Recargo por transporte de mercancía sobredimensionada
ISPS *(international ship and port facility security code)*	Recargo por medidas de seguridad relativas al Código Internacional para la Protección de los Buques y de las Instalaciones Portuarias (Código ISPS, por sus siglas en inglés)
PCS *(Panama canal surcharge)*	Recargo por atravesar el canal de Panamá
SCS *(Suez canal surcharge)*	Recargo por atravesar el canal de Suez
GAS *(gulf of Aden surcharge)*	Recargo por atravesar el golfo de Adén
PRS *(piracy risk surcharge)*	Recargo por riesgo de piratería
PSS *(peak season surcharge)*	Recargo por temporada alta
GRI *(general rate increase)*	Incremento general de tarifa aplicado a todos los contenedores de un área geográfica determinada
OWS *(overweight surcharge)*	Recargo por transporte de mercancía que excede determinado peso
NPRC *(northern ports of the Republic of China container premium)*	Recargo para contenedores cargados en puertos del norte de China

Tabla 6.7. **Recargos más habituales sobre el flete.**

porcentaje varía en función de la partida arancelaria de la mercancía declarada–, los costos de inspección por parte de organismos oficiales y de conexión eléctrica en contenedores frigoríficos, el transporte, etc.

6.4   Costos de demora y de paralización

En caso de que un contenedor, por causas atribuibles a la empresa exportadora o importadora, permanezca almacenado en una terminal de contenedores o bien paralizado en sus instalaciones más allá del límite de días establecido por la línea marítima, esta última repercute a la parte responsable costos de demora o de paralización, respectivamente.

- **Costos de demora o sobrestadía** *(demurrage)*
  Cargo diario aplicado a los contenedores que permanecen en la terminal, del que son objeto con mayor frecuencia los contenedores llenos de importación y en menor medida los de exportación. En las operaciones de importación, la empresa cliente dispone de un número determinado de días para formalizar los trámites aduaneros de importación y retirar el contenedor de la terminal sin que se le repercuta importe alguno (días libres). El costo de este plazo es asumido por la línea marítima, y en caso de excederlo es la empresa cliente la que debe abonarlo.

  Por su parte, las empresas exportadoras hacen frente a estos costos cuando el embarque se demora por causas que les son atribuibles o bien cuando es anulado. Por ejemplo, si un contenedor se encuentra en la terminal en disposición de ser embarcado y a causa de un error documental del expedidor la aduana prohíbe el embarque, la línea marítima repercute el costo diario de estancia hasta que se produce el embarque efectivo. En caso de que el embarque se anule, la línea marítima repercute no solo la estancia y demás costos ocasionados desde la puesta a disposición, sino también un recargo por paralización de equipo. Sin embargo, si la demora se produce por causas atribuibles a la naviera, esta no cobra los costos de estancia en terminal al expedidor.

- **Costos de paralización o inmovilización** *(detention)*
  Cargo diario aplicado a los contenedores de exportación o de importación mientras se encuentran en las instalaciones de la empresa cliente, que dispone asimismo de cierto número de días libres para transportarlos hasta sus instalaciones, cargarlos o descargarlos y devolverlos a la terminal.

  Los costos de paralización pueden derivarse de dos situaciones distintas según quién efectúe el transporte del contenedor:

- *Transporte efectuado por la empresa cliente* (merchant haulage). La línea marítima, que suele exigir una carta de garantía, concede a la empresa cliente un plazo máximo desde que retira el contenedor de la terminal hasta que lo devuelve. En caso de superarlo, dicha empresa debe asumir los costos de paralización pertinentes.
- *Transporte efectuado por la línea marítima* (carrier haulage). La línea marítima deja el contenedor en las instalaciones de la empresa cliente durante un plazo máximo y, una vez que esta lo ha cargado o descargado, vuelve a recogerlo. En caso de superar el plazo, la empresa debe asumir los costos de paralización pertinentes.[28]

7 Legislación internacional del transporte marítimo de contenedores

Las condiciones de la compraventa internacional de mercancías y de las consiguientes operaciones de transporte se estipulan en sendos contratos pactados por las partes. Ambos documentos se inscriben en los respectivos marcos legales relativos al comercio internacional, regulado por convenciones, convenios y reglas de diversa índole aplicables en numerosos países del mundo, aunque no en todos.

En este apartado se resumen los aspectos fundamentales de la legislación internacional de la compraventa y el transporte de mercancías en lo que concierne al transporte marítimo de contenedores.[29]

7.1 Contrato de compraventa internacional de mercancías

Los contratos de compraventa internacional de mercancías se amparan habitualmente en la Convención de las Naciones Unidas sobre los Contratos de Compraventa Internacional de Mercaderías o Convención de Viena, establecida por la Co-

---

[28] Nótese que, con independencia de que proceda o no repercutir costos de paralización, el hecho de que el camión deba efectuar dos viajes (entrega y recogida) encarece el transporte, mientras que si este espera a que la empresa cliente cargue o descargue la mercancía se realiza un solo viaje y, por tanto, los costos del transporte son menores. En este sentido, también existe la paralización del transporte, que tiene lugar cuando se supera el número de horas que la empresa transportista concede para que la empresa cliente efectúe la carga o la descarga en un mismo día.

[29] Para obtener más información acerca de la legislación internacional del transporte de mercancías, véase *Transporte internacional de mercancías*, de Alfonso Cabrera Cánovas (Icex, Madrid, 2011).

misión de las Naciones Unidas para el Derecho Mercantil Internacional (Uncitral, por su acrónimo en inglés).[30] Dicha convención, adoptada en Viena (Austria) en 1980 y suscrita desde entonces por ochenta estados parte, conforma el marco legal de mayor aceptación a escala mundial en este ámbito.

No obstante, dado que la Convención de Viena no ha sido ratificada por todos los países, conviene especificar siempre la legislación aplicable en previsión de posibles incertidumbres mediante cláusulas cuyo redactado exprese que «las partes, de común acuerdo, deciden someter sus controversias a los tribunales y juzgados del país X, con lo que cualquier litigio deberá resolverse de acuerdo con la ley del país X». De este modo, al establecer como legislación aplicable la de su país de origen, la empresa correspondiente protege sus intereses. Sin embargo, esto no siempre es posible en la negociación del contrato; en tal caso se recomienda incluir una cláusula de arbitraje en virtud de la cual ambas partes, «en caso de controversia, deciden de común acuerdo someterse al arbitraje de la Cámara de Comercio Internacional (CCI), con lo que cualquier litigio deberá resolverse de acuerdo con su reglamento».

7.2   Contrato de transporte internacional de mercancías

La Organización de las Naciones Unidas adoptó en 1924 el Convenio Internacional para la Unificación de ciertas Reglas en materia de Conocimientos de Embarque o Convenio de Bruselas (Bélgica), el primer convenio internacional sobre transporte marítimo. Las disposiciones de dicho documento, que fue ratificado por gran número de países, se incorporaron a las legislaciones nacionales en algunos casos y conllevaron adaptaciones en otros; en consecuencia, su aplicación no es uniforme en todos los estados parte. Las Reglas de La Haya –nombre con el que se conoce el Convenio de Bruselas– fueron modificadas en 1968 por el Protocolo de Visby (Suecia)[31] con vistas a su adecuación al cada vez más extendido uso del contenedor en el transporte marítimo. Aun así, no todos los países ratificaron dicho protocolo, y otros consideraron que las Reglas de La Haya-Visby eran insuficientes para adaptar la legislación a dicho propósito. De resultas de todo ello se impulsó la redacción del Convenio de las Naciones Unidas sobre el Transporte Marítimo de Mercancías,

----

[30] Para obtener más información acerca de la Convención de las Naciones Unidas sobre los Contratos de Compraventa Internacional de Mercaderías, véase el web de la Uncitral (www.uncitral.org).

[31] Las Reglas de La Haya-Visby fueron modificadas posteriormente, en 1979, por el Protocolo de Bruselas.

conocido como Convenio de Hamburgo o Reglas de Hamburgo (Alemania, 1978), que fue suscrito por escasos países.

En 1980, ante la consolidación del uso del contenedor marítimo en el transporte internacional, las Naciones Unidas establecieron el Convenio sobre el Transporte Multimodal Internacional de Mercancías o Convenio de Ginebra (Suiza), que no llegó a tener vigencia por cuanto solo fue ratificado por once países. Más tarde, en 1991, se redactaron las Reglas de la Unctad/CCI relativas a los Documentos de Transporte Multimodal (FBL),[32] cuya aceptación ha arraigado considerablemente en la comunidad internacional de agencias transitarias. Finalmente, en 2008 se adoptó el Convenio de las Naciones Unidas sobre el Contrato de Transporte Internacional de Mercancías Total o Parcialmente Marítimo o Reglas de Róterdam (Nueva York [Estados Unidos]), que en 2014 cuenta con un número de países firmantes insuficiente.

La existencia de tal diversidad de legislaciones aplicables con una ratificación tan heterogénea a escala internacional supone un grave problema en caso de incumplimiento del contrato de transporte, al que se añaden los derivados de las diferencias significativas en aspectos tan importantes como los ámbitos de aplicación y el régimen de responsabilidades. En efecto, mientras que algunos de los marcos legales protegen más a la empresa transportista (la línea marítima) –como las Reglas de la Haya-Visby, que pese a ser las más antiguas y obsoletas resultan aún hoy las de mayor aplicación en todo el mundo–, otros –por ejemplo, las Reglas de Hamburgo– favorecen a la empresa expedidora (cargadora).

En el contrato de transporte internacional marítimo, la empresa expedidora carece habitualmente de poder de negociación, lo que la obliga a acatar el clausulado del conocimiento de embarque emitido por la línea marítima (que siempre es posible recurrir en caso de litigio si se considera abusivo o incumple la legislación nacional o internacional a la que hace referencia). Las líneas marítimas, al recibir contenedores cerrados y precintados cuya carga (y su correspondiente estiba y trincaje) no pueden comprobar,[33] se exoneran de toda responsabilidad respecto a ello mediante la inclusión, en sus conocimientos de embarque, de la expresión *«said by shipper to contain»* («dice contener según el cargador»).

....

[32] El conocimiento de embarque Fiata para transporte multimodal (*Fiata multimodal transport bill of lading* o FBL) es el modelo de conocimiento de embarque establecido por la Federación Internacional de Asociaciones de Transitarios (Fiata, por sus siglas en francés).

[33] Salvo en el caso de los contenedores abiertos, que suelen viajar sobre cubierta y son inspeccionados por el primer oficial o el capitán del buque. Este último tiene potestad para denegar su embarque si lo considera inseguro a causa de un trincaje inadecuado.

A continuación se detallan algunas cláusulas incluidas habitualmente en los conocimientos de embarque para determinar la responsabilidad de la empresa expedidora o cargadora:

- Antes de cargar el contenedor, el cargador inspeccionará dicho contenedor para verificar que resulta apropiado para el transporte de las mercancías. El uso del contenedor por parte del cargador constituirá *prima facie* evidencia del buen estado de dicho contenedor y su idoneidad para ser operativo.
- El porteador (línea marítima) no será responsable de la pérdida de la mercancía o los daños infligidos a esta que se deriven de los siguientes factores:

  - El modo en que se haya cargado, estibado, apilado o asegurado la mercancía en el contenedor.
  - El hecho de que la mercancía no sea apropiada para su transporte en el contenedor que se ha suministrado, o para ser transportada en contenedor entre los puertos o lugares especificados en el conocimiento de embarque.
  - El hecho de que el contenedor no sea apropiado o esté defectuoso, o sus controles de refrigeración se hallen mal dispuestos, siempre y cuando –si el contenedor ha sido suministrado por el porteador o en su nombre– tal inadecuación o defecto hubieran quedado patentes en una inspección llevada a cabo por el cargador antes o en el momento de llenar el contenedor.
  - Se efectúa una carga de mercancías refrigeradas, las cuales no hayan sido refrigeradas previamente a la temperatura apropiada para su transporte, o que se hayan cargado antes de que el contenedor frigorífico se hubiera refrigerado previamente a la temperatura de transporte adecuada.

- El expedidor o cargador compensará al porteador por todas las pérdidas y daños, obligaciones o costos de cualquier naturaleza que se deriven del incumplimiento de cualquiera de los puntos anteriores, incluidos los daños al contenedor, a otras mercancías y al buque.
- El cargador es responsable de la carga y el precintado del contenedor. Si el contenedor es entregado por el porteador con el precinto original intacto o bien con un precinto diferente pero debido a causas justificadas como un control aduanero, de los cuerpos de seguridad o similar, en caso de que falten mercancías, el porteador no asumirá responsabilidad alguna.
- El cargador tendrá la obligación de determinar o comprobar los controles de temperatura del contenedor y de que se encuentren a la temperatura de transporte requerida y deberá cumplir con las prescripciones de altura de la carga

que permitan la circulación del aire en el contenedor frigorífico, sin que tape los conductos de ventilación.

- El cargador tendrá en cuenta que los contenedores frigoríficos no están concebidos para congelar sino para mantener la temperatura. La mercancía debe ser cargada a la misma temperatura para la cual está programado su transporte. El porteador no garantiza los niveles de humedad en el interior del contenedor ni se hace responsable de ellos.

En síntesis, de las consideraciones expuestas en este apartado, así como de las relativas al seguro,[34] se desprende que la empresa que carga el contenedor cuenta con muy poca protección jurídica, ya que la legislación internacional ampara en gran medida a las líneas marítimas. Ante esta realidad, la confección de un embalaje adecuado, la rigurosa inspección del contenedor y la estiba y el trincaje correctos de la mercancía adquieren más importancia si cabe en la cadena de transporte con vistas a la prevención de todo daño o siniestro.

---

[34] Las consideraciones relativas al seguro se exponen en el apartado 6 del capítulo 3.

Capítulo 7

Estiba de mercancías en contenedor

La estiba de mercancías en contenedor, también llamada *consolidación,* consiste en colocar la mercancía en su interior de manera que ocupe el menor espacio posible y que la distribución del peso sea adecuada. El procedimiento de estiba debe ser compatible con la naturaleza y las características de la mercancía, del contenedor y del medio de transporte, así como con la legislación aplicable en los países por donde vaya a circular respecto a la limitación de medidas y pesos para el modo o los modos de transporte empleados.

La correcta estiba de la mercancía en el contenedor tiene por objeto:

- Prevenir daños materiales a la mercancía, al contenedor y al medio de transporte, así como a otras mercancías y contenedores con los que viajen.
- Prevenir daños personales en las operaciones de carga y descarga de la mercancía y durante la manipulación y el transporte del contenedor.
- Junto con la correcta sujeción de la mercancía, garantizar la seguridad del transporte mediante una distribución racional de la carga, adecuada a las limitaciones de resistencia estructural del contenedor.
- Aprovechar al máximo el espacio disponible en el contenedor en función del coeficiente o factor de estiba (véase el apartado 1.2).

Para alcanzar dichos objetivos deben asimilarse ante todo ciertas nociones y principios relativos tanto a las características físicas de la mercancía como a las condiciones de seguridad en que debe ser estibada.

1   Conceptos clave para la estiba de mercancías en contenedor

Para proceder correctamente a la consolidación del contenedor es necesario manejar ciertos conceptos como las ratios entre masa y volumen, el factor de estiba, la densidad de la mercancía y la presión en los embalajes.

1.1   Ratios masa/volumen y volumen/masa

La capacidad en volumen de un contenedor y la capacidad en masa de la mercancía que puede ser transportada en él (carga útil máxima autorizada o *payload)* pueden obtenerse del catálogo de la naviera u operador o bien directamente de los datos que figuran en la puerta del contenedor. Sobre la base de las medidas mínimas interiores y la carga útil máxima aproximada[1] de varios tipos de contenedores especificadas en el capítulo 4, se obtienen los resultados recogidos en la tabla 7.1.

Para calcular estas ratios, tómense como ejemplo dos contenedores: uno estándar de 20' con una carga útil máxima de 28 310 kg y un volumen de 33.2 m^3, y otro de 45' HCPW con 29 720 kg de carga útil máxima y 89.0 m^3 de volumen. Según estos datos, las ratios del ejemplo expuesto se calculan como sigue:

- **Ratio volumen/masa** *(V/m)*
  - Contenedor 20' DV: 33.2 m^3/28.31 t = 1.17 m^3/t.
  - Contenedor 45' HCPW: 89.0 m^3/29.72 t = 2.99 m^3/t.

La ratio *V/m* indica que por cada tonelada de carga útil máxima del contenedor se dispone de un volumen máximo de ocupación de 1.17 m^3 de mercancía en el estándar de 20' y de 2.99 m^3 en el de 45' HCPW. Sin embargo, estos volúmenes máximos solo pueden alcanzarse en caso de que el contenedor se llene por completo con un granel líquido o sólido cuya forma se adapte perfectamente a la de este. En la estiba de carga general (palés, cajas, bidones, etc.), la combinación de medidas y formas impide el aprovechamiento de la totalidad del espacio, y aun optimizando el tamaño de los embalajes resulta inevitable perder pequeños espacios en el apilado y la aproximación de los bultos.

---

[1] La carga útil máxima exacta de un contenedor solo puede obtenerse de las marcas operacionales de su puerta, o bien por medio del catálogo de la naviera, ya que existen ligeras variaciones de unas unidades a otras en función de la empresa fabricante y de la serie del contenedor (véase el capítulo 4).

Tipo de contenedor	Volumen (m³)	Carga útil máxima (kg)	*m/V* (kg/m³)	*V/m* (m³/t)
20′ DV	32.12	28 000	872	1.15
40′ DV	65.70	28 000	426	2.35
40′ HC	74.22	28 000	377	2.65
45′ HC	83.77	29 000	346	2.89

Tabla 7.1. Carga útil máxima aproximada y ratios masa/volumen
y volumen/masa basadas en volúmenes mínimos.

- **Ratio masa/volumen** *(m/V)*
  - Contenedor 20′ DV: 28 310 kg/33.2 m³ = 853 kg/m³.
  - Contenedor 45′ HCPW: 29 720 kg/89.0 m³ = 334 kg/m³.

La ratio *m/V* indica que por cada metro cúbico de volumen del contenedor se dispone de una masa máxima de 853 kg en el estándar de 20′ y de 334 kg en el de 45′ HCPW. De este modo, la estiba de una mercancía con una ratio *m/V* superior a 334 kg/m³ haría que el contenedor de 45′ HCPW alcanzase antes su límite de capacidad de masa que el de volumen. Es decir, se llegaría a los 29 720 kg de carga útil máxima sin ocupar totalmente los 89 m³. Por el contrario, en caso de que la ratio *m/V* de la mercancía fuese inferior a esa cifra, se ocuparía el total del volumen sin haber alcanzado la limitación de masa.

1.2 *Factor de estiba*

Para aprovechar al máximo el espacio disponible en el contenedor se recurre al cálculo del coeficiente o factor de estiba *(f$_e$ = V/m)*, donde *V* es el volumen (en metros cúbicos) que necesita ocupar la mercancía para ser estibada correctamente en función de sus requerimientos de sujeción, ventilación, segregación de otras mercancías, resistencia al apilado, etc., y *m* es la masa (en kilogramos o toneladas)[2] de dicha carga.

---

[2] Algunos autores incluyen el peso *(P)* en el denominador del factor de estiba en lugar de la masa *(m)*, pero utilizan unidades de masa (kg o t) (véase el apartado 4.2 del capítulo 4).

Tómese como ejemplo un cargamento de mercancía constituido por 200 t de carga general que ocupan un volumen nominal de 440 m³: la ratio *V/m* sería en este caso de 2.2 m³/t (440 m³/200 t). Como se ha apuntado, en la estiba de carga general siempre tiene lugar una pérdida de espacio; en consecuencia, el volumen necesario para estibar la mercancía es invariablemente superior al nominal. En este ejemplo, supóngase que el volumen necesario para estibar la mercancía se incrementa el 10 % sobre el nominal; en tal caso, para estibar dicho cargamento se requiere un volumen de 484 m³. Así pues, el factor de estiba de esta carga general se obtiene mediante la ratio resultante de dividir el volumen real entre la masa: 484 m³/200 t = 2.42 m³/t.

Si se compara este factor de estiba (2.42 m³/t) con la ratio volumen/carga útil máxima de los contenedores tomados como ejemplo en el apartado 1.1 o los de la tabla 7.1, se observa que el primero se aproxima más al de un contenedor de 40 o 45' que al de uno de 20', de lo que puede deducirse que las características óptimas de estiba de esta mercancía se corresponden con las de los contenedores de 40 o 45'. Sin embargo, si se parte de un cargamento de 230 t que ocupa un volumen nominal de 300 m³ (ratio volumen/peso nominal de 300 m³/230 t = 1.3 m³/t) cuya estiba implica un incremento de espacio necesario del 15 % (volumen real necesario de 345 m³), el factor de estiba es de 1.5 m³/t, de modo que resulta más aconsejable el uso de contenedores de 20'.

Algunas fuentes bibliográficas aportan listados de factores de estiba para diversos tipos de mercancía con los que puede estimarse el volumen necesario para un número de toneladas determinado. No obstante, conviene señalar que estos cálculos tienen por objeto la estiba de mercancías en las bodegas de los buques de carga general y de los buques graneleros, por lo que no resultan útiles para estimar el volumen necesario en los contenedores. De ahí que sea recomendable elaborar tablas propias de factores de estiba para las mercancías que se cargan usualmente en determinadas instalaciones y, en caso de recurrir a los listados de factores de estiba en bodega, hacerlo únicamente a título orientativo.

1.3   Densidad de la mercancía

La relación entre la masa de la mercancía y su volumen nominal es conocida como *densidad ($\rho = m/V$)*, y la relación entre su peso y su volumen, como *peso específico* ($\gamma = P/V$). Si dicho volumen correspondiese al que la carga necesita para poder ser estibada –y no al nominal–, podría decirse que el factor de estiba es la inversa de la densidad (o del peso específico, en caso de que en el factor de estiba se utilizasen unidades de peso en lugar de unidades de masa).

Al igual que el factor de estiba, la densidad de la mercancía resulta útil para determinar el tipo de contenedor óptimo para su transporte. Póngase por caso un cargamento constituido por un bloque de granito de 28 t. Dado que el granito tiene una densidad media de 2.6 t/m³, puede determinarse que dicho bloque ocupa un volumen de 10.77 m³ *(V = 28 t/2.6 t/m³)*. Si nos remitimos a las características del contenedor estándar de 20′ del apartado 1.1, con una capacidad de 33.2 m³, al optar por él para el transporte sobraría espacio y no se sobrepasaría la carga útil máxima de 28.31 t.

Con todo, además de la densidad de la carga, resulta prioritario conocer sus dimensiones, pues el contenedor puede ser apto para transportar la mercancía en relación con el volumen que ocupa y, no obstante, resultar estructuralmente inadecuado en función de las dimensiones de la carga. En el ejemplo expuesto, si el bloque de granito midiese 3 m de longitud, 3 m de anchura y 1.2 m de altura, independientemente de su volumen, no entraría por la puerta y, por tanto, no podría ser estibado en un contenedor cerrado estándar.

En síntesis, partiendo de la base de que nunca deben obviarse las medidas y la geometría de la mercancía, puede afirmarse en líneas generales que los contenedores de 20′ son adecuados para transportar mercancías de alta densidad y bajo factor de estiba (pesadas), mientras que los de 40 y 45′ son aptos para albergar mercancías de baja densidad y alto factor de estiba (ligeras). La comparación del factor de estiba y la densidad de la mercancía con las ratios *V/m* y *m/V* del contenedor permiten determinar, basándose en su aproximación en valor, cuál es el tipo de contenedor más adecuado en cada caso.

1.4 Presión en los embalajes

La presión se define como la fuerza por unidad de superficie *(p = F/S)*, y en el Sistema Internacional de Unidades se mide en pascales (Pa = N/m²). Para ilustrar el efecto de la presión en una superficie, piénsese por ejemplo en un bloque de mantequilla. Si colocamos la palma de la mano sobre el bloque y ejercemos una fuerza consistente en apoyar el peso del cuerpo sobre ella, el bloque no se aplastará. En cambio, si aplicamos la misma fuerza sobre el dedo índice, este se introducirá en el bloque de mantequilla. El motivo es que en el segundo caso la presión es mucho mayor ya que la superficie de la punta del dedo es muy pequeña e inferior a la de la palma de la mano.

En la estiba de mercancías en contenedor, la presión que los bultos ejercen unos sobre otros debe tenerse en cuenta para que no se produzcan daños. Póngase por caso la estiba de un palé de 1200 × 800 mm cuya mercancía tiene una masa de 1000 kg. Esta carga ejerce una fuerza vertical provocada por su peso de

Tipo de base	Fuerza (N)	Área de la base (m²)	Presión (kN/m² = kPa)
	9810	0.96	10.22
	9810	0.41	23.70
	9810	0.35	28.19
	9810	0.09	112.76
	9810	0.06	169.14

Tabla 7.2. Presión que transmite un palé en función del tipo de apoyo de su base.

$m \cdot g$ = 1000 kg · 9.81 m/s² = 9810 N. Sobre la base de este dato, en la tabla 7.2 se muestra la variación de la presión ejercida por dicho palé al apilarlo sobre otro en función del tipo de apoyo de su base.

Supongamos que el palé descrito se quiere transportar lleno de cajas y que sobre él se apila otro palé de idénticas características estructurales. Si la base se corresponde con la que se ilustra en la primera fila y se sitúa una tabla completa de 1200 × 800 mm entre ambos palés, la presión estática transmitida a las cajas del palé inferior será de 10.22 kPa. A todo ello hay que añadir el cálculo de las fuerzas dinámicas del transporte, que varían según el modo en que viaja la mercancía.[3] Por ejemplo, en un transporte marítimo en zona C, en que la aceleración vertical descendente puede alcanzar 1.8g, la presión dinámica es de 1.8 · 10.22 kPa = 18.40 kPa, que constituye la resistencia necesaria de las cajas para dicho modo de transporte. Estas consideraciones son igualmente válidas para cada uno de los palés descritos en la tabla 7.2.

---

[3] Las fuerzas que intervienen en el transporte y los coeficientes de aceleración se describen en el apartado 4 del capítulo 5.

Se observa, pues, que cuanto menor es la superficie de apoyo mayor es la presión que se ejerce. Por consiguiente, si en el apilado de los bultos no se tienen en cuenta la resistencia a la presión de los embalajes y las fuerzas dinámicas del transporte, esta circunstancia puede provocar su rotura y hacer que la mercancía resulte dañada.

2 Principios básicos de estiba de mercancías en contenedor

De acuerdo con los objetivos enumerados al principio de este capítulo, se describen a continuación los principios básicos de estiba de mercancías en contenedor en relación con la seguridad de la mercancía, de las personas y del transporte, que se enumeran en la tabla 7.3.

2.1 *Principios de estiba relativos a la seguridad de la mercancía*

Las siguientes pautas tienen por objeto prevenir daños materiales a la mercancía, al contenedor y al medio de transporte, así como a otras mercancías y contenedores con los que viajen.

Principios básicos de estiba de mercancías en contenedor
Relativos a la seguridad de la mercancía
– Segregación de mercancías incompatibles – Estiba de las mercancías según sus propiedades físicas – Reparto uniforme de la presión en los embalajes – Sujeción de la carga – Prevención de excesos de manipulación
Relativos a la seguridad de las personas
– Capacitación profesional y prevención de riesgos laborales – Prevención en la estiba y la manipulación de la mercancía – Prevención en la manipulación del contenedor
Relativos a la seguridad del transporte
– Distribución uniforme de la carga – Establecimiento del centro de gravedad de la carga

Tabla 7.3. Principios básicos de estiba de mercancías en contenedor.

- **Segregación de mercancías incompatibles**
  No deben cargarse juntas en el mismo contenedor aquellas mercancías consideradas incompatibles (véase la tabla 7.4). Si no existe otra opción (salvo en los casos en que la segregación se exija por ley), conviene separarlas o aislarlas según corresponda para evitar posibles daños o alteraciones de la carga.

- **Estiba de las mercancías según sus propiedades físicas**
  Siempre que la resistencia de los embalajes lo permita, las mercancías líquidas deben estibarse debajo de las sólidas. De este modo, una eventual fuga de líquido caerá al suelo y no dañará el resto de la carga. Asimismo, conviene estibar las cargas ligeras encima de las pesadas para prevenir daños por aplastamiento.

Segregación de mercancías incompatibles	
Mercancías incompatibles	**Ejemplos**
Mercancías peligrosas incompatibles[4]	Explosivos y líquidos inflamables
Mercancías que desprenden fuertes olores y mercancías que absorben olores y pueden estropearse al hacerlo	Sacos de pienso o abono y productos textiles
Mercancías con alto contenido en humedad y mercancías que se dañan con la humedad	Madera húmeda y productos electrónicos
Mercancía pulverulenta y mercancía sensible al polvo	Sacos de cemento o harina y pantallas de ordenador
Mercancía que ensucia y mercancía que no se debe ensuciar	Sacos de carbón y ropa
Mercancía muy frágil y mercancía muy robusta que puede dañarla	Cristal y maquinaria pesada
Mercancía punzante o con aristas cortantes y mercancía sensible a los roces	Planchas metálicas y sacos de productos químicos
Productos tóxicos y productos alimenticios	Insecticidas y cereales para alimentación

Tabla 7.4. Ejemplos de mercancías incompatibles que no deben cargarse juntas en el mismo contenedor.

---

[4] Las consideraciones relativas a la segregación de las mercancías peligrosas se exponen en el apartado 2.3.2 del capítulo 1.

- **Reparto uniforme de la presión en los embalajes**
  La presión de unos embalajes sobre otros debe tomarse en consideración al proceder a su apilado. Si es necesario, pueden introducirse paneles entre las diferentes pilas para distribuir adecuadamente la presión de la carga.

- **Sujeción de la carga**
  Debe evitarse que la mercancía se desplace longitudinal o transversalmente dentro del contenedor. Para ello se puede recurrir a la sujeción por amarre, al relleno de huecos o al apuntalamiento de la carga. La figura 7.1 muestra las posibles consecuencias del incumplimiento de este principio básico de estiba.

- **Prevención de excesos de manipulación**
  Conviene facilitar las descargas parciales evitando las remociones de carga, que además de implicar un sobrecosto aumentan el riesgo de que la mercancía sufra daños por exceso de manipulación. Por ejemplo, si un contenedor se carga en origen con cinco palés para un destinatario A y seis palés para un destinatario B que deben entregarse en este orden, al estibar los cinco primeros palés cerca de la puerta se agiliza la descarga parcial y se manipula únicamente la mercancía necesaria.

2.2 *Principios de estiba relativos a la seguridad de las personas*

La aplicación de estos principios contribuye a prevenir daños en la carga y descarga de la mercancía y durante la manipulación y el transporte del contenedor

Figura 7.1. Consecuencias del incumplimiento del principio básico de estiba
que exige la sujeción de la carga dentro del contenedor.

tanto a las personas que realizan las operaciones como a aquellas que se encuentran en los alrededores.

- **Capacitación profesional y prevención de riesgos laborales**
  El personal operario debe contar con la formación requerida y disponer de los equipos de protección adecuados a las características de las mercancías que hayan de manipular. Es necesario balizar las zonas de trabajo para impedir el paso de peatones y cumplir las normas de seguridad laboral establecidas por la legislación.

- **Prevención en la estiba y la manipulación de la mercancía**
  Los medios de manipulación de la mercancía han de usarse con especial atención a las condiciones de estabilidad del contenedor y del medio sobre el que este se encuentra. Por ejemplo, en caso de que el contenedor se consolide desde un muelle de carga sobre un semirremolque de carretera, la cabeza tractora debe permanecer enganchada y frenada en todo momento. Si esta se desengancha del semirremolque, han de situarse caballetes bajo la parte delantera para impedir que, al entrar la carretilla elevadora en el contenedor, el semirremolque cabecee y cause un accidente (véase la figura 7.2).

- **Prevención en la manipulación del contenedor**
  La observación de las advertencias de peligro que figuran en la puerta del contenedor es imprescindible para garantizar la seguridad del personal que lo

Figura 7.2
Uso del caballete en un semirremolque con la cabeza tractora desenganchada.

Figura 7.3
Sujeción de la mercancía con una red
de trincaje.

manipula. Supóngase que el contenedor transporta un granel líquido mediante un depósito flexible o *flexitank:* en tal caso, solo puede abrirse la hoja derecha de la puerta, mientras que la izquierda debe permanecer cerrada hasta que el depósito se haya vaciado por completo. Otro ejemplo: si el contenedor ha sido fumigado, es obligatorio ventilarlo antes de acceder a él para asegurarse de la evacuación de los gases tóxicos.

También debe evitarse que la mercancía estibada en la zona próxima a la puerta caiga sobre la persona encargada de abrir el contenedor. Para ello, la carga debe sujetarse adecuadamente con redes de trincaje u otros elementos de sujeción alternativos que contengan el peso de la mercancía (véanse las figuras 7.3 y 7.4).

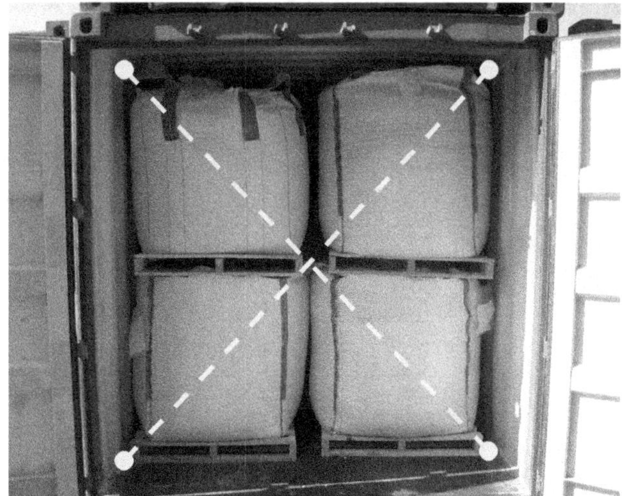

Figura 7.4. Accidente debido a la falta de sujeción de la carga en la zona próxima a la puerta del contenedor, que podría haberse evitado mediante, por ejemplo, el trincaje de la mercancía con cintas (derecha).

2.3 Principios de estiba relativos a la seguridad del transporte

Estas consignas tienen por objeto garantizar la seguridad del transporte mediante una distribución racional de la carga en el contenedor adecuada a sus limitaciones de resistencia estructural.

- **Distribución uniforme de la carga**

  La mercancía debe distribuirse uniformemente en el contenedor (véase la figura 7.5). Conviene evitar concentrar mucha carga en áreas reducidas; en caso de hacerlo, tienen que usarse vigas para repartir el peso de manera uniforme por todo el suelo del contenedor (véase el apartado 4).

- **Establecimiento del centro de gravedad de la carga**

  Debe procurarse que el centro de gravedad longitudinal de la carga coincida con el centro geométrico del contenedor en este mismo sentido. Si bien algunas máquinas portacontenedores cuentan con sistemas que permiten manipular contenedores con excentricidades de hasta el 10 %, no es recomendable un desplazamiento del centro de gravedad de la carga superior al 5 %.[5] Como regla general, puede aplicarse el criterio de que en una mitad del contenedor viaje a lo sumo el 60 % de la carga *(Q)* y en la otra lo haga el 40 %, lo que

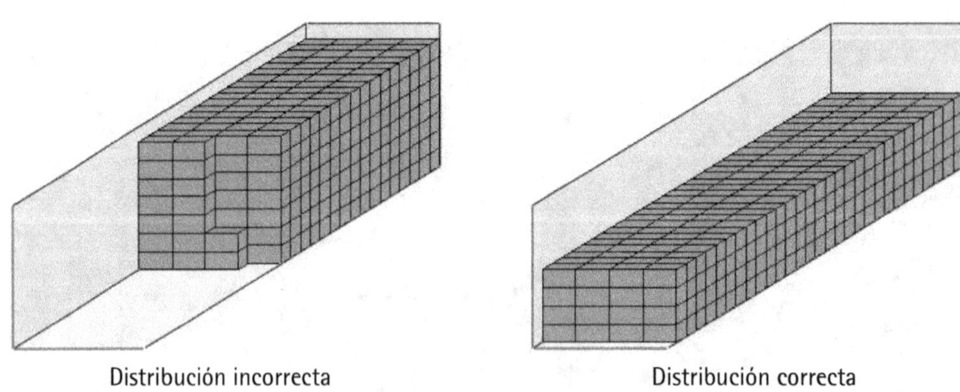

Figura 7.5. Distribución uniforme de la carga.

---

[5] Al calcular este porcentaje se considera que el contenedor viaja con la carga útil máxima completa o prácticamente completa. Si un contenedor se transporta con muy poca carga, la excentricidad puede ser mayor. Por ejemplo, en caso de que contuviese 3 t de mercancía, la excentricidad podría alcanzar el 25 %.

Figura 7.6
Siniestro causado por la incorrecta distribución de la carga, que había sido estibada únicamente en la mitad delantera del contenedor.

equivale a una excentricidad máxima del centro de gravedad de 30 cm en los contenedores de 20′ y de 60 cm en los de 40′ (véase la figura 7.7, izquierda).

Asimismo, el centro de gravedad transversal de la carga debe coincidir en la medida de lo posible con el centro geométrico del contenedor en idéntico sentido. Conviene que sea lo más bajo posible, y en cualquier caso tiene que evitarse que supere la mitad de la altura del contenedor (véase la figura 7.7, derecha).

En determinadas circunstancias puede interesar que la carga viaje descentrada por motivos económicos, como ocurre en el transporte de cargas sobredimensionadas en contenedores plataforma. Dado que, en caso de que la carga sobresalga, los huecos perdidos deben abonarse, el transporte resulta más económico si la mercan-

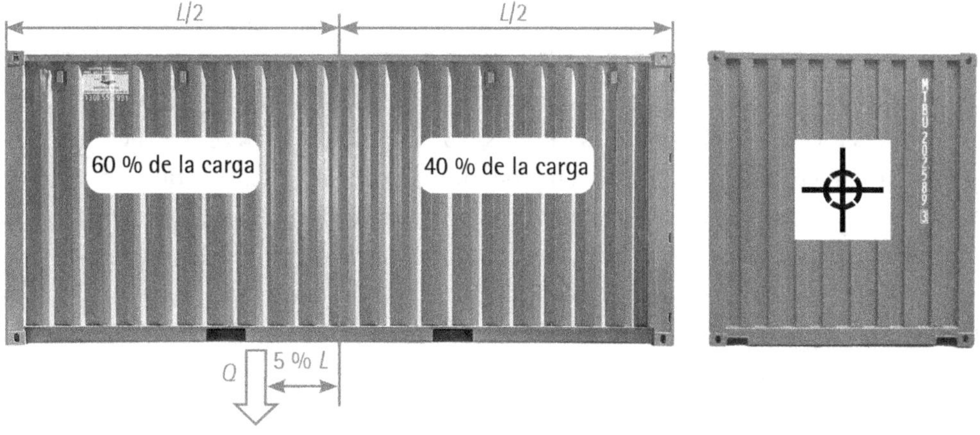

Figura 7.7. Los centros de gravedad longitudinal y transversal de la carga deben coincidir en la medida de lo posible con los centros geométricos del contenedor.

cía sobresale solo por un lado. Si se trata de una carga muy ligera, es posible descentrarla unos centímetros; no obstante, proceder de este modo en cualquier otro caso puede poner en serio riesgo la seguridad del transporte, que no debe sacrificarse por motivos de índole económica. También puede ocurrir que la carga sobresalga por un solo lado si su centro de gravedad no coincide con el geométrico; en tal caso se trata de una causa natural que no desequilibra el contenedor.

3   Cálculo de la capacidad del contenedor y optimización de la carga

Para determinar el tipo de contenedor óptimo para transportar una mercancía y qué cantidad de esta se puede cargar en él, se parte de la lista de contenido –en la que se detallan las dimensiones y la masa de cada uno de los bultos que la forman– y de las características del contenedor –dimensiones y carga útil máxima–. El cálculo de la capacidad del contenedor (número de bultos de dicha mercancía que pueden ser estibados) de acuerdo con sus restricciones dimensionales y de *payload* puede efectuarse mediante un ejercicio mental de cálculo o por medio de un programa informático de optimización de carga (véase la figura 7.8).

Los programas de optimización de carga resultan especialmente útiles en aquellos casos en que la mercancía se compone de un elevado número de bultos con medidas y masas heterogéneas. Si los bultos son pocos o, aun siendo muchos, constituyen una carga homogénea al tener medidas y masas iguales o similares, el profesional experto suele recurrir al cálculo mental. En cualquier caso, nótese que algunos programas de optimización omiten determinadas restricciones que han de ser tenidas en cuenta, como la distribución del peso en el contenedor, la incompatibilidad de apilado de ciertos bultos, etc., que la persona encargada del cálculo debe contemplar.

Existen determinados tipos de embalajes que se emplean con mucha frecuencia en el transporte de mercancías, como los bidones y los palés. Por este motivo, se exponen a continuación las configuraciones idóneas para la estiba de estos embalajes y se proporcionan tablas que facilitan el cálculo del número de unidades que pueden cargarse en cada tipo de contenedor. Para ello se toman como referencia las medidas mínimas interiores de los contenedores de acuerdo con la norma ISO correspondiente,[6] con lo que se garantizan las capacidades indicadas. No obstante, en la práctica, dichas medidas pueden ser ligeramente mayores, hecho que debe tomarse en consideración al proceder al cálculo relativo a una unidad de carga concreta.

---

[6] Las dimensiones de los contenedores se describen en el apartado 4.1 del capítulo 4.

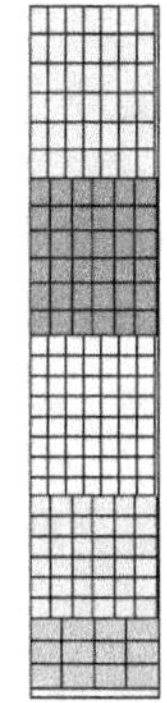
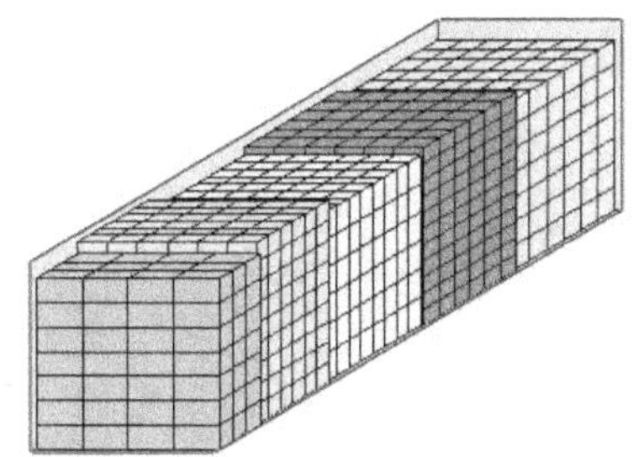
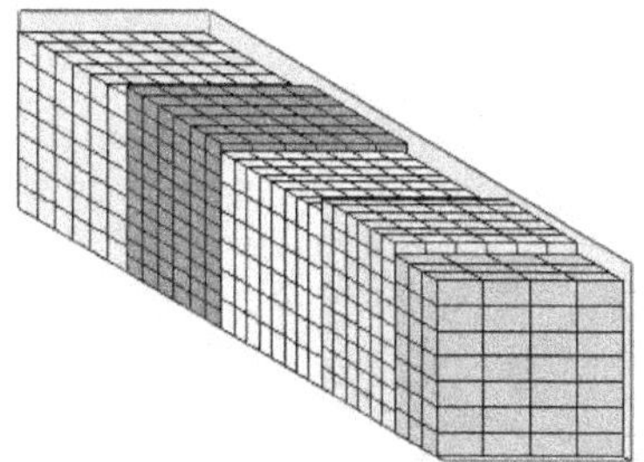

Contenedor (cm):	Longitud: 1199	Anchura: 233	Altura: 235
Contador de carga:	Carga total: 1434	Cargado: 1434	No cargado: 0
Longitud ocupada por la carga:	cm ocupados: 1180	m ocupados: 11.80	m no ocupados: 0.19
Volumen (m³):	Vol. contenedor: 65.65	Vol. utilizado: 57.45	Vol. vacío: 8.20
Masa (kg):	Masa contenedor: 28000	Cargados: 19680	No cargados: 0
Ocupación:	Volumen: 87.5%	Masa: 70.28%	

Este programa determina un ajuste espacial eficiente sin la consideración de la seguridad o de las cuestiones legales. El usuario es el responsable de la conveniente aplicación de los resultados del programa.

Ítem	Cant.	Descripción	L	W	H	Peso
Caja 5	396	Caja 5	45	38	20	15
Caja 4	336	Caja 4	35	32	35	10
Caja 2	324	Caja 2	35	38	25	10
Caja 3	294	Caja 3	50	32	30	20
Caja 1	84	Caja 1	40	58	30	15

Figura 7.8. Ejemplo de cálculo de optimización de carga mediante un programa informático.

3.1   Estiba de bidones

Los bidones[7] tienen forma cilíndrica, una base circular de diámetro d y una altura h. La configuración de estiba adecuada para estos embalajes se determina en función del diámetro de su base y de la longitud *(L)* y la anchura *(W)* del contenedor (véase la figura 7.9).

---

[7] Las consideraciones expuestas en este apartado son válidas para la estiba de cualquier embalaje de forma cilíndrica.

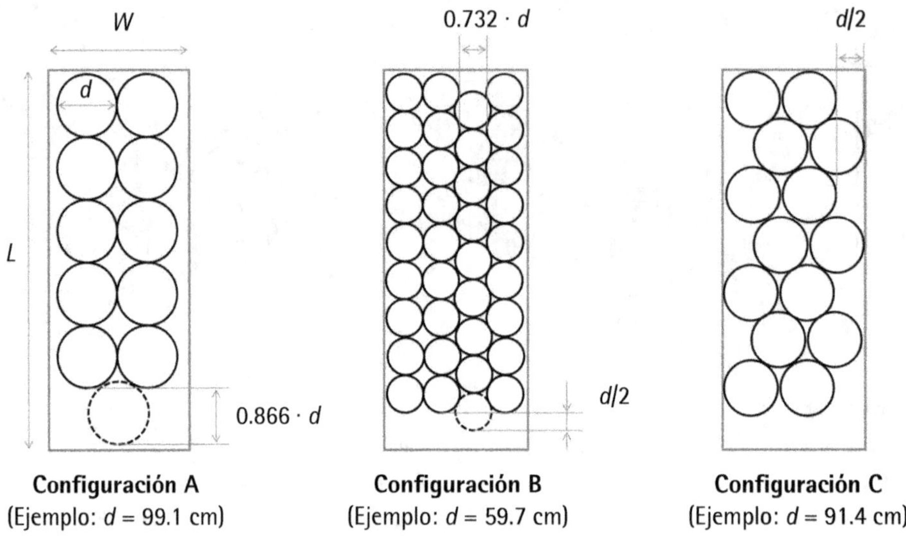

Figura 7.9. Configuraciones de estiba de bidones en contenedor.

Para calcular el número de filas completas de bidones que pueden estibarse longitudinalmente se utilizan las siguientes fórmulas:

– Configuraciones A y B: $n = L/d$ (donde n se redondea al número entero por defecto).
– Configuración C: $n = 1 + [(L - d)/(0.866 \cdot d)]$ (donde n se redondea al número entero por defecto).

Para calcular el número de filas completas de bidones que pueden estibarse transversalmente se utiliza la fórmula $n' = W/d$ (donde n' se redondea al número entero por defecto).

Nótese que la configuración B solo es aplicable si se cumple la condición $W - (n' \cdot d) > 0.732 \cdot d$. En caso de incumplimiento, se opta por la configuración C, para la que debe satisfacerse la condición $W - (n' \cdot d) > d/2$. Si no se cumple ninguno de estos requisitos, se aplica la configuración A.

El número de bidones que es posible estibar en cada configuración se calcula como sigue:

• **Configuración A**

El número de bidones resulta de la fórmula $n \cdot n'$. Debe comprobarse si caben $n' - 1$ bidones más, para lo cual tiene que cumplirse la condición

$L - (n \cdot d) > 0.866 \cdot d$. En el ejemplo de la figura 7.9, al satisfacerse dicho requisito, se ha añadido un bidón (en línea discontinua).

- **Configuración B**
El número de bidones resulta de la fórmula $n \cdot n' + (n - 1)$. Debe comprobarse si cabe un bidón más, para lo cual tiene que cumplirse la condición $L - (n \cdot d) > d/2$. En el ejemplo de la figura 7.9, al satisfacerse dicho requisito, se ha añadido un bidón (en línea discontinua).

- **Configuración C**
El número de bidones resulta de la fórmula $n \cdot n'$.

Finalmente, la cantidad de bidones que es posible estibar en altura se obtiene mediante la fórmula $n'' = H/h$ (donde n'' se redondea al número entero por defecto y H es la altura del contenedor).

A continuación se desglosan los cálculos del ejemplo de configuración B de la figura 7.9 sobre la base de los siguientes datos:

- $L = 587$ cm.
- $W = 233$ cm.
- $H = 235$ cm.
- $d = 59.7$ cm.
- $h = 100$ cm.

Los resultados de la aplicación de las fórmulas descritas se expresan como sigue:

- $n = L/d = 587/59.7 = 9$.
- $n' = W/d = 233/59.7 = 3$.
- $n'' = 233/100 = 2$.

Para verificar que la configuración B es aplicable se comprueba que la fórmula $W - (n' \cdot d) > 0.732 \cdot d$, esto es, $233 - (3 \cdot 59.7) > 0.732 \cdot 59.7$, se cumple, de modo que la condición se satisface ya que $53.9 > 43.7$.

El número de bidones que pueden estibarse en la base es, por tanto, $n \cdot n' + (n - 1) = 3 \cdot 9 + (9 - 1) = 35$, y como se cumple la condición $L - (n \cdot d) > d/2$, esto es, $587 - (9 \cdot 59.7) > 59.7/2$, se añade un bidón y se obtiene como resultado 36. Al poder estibar la carga a dos alturas, el número total de bidones es 72.

Mediante la tabla 7.5 puede obtenerse directamente el número de bidones que es posible estibar por cada altura o capa en contenedores estándares de 20 y 40'.

Estiba de bidones en contenedor							
Diámetro del bidón		Configuración de estiba	Bidones por capa en 20′ DV	Bidones por capa en 40′ DV	Diámetro del bidón		Configuración de estiba	Bidones por capa en 20′ DV	Bidones por capa en 40′ DV
in	cm				in	cm			
10.0	25.4	A	207	423	24.5	62.2	C	30	66
11.0	27.9	A	168	343	25.0	63.5	C	30	63
12.0	30.5	C	154	315	26.0	66.0	C	30	60
13.0	33.0	A	119	252	27.0	68.6	A	24	51
14.0	35.6	C	108	228	28.0	71.1	A	24	48
15.0	38.1	A	90	186	29.0	73.7	A	23	48
16.0	40.6	C	80	165	30.0	76.2	A	21	45
17.0	43.2	A	65	135	31.0	78.7	B	20	44
18.0	45.7	A	60	130	32.0	81.3	B	20	42
19.0	48.3	B	59	120	33.0	83.8	B	20	41
20.0	50.8	C	52	108	34.0	86.4	C	14	30
21.0	53.3	A	44	88	35.0	88.9	C	14	30
22.0	55.9	A	40	84	36.0	91.4	C	14	28
22.5	57.2	A	40	83	37.0	94.0	A	12	24
23.0	58.4	B	39	80	38.0	96.5	A	12	24
23.5	59.7	B	36	79	39.0	99.1	A	11	24
24.0	61.0	B	36	76	40.0	101.6	A	10	22

Tabla 7.5. Número de bidones por capa que pueden estibarse en contenedores estándares de 20 y 40′.

3.2 Estiba de palés

Los palés normalizados más frecuentes son dos: los isopalés o palés americanos (1200 × 1000 mm) y los europalés o palés europeos (1200 × 800 mm). Al haber sido creado en Estados Unidos, el diseño del contenedor se basó en las medidas de los embalajes más habituales en ese país; de ahí que las dimensiones de los contenedores sean más compatibles con las del isopalé que con las del europalé. Aunque existen contenedores de diseño específico optimizados para el uso del europalé *(pallet wide* o PW), estos solo se transportan en buques portacontenedores que hacen cabotaje entre puertos europeos. Con todo, en la actualidad ambos tipos de palés circulan y se emplean indistintamente en todo el mundo.

En la tabla 7.6 se recoge el número de isopalés y de europalés que pueden ser cargados en diferentes tipos de contenedores, cuyos planos de estiba se detallan en la figura 7.10. Mediante dicha tabla es posible determinar el número de unidades estibables en planta, mientras que la altura del palé, junto con la del contenedor, permiten calcular el número de capas que pueden apilarse. Póngase por caso la consolidación de un contenedor estándar de 20′ de 235 cm de altura en el que quiere estibarse un cargamento de isopalés: en él podrán cargarse 10 embalajes de 200 cm de altura o bien 20 de 100 cm.

Nótese que los mayores porcentajes de ocupación[8] de la superficie en la estiba de europalés tienen lugar al consolidar contenedores PW, mientras que los porcentajes de ocupación de los contenedores estándares son mayores al usar isopalés.

Estiba de palés en contenedor					
Tipo de contenedor	**Superficie del suelo (m²)**	**Isopalé**		**Europalé**	
		Palés	**Ocupación (%)**	**Palés**	**Ocupación (%)**
20′ RF	11.91	9	90.71	10	80.63
20′ DV	13.67	10	87.78	11	77.25
40′ RF / 40′ HCRF	25.51	20	94.08	23	86.55
40′ DV / 40′ HC	27.96	21	90.14	24	82.42
40′ PW / 40′ HCPW	29.55	24	97.47	30	97.47
45′ RF / 45′ HCRF	28.89	23	95.53	26	86.39
45′ DV / 45′ HC	31.55	24	91.28	27	82.15
45′ PW / 45′ HCPW	33.07	26	94.35	33	95.80

Tabla 7.6. Número de isopalés y de europalés que pueden ser estibados
en diferentes tipos de contenedores.

[8] El porcentaje de ocupación representa, sobre la superficie total interior del contenedor, aquel que ocupan los palés. Por ejemplo, en un contenedor estándar de 20′, diez isopalés ocupan 10 x 1.0 m x 1.2 m = 12 m² sobre 13.67 m² (87.78 %).

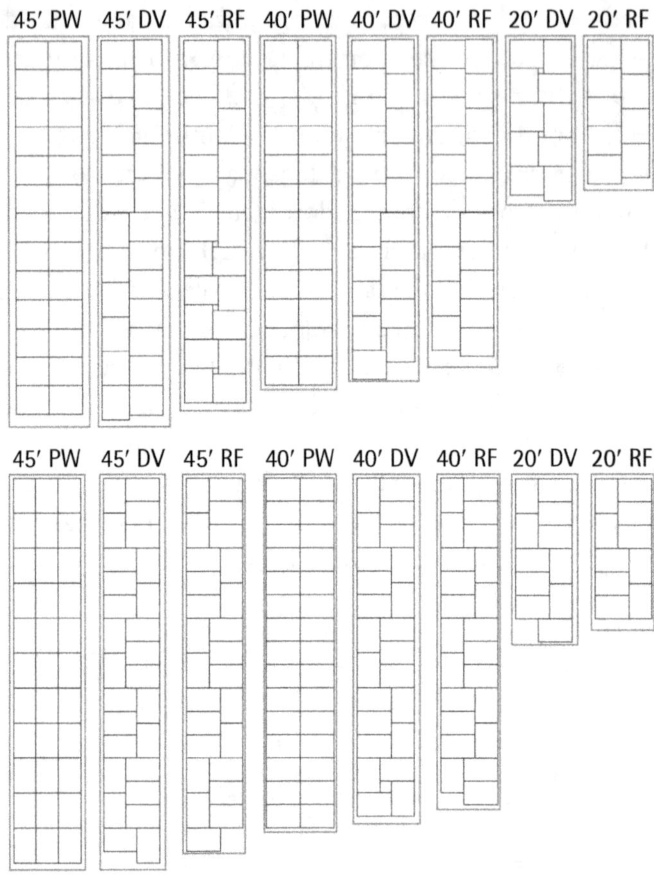

Figura 7.10. Isopalés (arriba) y europalés (abajo) estibados en diferentes tipos de contenedores.

3.2.1 Consideraciones sobre la paletización respecto a la estiba en contenedor

El procedimiento de estiba de palés expuesto en el apartado 3.2 se ha desarrollado partiendo de embalajes normalizados (isopalés y europalés) correctamente configurados y optimizados, esto es, en los que el contorno del palé se corresponde con las medidas de su base. No obstante, en la práctica ocurre que la mercancía sobresale respecto a la base del palé, se mueve o se halla escorada; en tal caso, el factor de estiba del embalaje aumenta y, por tanto, la capacidad del contenedor disminuye. Por consiguiente, en estas circunstancias las medidas que deben tomarse para el cálculo no son las nominales del palé, sino las reales.

Así pues, la longitud real de un palé de 1200 mm por cuyos extremos sobresalen varias cajas es en realidad de 1200 + y mm, y si la carga se ha desplazado durante el

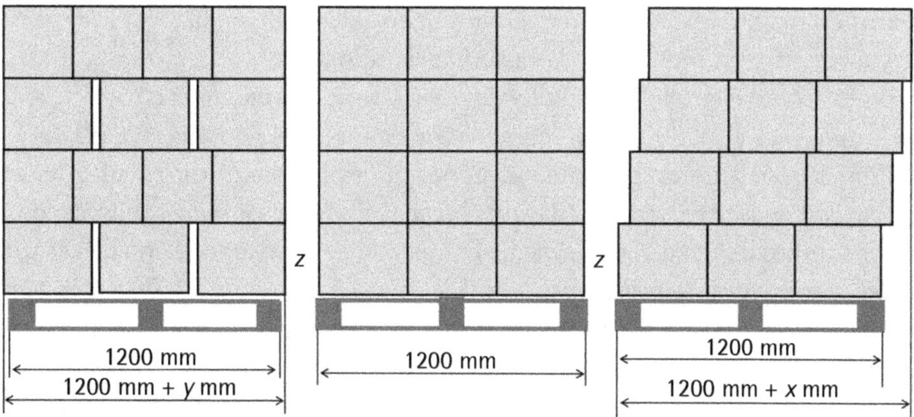

Figura 7.11. Pérdidas de espacio en el paletizado que afectan a la estiba de la mercancía en el contenedor.

transporte, de $1200 + x$ mm (véase la figura 7.11). Por otra parte, al estibar los palés con carretillas elevadoras o transpalés nunca se logra una aproximación perfecta entre los embalajes, lo que provoca una pérdida de espacio de z mm entre ellos. Si además se tiene en cuenta que los palés de madera pueden adolecer de defectos de fabricación e hincharse a causa de la humedad, la necesidad de prever ciertos márgenes de seguridad al calcular la capacidad del contenedor es cuando menos patente.

Por todo ello, debe evitarse incurrir en errores como considerar, por ejemplo, que en un contenedor de 12 000 mm de longitud interna pueden estibarse diez palés con su lado de 1200 mm colocado a lo largo (10 palés · 1200 mm/palé = 12 000 mm), ya que las pérdidas de espacio durante la estiba impedirán que puedan cargarse diez y en realidad solo cabrán nueve.

3.2.2   Consideraciones sobre el apilado de palés en contenedor

A la hora de apilar palés en un contenedor cerrado han de tenerse en cuenta dos aspectos determinantes: la altura libre de elevación de la carretilla con que suelen manipularse estos embalajes y la menor altura de la zona próxima a la puerta respecto a la interior del contenedor.

Para estibar palés en contenedor se usan a menudo carretillas elevadoras de mástil triple. Este mástil está compuesto por tres tramos, de modo que a medida que se elevan las horquillas llega un punto en que el segundo tramo del mástil comienza a desplegarse hasta topar con el techo del contenedor (véase la figura 7.12, superior). Dicha altura (h_1), correspondiente a la máxima de apilado a la que se pueden elevar las horquillas sin dañar el techo del contenedor, depende de la altura H de este y de las características técnicas de la carretilla elevadora.

Tómese como ejemplo la carretilla de mástil triple representada en la figura 7.12, cuya altura h_1 es de 1.5 m en un contenedor estándar. Si con ella se estiba un palé de 1.5 m en este tipo de contenedor, no será posible apilar otro en su interior ya que el mástil de la carretilla toparía con el techo. En este caso, una solución consiste en apilar ambos palés en el exterior del contenedor y depositarlos en él ya apilados, siempre que no se supere la altura de la puerta.

Otro aspecto determinante es la menor altura en la puerta respecto a la interior del contenedor, que condiciona el apilado de los palés cerca de ella. Esta diferencia de altura es debida al espacio ocupado por la viga superior de la puerta (en la que se fijan los retenes de las levas de cierre), que reduce la altura unos diez centímetros respecto a la interior del contenedor; circunstancia que dificulta y en ocasiones impide el apilamiento de carga en sus proximidades.

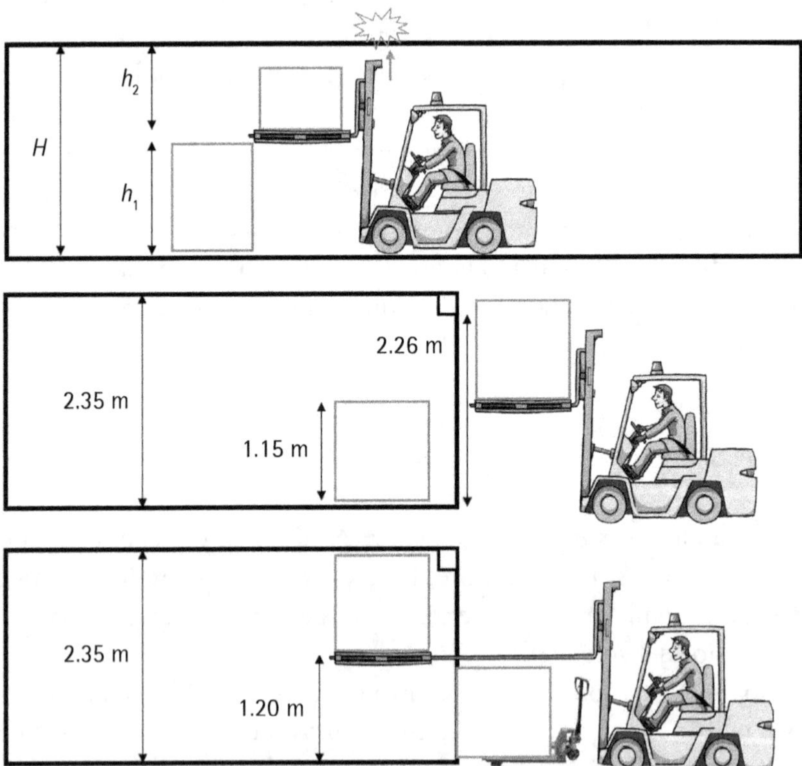

Figura 7.12. La altura libre de elevación de la carretilla y la menor altura en la zona próxima a la puerta del contenedor son aspectos determinantes en el apilado de los palés.

Por ejemplo, si bien en un contenedor 20′ DV pueden apilarse dos palés de 1.15 m dado que la altura mínima interior es de 2.35 m, en la zona próxima a la puerta resulta imposible apilar el segundo palé sobre el primero, pues la altura se reduce a 2.26 m (altura mínima de puerta según la normativa ISO), como se ilustra en la figura 7.12 (centro). Esta situación, que en principio conlleva la pérdida del hueco de apilado en la zona próxima a la puerta, puede resolverse de distintas maneras si se dispone de los medios adecuados.

Así, en caso de contar con una carretilla con horquillas muy largas o con prolongadores de horquillas, es posible cargar un palé en el interior del contenedor, elevarlo hasta que tope con el techo y, manteniéndolo en esta posición, estibar con un transpalé manual el segundo embalaje por debajo y apilarlos finalmente uno sobre otro (véase la figura 7.12, inferior). Otra opción consiste en sustituir el transpalé manual por una segunda carretilla que, en posición perpendicular y mediante el desplazador lateral, estibe el segundo palé debajo del primero. Con todo, las alternativas son muchas y deben adecuarse en cada caso a las circunstancias específicas de la estiba en contenedor, a menudo de difícil resolución, a las que se enfrentan en la operativa diaria los profesionales.

4   Cargas concentradas en contenedor

Los contenedores están diseñados para que la carga máxima admisible se distribuya uniformemente en toda su longitud, de modo que para cada tipo de contenedor se establece una carga lineal recomendada (véase la tabla 7.7). Por ejemplo, por cada metro lineal de longitud de un contenedor estándar reforzado de 20′ es recomendable cargar como máximo 4.77 t; en caso de superar dicha carga lineal se considera que el contenedor viaja con carga concentrada.[9]

Para asegurarse de que la estructura del contenedor puede soportar la estiba de carga concentrada es necesario medir su resistencia transversal y longitudinal y, en caso necesario, adoptar medidas específicas a fin de distribuir uniformemente el peso.

---

[9] Las directrices para la estiba de mercancías en contenedor establecidas en el Código CTU (véase el apartado 4.2 del capítulo 5) de 1997 se limitan a informar del riesgo de concentrar cargas y no contienen anexos técnicos para su cálculo. Durante la redacción de la versión aprobada en 2014, el grupo de expertos de Alemania, Eslovaquia y Suecia propuso incluir un anexo (EG GPC No. 8 [2013]) con este objetivo que, pese a que llegó a redactarse, finalmente no se incorporó. No obstante, al considerarse de interés para esta obra, dichos cálculos se desarrollan en el presente apartado.

Distribución uniforme de la carga en contenedor			
Tipo de contenedor	Longitud mínima interior (mm)	Carga útil máxima (t)	Carga lineal (t/m)
20' DV	5867	28	4.77
40' DV	11 998	28	2.33
40' HC	11 998	28	2.33
45' HC	13 542	29	2.14
20' RF	5368	28	5.22
40' RF	11 502	29	2.52
40' HCRF	11 502	29	2.52
45' HCRF	13 026	29	2.23

Tabla 7.7. Carga lineal recomendada para la distribución uniforme de la carga en contenedor.

4.1 Resistencia transversal del contenedor

Para comprobar si una carga concentrada puede sobrecargar la estructura transversal de un contenedor estándar o plataforma debe calcularse la longitud mínima admisible (r_t) mediante las siguientes fórmulas, donde m es la masa de la carga concentrada y s la anchura entre sus apoyos (véase la figura 7.13):

- $r_t = 0.15 \cdot m \cdot (2.3 - s)$ (si $s < 2.3$ y testado según ISO 1496).
- $r_t = 0.20 \cdot m \cdot (2.3 - s)$ (si $s < 2.3$ y testado según CSC).

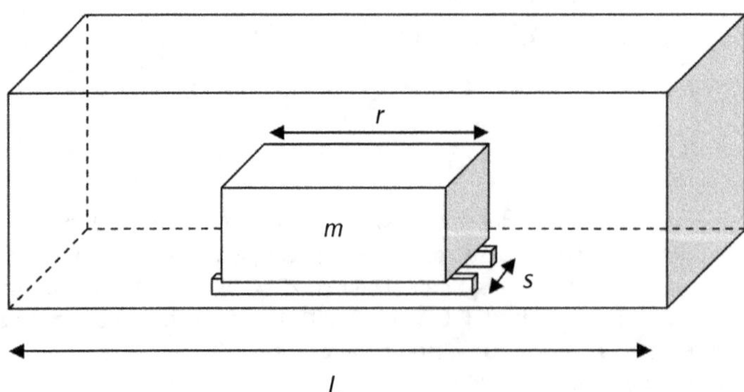

Figura 7.13
Dimensiones de la carga concentrada.

Si la longitud r de la carga concentrada es menor que la distancia r_t calculada es necesario colocar vigas de apoyo transversales o longitudinales para repartir su peso en el suelo del contenedor (véase el apartado 4.3).

4.2   Resistencia longitudinal del contenedor

Para comprobar si una carga concentrada puede sobrecargar la estructura longitudinal del contenedor debe calcularse la longitud mínima admisible (r_l) como sigue, donde P es la carga útil máxima del contenedor; T, la tara; L, la longitud entre los centros de las cantoneras (5853 mm en un contenedor de 20′ y 11 985 mm en uno de 40′), u opcionalmente la interior, y m, la masa de la carga concentrada:

- En contenedores que han pasado una prueba de cargas concentradas en que se ha aplicado una carga del doble de su carga útil máxima $(2 \cdot P)$ distribuida en el 50 % de su longitud $(L/2)$ durante cinco minutos sin que se produzca ningún tipo de deformación, según la fórmula:

$$- \; r_l = 2 \cdot L \cdot \left(\frac{m}{P} - 0.75 \right) \text{ (si } m > 75 \text{ % de } P\text{)}.$$

- En contenedores que no han pasado un test de cargas concentradas, según las fórmulas:

$$- \; r_l = L \cdot \left(2 - \frac{2 \cdot P + T}{2 \cdot m} \right), \text{ en el caso de las cargas flexibles.}$$

$$- \; r_l = L \cdot \left(1 - \frac{2 \cdot P + T}{4 \cdot m} \right), \text{ en el caso de las cargas rígidas.}$$

Si la longitud r de la carga concentrada es menor que la distancia r_l calculada es necesario colocar vigas de apoyo transversales o longitudinales para repartir su peso en el suelo del contenedor (véase el apartado 4.3).

En la figura 7.14 se ilustra la diferencia entre cargas flexibles (planchas o perfiles finos de acero, planchas de caucho, etc.) y cargas rígidas (un cajón, un bloque de mármol o granito, una máquina o bancada de acero, etc.). Las primeras se flexionan con el contenedor y se mantienen apoyadas en toda su longitud, mientras que las segundas, al ser rígidas, solo se apoyan en dos puntos.

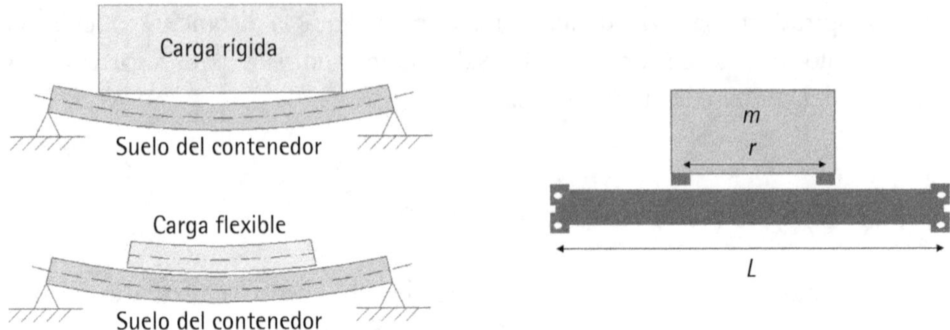

Figura 7.14. Carga concentrada rígida sobre dos apoyos en un contenedor plataforma.

4.3 Cálculo de vigas longitudinales de madera para el apoyo de cargas concentradas rígidas

A fin de distribuir uniformemente el peso de las cargas concentradas rígidas en el suelo del contenedor se colocan vigas de apoyo de madera, que pueden ser transversales o longitudinales. Estas últimas son las de uso más frecuente y permiten repartir el peso entre las vigas transversales del contenedor (véase la figura 7.15).[10]

Figura 7.15
Distribución uniforme de carga concentrada rígida sobre tres vigas longitudinales de madera.

---

[10] El documento EG GPC No. 8 (2013) contiene cálculos para vigas de apoyo transversales y longitudinales, de cargas tanto flexibles como rígidas. En este apartado se hace referencia a las vigas longitudinales de apoyo con cargas concentradas rígidas por ser las más frecuentes.

Módulo resistente en vigas de madera						
Sección cuadrada h (cm) × h (cm)	10 × 10	12 × 12	15 × 15	18 × 18	20 × 20	25 × 25
Módulo resistente[11] $W = h^3/6$ (cm³)	167	288	563	972	1333	2604

Tabla 7.8. Cálculo del módulo resistente en vigas de madera.

El cálculo de vigas se efectúa mediante la siguiente fórmula, donde n es el número de vigas paralelas colocadas; W, el módulo resistente; m, la masa de la carga concentrada; K, un factor de forma de la viga, y σ, la resistencia a la flexión de la madera:

$$n \cdot W = \frac{250 \cdot m \cdot K}{\sigma}$$

La resistencia a la flexión de la madera (σ) puede considerarse de 2.4 kN/cm² en la madera de baja calidad y de 3.0 kN/cm² en la madera de calidad media. El cálculo del módulo resistente (W) para cada tipo de sección cuadrada de una viga de madera maciza se detalla en la tabla 7.8.

En las cargas rígidas, el factor de forma de la viga (K) se obtiene mediante la siguiente fórmula, donde t es la longitud de la viga que se debe colocar longitudinalmente bajo la carga y r, la longitud de la carga (véase la figura 7.16):

$$- \quad K = \frac{(t-r)^2}{t} \text{ (si } t > 1.7 \cdot r).$$

$$- \quad K = 2 \cdot r - t \text{ (si } t \leq 1.7 \cdot r).$$

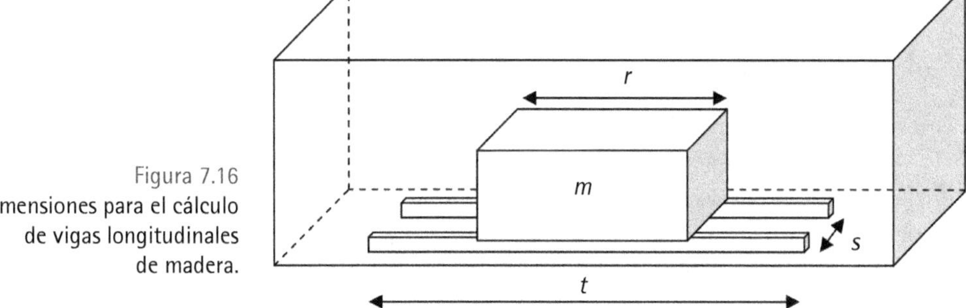

Figura 7.16
Dimensiones para el cálculo de vigas longitudinales de madera.

---

[11] El módulo resistente de una viga maciza de sección rectangular con base (b) y altura (h) es $(b \cdot h^2)/6$. En el caso de una sección cuadrada, $b = h$; por tanto, $W = h^3/6$.

Figura 7.17. Siniestros causados por la estiba incorrecta de cargas concentradas en contenedor.

Las fórmulas expresadas en este apartado se desarrollan en los casos prácticos del capítulo 9, que tienen por objeto, entre otros, evitar siniestros derivados de la estiba incorrecta de cargas concentradas en contenedor como los que se muestran en la figura 7.17.

5   Factores ambientales y estiba de mercancías en contenedor

En el transporte de mercancías en contenedor intervienen factores ambientales como la temperatura y la humedad que deben ser considerados en la estiba para evitar daños a la carga. Dichos factores actúan de distintos modos según las características del contenedor y de la mercancía; en este sentido, conviene distinguir básicamente entre contenedores estándares y frigoríficos.

5.1   Factores ambientales en contenedores estándares

En la estiba de mercancías en contenedores estándares debe prestarse especial atención a los efectos de la humedad y la temperatura sobre la carga. En efecto, el aire contiene agua en forma de vapor (humedad) que fluye de las zonas de mayor concentración a las de menor concentración para alcanzar un equilibrio. Cuando la temperatura aumenta, los niveles de saturación lo hacen también y el aire es capaz de absorber mayor cantidad de vapor de agua, mientras que cuando la temperatura baja y el aire se enfría llega un punto en que no es capaz de absorber la humedad y el exceso de agua precipita en forma de rocío o condensación.

El contenedor, durante su transporte, está expuesto a las condiciones ambientales de los lugares por los que circula. En territorios donde las temperaturas son muy altas, la temperatura interior de un contenedor expuesto al sol puede superar los 50 °C, de modo que toda el agua contenida en los embalajes o en la propia mercancía (por ejemplo, en embalajes de madera y cartón que han estado almacenados en zonas húmedas) se incorpora al aire en forma de vapor de agua. Si en dicho territorio tienen lugar diferencias importantes entre las temperaturas diurnas y las nocturnas, por la noche, al bajar estas, el vapor de agua se condensa en las paredes y el techo del contenedor en forma de gotas que pueden humedecer la mercancía y dañarla.

A fin de prevenir la condensación, muchos contenedores estándares cuentan con rejillas de ventilación o respiraderos, que deben estar abiertos para que el vapor de agua pueda evacuarse (véase la figura 7.18). En ocasiones, estos respiraderos se tapan con cinta adhesiva para evitar la salida de gases tóxicos al proceder a la desinfección o la fumigación del contenedor, y deben volver a destaparse luego para evitar problemas de condensación. Los aislantes térmicos para contenedores también constituyen una buena opción en este sentido, ya que al romper el puente térmico entre el exterior y el interior evitan la condensación.[12]

Para prevenir daños por humedad en mercancías sensibles al agua es recomendable colocar bolsas desecantes en el interior del contenedor, compuestas habitualmente de silicato de magnesio (80 %) y de cloruro cálcico (20 %). Dichas bolsas

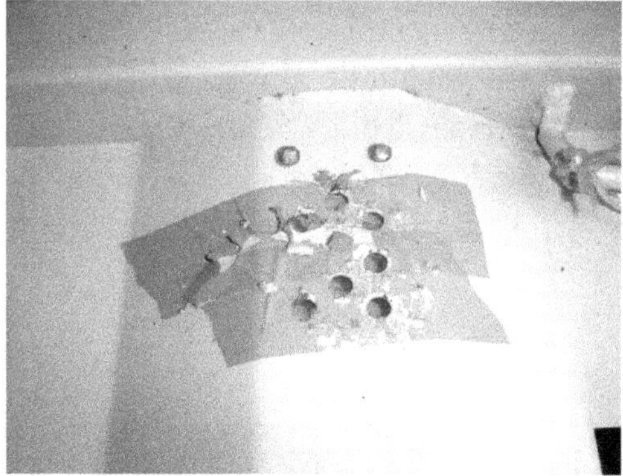

Figura 7.18. **Vistas exterior (izquierda) e interior (derecha) de la rejilla de ventilación de un contenedor estándar.**

---

[12] Los aislantes térmicos para contenedores se describen en el apartado 5.4.3 del capítulo 3.

suelen fabricarse en formatos de 250 g, 500 g, 1 kg y 2 kg. Si bien la cantidad adecuada debe consultarse con la empresa fabricante, como pauta general, para un viaje con un tiempo de tránsito aproximado de un mes, se recomienda colocar al menos 20 kg de desecante (10 bolsas de 2 kg, por ejemplo) en un contenedor de 20′ y el doble (20 bolsas de 2 kg, por ejemplo) en uno de 40′.

5.2   Factores ambientales en contenedores frigoríficos

Los contenedores frigoríficos permiten transportar mercancías a temperatura controlada (entre –30 y 30 °C), renovar aire fresco (entre 0 y 285 m³/h) y controlar la humedad relativa (entre el 50 y el 95 %). También existen contenedores frigoríficos de atmósfera controlada[13] que, además de regular la temperatura, pueden desacelerar el proceso de maduración e incrementar la vida útil de productos perecederos como las frutas y los vegetales. Con todo, las líneas marítimas solamente garantizan el control y la trazabilidad de la temperatura.

Los contenedores frigoríficos suministran el aire frío del equipo de refrigeración al interior del contenedor por la parte delantera inferior, que circula a través del suelo de rejilla (formado por vigas longitudinales de aluminio) por debajo de la carga hasta la zona de puerta. Llegado a este otro extremo del contenedor, el aire asciende (el aire caliente es menos denso que el frío) y regresa recorriendo la parte superior de la carga a lo largo del techo y cerrando el circuito (véase la figura 7.19).

Cada tipo de mercancía requiere unas condiciones determinadas de transporte. Por ejemplo, el pescado congelado se transporta habitualmente a –20 °C y sin renovación de aire fresco (esto es, sin ventilación), mientras que la fruta se transporta refrigerada (entre 0 y 10 °C) y con ventilación (tómese como referencia la renovación de entre 1 y 2 m³ de aire por cada tonelada de mercancía y hora) para controlar su nivel de maduración durante el transporte.[14]

---

[13] No deben confundirse los conceptos *atmósfera controlada* y *atmósfera modificada o protectora*. Esta última consiste en añadir al producto, durante su proceso de envasado, una mezcla de gases que permite controlar las reacciones enzimáticas y microbianas, desacelerar su degradación y aumentar, por tanto, su vida útil.

[14] Las líneas marítimas de contenedores establecen en sus guías condiciones de temperatura, ventilación y humedad relativa para el transporte de diferentes tipos de mercancías en contenedores frigoríficos. Para obtener más información, véase, por ejemplo, la guía Hamburg Süd Reefer Guide de la naviera alemana Hamburg Süd Group, disponible en línea mediante el siguiente enlace (en inglés): www.hamburgsud.com/group/media/sharedmedia/dokumente/brochures/Reefer_guide.pdf.

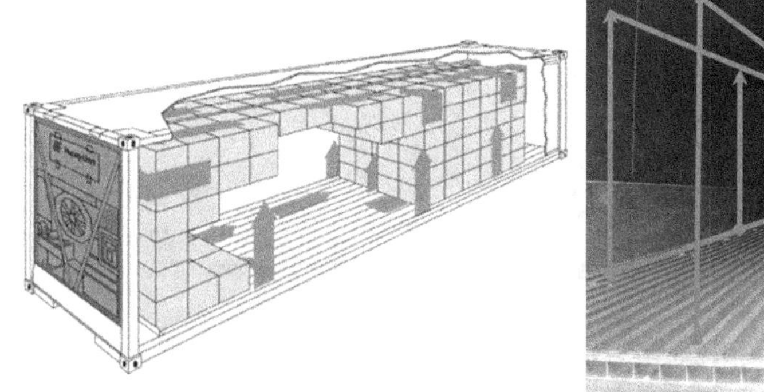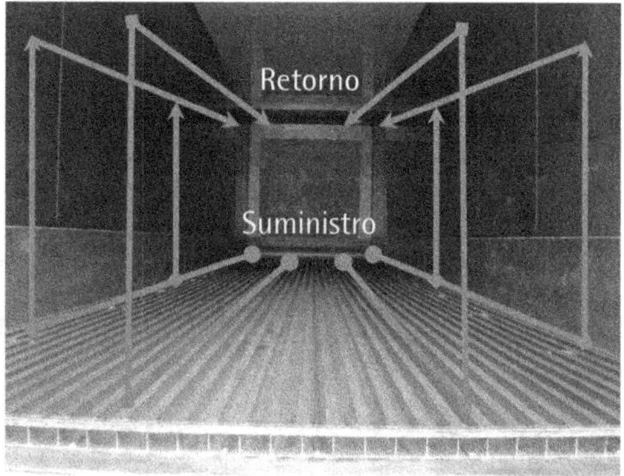

Figura 7.19. Circulación del aire en un contenedor frigorífico.

En caso de estibar carga refrigerada compuesta por fruta o productos similares, que consumen oxígeno y generan dióxido de carbono y gas etileno, es necesario garantizar su ventilación por medio de grandes cantidades de aire. Este es el motivo por el que las cajas en que se transportan tienen aberturas y por el que conviene estibar estos embalajes dejando pequeños huecos que permitan la circulación del aire a través de la carga (siempre que no se comprometa la seguridad de la consolidación). La carga congelada, en cambio, debe estibarse como un bloque compacto sin espacio entre los embalajes, de modo que el aire circule solamente a su alrededor (por debajo, por encima y por los laterales) sin atravesarla.

En todos los casos, si las paredes interiores del contenedor son lisas (sin corrugas), al estibar los embalajes es necesario dejar unos milímetros de separación respecto a ellas para que el aire pueda circular alrededor de la carga. Esto suele hacerse alternando capas de cajas de manera que unas queden pegadas a la pared y otras, unos milímetros separadas de ella. Con todo, en la actualidad la mayoría de los contenedores frigoríficos tienen paredes interiores corrugadas.

Otra consideración importante para la estiba de mercancías en contenedores frigoríficos es que no deben superarse las líneas de máxima carga marcadas en las paredes del contenedor; de lo contrario, se corre el riesgo de impedir la correcta circulación del aire y de que se produzcan fallos en su funcionamiento (véase la figura 7.20).

Los contenedores frigoríficos se usan a veces para transportar carga seca con el equipo de refrigeración apagado *(non operating reefer* o NOR). Esta circunstancia se da en aquellos puertos donde hay una gran entrada de contenedores frigoríficos operativos (importación de mercancías congeladas o refrigeradas) pero no hay flujo de salida para ellos (exportación). Por este motivo, para no tener que evacuarlos en

Figura 7.20
Líneas de máxima carga (segmentadas,
en la parte superior del recipiente)
de un contenedor frigorífico.

vacío, se consolidan con carga seca y se destinan mediante fletes económicos a otros puertos donde sí lo hay.

5.2.1   Controles previos a la carga en contenedores frigoríficos

Para proceder a la estiba de mercancías en un contenedor frigorífico es necesario efectuar ciertos controles previos que garanticen el buen estado del contenedor y el funcionamiento del sistema de refrigeración durante el transporte.

Antes de ser transportado a las instalaciones de carga, el contenedor se somete a una limpieza con agua a presión y un detergente desinfectante apto para el uso en la industria alimentaria.[15] En este sentido, la empresa cargadora debe solicitar a la línea marítima un certificado de limpieza que acredite que el contenedor está limpio y es apto para el transporte.

En cuanto a los controles técnicos, la empresa cargadora indica a la línea marítima la temperatura y las condiciones de ventilación y de humedad en que deben viajar las mercancías, parámetros que el personal técnico, por cuenta de la naviera, se encarga de programar mientras el contenedor se encuentra en el depósito o la terminal de contenedores. Dicho personal programa la temperatura de transporte *(setpoint)* y regula las condiciones de ventilación y de humedad, cuyo sistema puede ser digital o analógico (véase la figura 7.21). A continuación, el contenedor se

---

[15] En algunos países, los detergentes para uso en la industria alimentaria deben cumplir ciertos requisitos legales y figurar en los registros establecidos por las autoridades sanitarias competentes.

somete a una prueba de funcionamiento denominada *pre-trip* (PTI) consistente en completar varios ciclos de refrigeración para detectar el funcionamiento anormal de cualquiera de los componentes del sistema. Es conveniente que la empresa cargadora solicite un certificado que garantice que el contenedor ha completado satisfactoriamente dicha prueba.

El contenedor puede transportarse al almacén frigorífico en un camión con un equipo autónomo de suministro eléctrico o bien sin suministro, si bien esta última opción solo es aplicable cuando la carga se va a efectuar a muy corto plazo y se garantiza que la cadena de frío no se rompe. Esto limita el transporte sin suministro a traslados entre distancias muy reducidas (entre 10 y 15 km) en tiempos no superiores a dos horas, que es el periodo máximo en que el aislamiento térmico del contenedor basta para evitar una caída rápida de la temperatura hasta que se le suministra de nuevo electricidad. En todo caso, se trata de una opción poco recomendable habida cuenta de los riesgos que conlleva.

Una vez que el contenedor se ha depositado en la instalación de carga, la empresa responsable de su consolidación debe comprobar que la temperatura programada es la correcta, que el contenedor ha sido enfriado a la temperatura de carga *(precooling)* y que la ventilación es la adecuada. Por ejemplo, supóngase que la empresa cargado-

Figura 7.21. Contenedores frigoríficos con sistemas de ventilación analógico (izquierda) y digital (derecha).

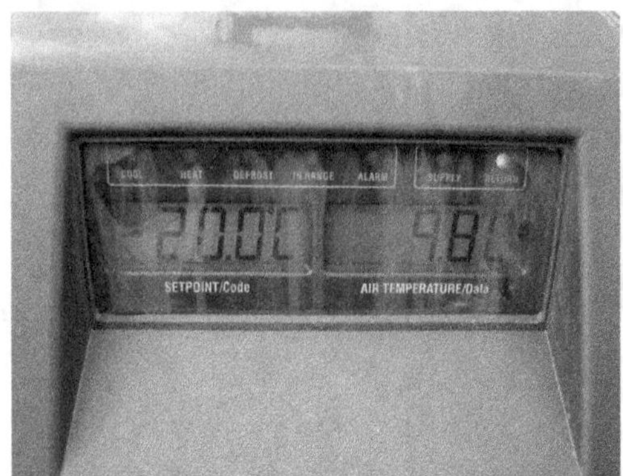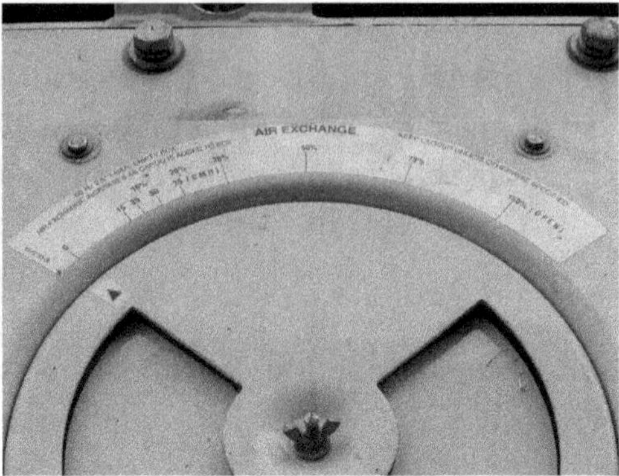

Figura 7.22. Pantalla digital de datos (izquierda) y rejilla de ventilación (derecha)
de un contenedor frigorífico.

ra ha solicitado programar el contenedor para un transporte de pescado congelado a
–20 °C y que el sistema de ventilación es analógico. En la figura 7.22 (izquierda) se
observa que la temperatura de transporte *(setpoint)* marca efectivamente –20 °C. A
su derecha, el testigo *return* indica que el contenedor está devolviendo aire al sistema
a la temperatura mostrada debajo (9.8 °C); por tanto, se debe esperar a que llegue a
–20 °C, pues el enfriamiento no ha finalizado. Por su parte, la rejilla de ventilación
está adecuadamente cerrada: en ella se señalan 0 m^3 por hora de renovación del
aire.[16]

Los contenedores frigoríficos cuentan con dispositivos de grabación que regis-
tran en el tiempo (normalmente, cada hora) todas las circunstancias que lo atañen
(temperatura de suministro y retorno,[17] averías, etc.). Dicho registro, que puede
descargarse del dispositivo de grabación mediante el programa informático propor-
cionado por la empresa fabricante, es analizado por los comisarios de averías en caso
de siniestro para determinar sus causas. En la tabla 7.9 se describen las leyendas más
empleadas por los dispositivos de grabación.

---

[16] Si se transportase fruta u otra mercancía similar, la renovación del aire debería configurarse entre 10 y
60 m^3 por hora dependiendo del tipo de producto y del tiempo de tránsito.

[17] Los contenedores suelen registrar dos temperaturas, la de suministro y la de retorno, mediante sendas
sondas, a las que en numerosos equipos se pueden añadir otras tres para controlar, además, la temperatura de la mercancía en distintos puntos. En este caso, la primera suele colocarse en un punto elevado
de la carga en la zona delantera; la segunda, a media altura en una zona intermedia del contenedor, y la
tercera, a baja altura en la zona de puerta.

Leyendas del dispositivo de grabación en contenedores frigoríficos		
Leyenda	**Significado**	**Descripción**
T	*Tripstart activated*	Comienzo de viaje activado
P	*Primary power off*	Sin suministro de corriente externa
D	*Defrost in last interval*	Descarche realizado en el último intervalo (suministro de aire caliente en un intervalo muy reducido para licuar la escarcha del equipo de refrigeración y evacuarla)
O	*Temperature not in range*	Temperatura fuera de rango
h	*Humidity control active*	Control de humedad activo
E	*Evaporator high temperature*	Temperatura alta en el evaporador
H	*High refrigeration pressure*	Alta presión de refrigeración
d	*Defrost terminated on time limit*	Descarche terminado en el límite de tiempo
e	*Economy mode activated*	Modo económico activado
s	*Reefer unit stopped (after PTI o.)*	Parada del contenedor frigorífico tras realizar el PTI automático
w	*Water cooled*	Refrigerado por agua
A	*Alarm in last interval*	Alarma en el último intervalo
*	*Extended temperature range*	Rango de temperatura ampliado
Date	*Date*	Fecha (año/mes/día; por ejemplo, 130930: 30 de septiembre de 2013)
Time	*Time*	Hora
Setp	*Setpoint*	Temperatura programada para el transporte (°C)
Sup	*Supply*	Temperatura del aire que el equipo de refrigeración introduce en el contenedor (°C), medida por la sonda de suministro (temperatura del aire que se está suministrando a la mercancía)
Ret	*Return*	Temperatura del aire que el equipo de refrigeración recibe procedente del interior del contenedor (°C), medida por la sonda de retorno (temperatura del aire que se está recibiendo de la mercancía)

Tabla 7.9. Leyendas habituales del dispositivo de grabación de un contenedor frigorífico.

Capítulo 8

Trincaje de mercancías en contenedor

Una vez que la mercancía ha sido correctamente estibada en el contenedor, el siguiente paso consiste en evitar que se mueva durante el transporte para prevenir daños a la carga, al contenedor y al medio de transporte en que viaja. El conjunto de las técnicas destinadas a este fin constituye el procedimiento de trincaje.[1]

En este capítulo se describen en primer lugar las técnicas y los materiales de trincaje empleados en la sujeción de las mercancías, y se desarrollan a continuación los cálculos pertinentes sobre la base de las directrices establecidas en las versiones de 1997 y de 2014 del Código CTU.[2] Dichos cálculos se ejemplifican mediante diversos casos prácticos en el capítulo 9.

1 Técnicas de trincaje

Las técnicas de trincaje son el conjunto de procedimientos mediante los cuales se asegura la inmovilización de la carga durante su transporte.

En la tabla 8.1 se describen las principales técnicas de trincaje para la sujeción de la carga en el contenedor: amarre, bloqueo e incremento de la fuerza de rozamiento. Los materiales empleados en las técnicas de amarre y bloqueo de la mercancía se

---

[1] La palabra *trincaje* procede del término marítimo *trincar* y designa la acción de asegurar o sujetar fuertemente con trincas (cuerdas, cables, cadenas, etc.) los efectos de a bordo. Si bien en su origen el significado de dicho término se restringía al amarre de la carga a bordo del buque, en la actualidad se usa por extensión para referirse a la sujeción de la carga mediante diversas técnicas tanto en las unidades de transporte de carga como en cualquier medio de transporte.

[2] La naturaleza y la aplicación del Código CTU se exponen en el apartado 4.2 del capítulo 5.

describen en el apartado 2, y las consideraciones relativas a la fuerza de rozamiento se exponen en el apartado 3.

Técnicas de trincaje en contenedor	
Amarre *(lashing)*	
Amarre en bucle[3] *(loop lashing)*	Consiste en sujetar la carga mediante sistemas de amarre, que pueden estar fabricados de diversos materiales y colocarse en diferentes disposiciones (véase la figura 8.1)
Amarre directo recto *(straight/direct lashing)*	
Amarre directo cruzado *(cross lashing)*	
Amarre de tirantes[4] *(spring lashing)*	
Amarre por encima[5] *(top-over lashing)*	
Bloqueo *(blocking)*	
Bloqueo mediante topes *(stoppers)*	Consiste en soldar o clavar topes al suelo del contenedor o a la mercancía para evitar su desplazamiento, por ejemplo, mediante cuñas de madera clavadas al suelo de los contenedores estándares, ángulos de acero soldados en los contenedores plataforma, etc.
Apuntalamiento de la carga *(bracing)*	Consiste en apuntalar la carga, habitualmente entre sí o contra las paredes del contenedor, mediante vigas de madera u otros materiales como barras de trincaje, puntales de plástico, etc.
Relleno de espacios *(filling)*	Consiste en rellenar los espacios vacíos con bolsas hinchables u otros materiales de relleno
Incremento de la fuerza de rozamiento *(increasing friction)*	
Prevención del deslizamiento de la carga	Consiste en incrementar la fuerza de rozamiento mediante materiales que cuentan con un coeficiente de rozamiento muy alto y que, situados entre la mercancía y el suelo del contenedor, impiden que esta pueda deslizarse fácilmente, como las esterillas antideslizantes

Tabla 8.1. Principales técnicas de trincaje para la sujeción de la carga en el contenedor.

....

[3] La técnica de amarre en bucle se conoce también como *amarre en cesto*, *amarre en cuna* y *amarre en U*.

[4] La técnica de amarre de tirantes se conoce también como *amarre con efecto muelle* o *amarre de ballesta*.

[5] Dado que la técnica de amarre por encima solo contribuye a incrementar la fuerza de rozamiento y evitar el vuelco, también puede ser encuadrada en las técnicas para el incremento de la fuerza de rozamiento.

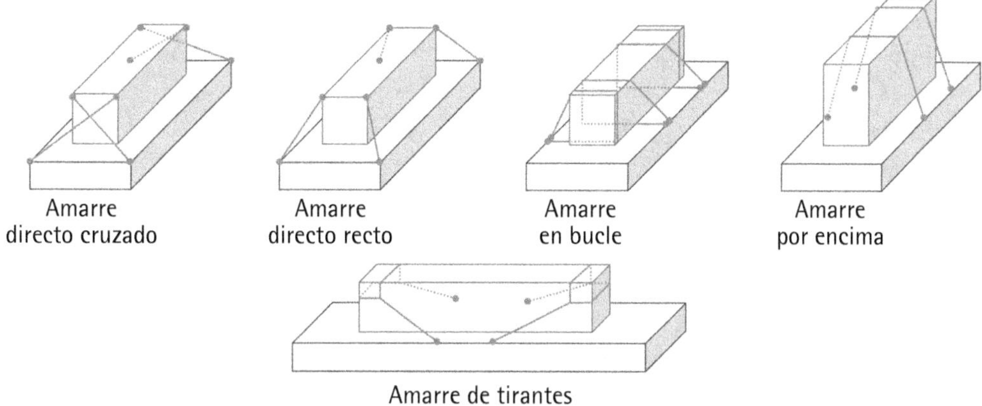

Figura 8.1. Técnicas de trincaje por amarre.

2 Materiales de trincaje

Se consideran materiales de trincaje todos aquellos equipos o elementos empleados en los distintos procedimientos de sujeción de la mercancía al contenedor o al medio de transporte.

La normativa que regula la fabricación de los materiales de trincaje es muy diversa. Aunque pueden existir ligeras diferencias entre países, la prioridad al adquirir este tipo de material debe ser el cumplimiento de la normativa nacional en cuanto al etiquetado, la resistencia, el control de calidad, los coeficientes de seguridad, etc., que en la mayoría de los casos está basada en normas internacionales (ISO) o supranacionales (por ejemplo, las normas EN de la legislación europea).

En este sentido, es imprescindible que la empresa fabricante o distribuidora del material aporte un certificado emitido por un organismo de control independiente que garantice el cumplimiento de las condiciones de resistencia y seguridad indicadas en la ficha de características técnicas. Además, conviene comprobar que la empresa fabricante o distribuidora cuenta con un seguro de responsabilidad civil de producto que cubra la indemnización correspondiente en caso de haber suministrado material defectuoso de cuyo uso se deriven daños.

2.1 Coeficientes de seguridad de los materiales de trincaje

Todo material de trincaje cuenta con una resistencia máxima que, en caso de superarse, conlleva su rotura. Dicha resistencia se conoce como *carga de rotura (breaking load* o BL) o *resistencia a la rotura (breaking strength* o BS). Dado que ningún material puede ser empleado para llevar a cabo una sujeción igual a su límite de resistencia, es necesario calcular la carga máxima de sujeción que puede efectuarse con él *(maximum securing load* o MSL) mediante el denominado *coeficiente de seguridad (safety factor* o SF), de modo que MSL = BL/SF.

Hasta 2014, los coeficientes de seguridad para cada tipo de material de trincaje se obtenían del Código CSS.[6] Desde entonces, dichos coeficientes también figuran en la versión del Código CTU aprobada ese año, a la que se han incorporado algunos nuevos (véase la tabla 8.2). Por ejemplo, una eslinga textil reutilizable cuya carga de rotura es de 1000 daN puede emplearse en una sujeción de 500 daN ya que SF = 2 o bien MSL = 50 % BL.

En la práctica, existen materiales aptos tanto para la elevación como para el trincaje, en los que la carga segura de trabajo se indica solamente para su uso en elevación y figura como SWL *(safe working load)* o bien como WLL *(working load limit* o carga límite de trabajo). En caso de que estos materiales se usen para trincaje, la carga máxima de sujeción debe calcularse teniendo en cuenta que los coeficientes de seguridad de elevación son mucho mayores que los de trincaje. A título orientativo, algunos valores de referencia[7] de coeficientes de seguridad en materiales de elevación de cargas son los siguientes:

- Cables de acero: 5.
- Cadenas de acero: 4.
- Grilletes de acero: 5.
- Eslingas textiles: 7.

En la figura 8.2 se observa un grillete de acero cuya rotulación (WLL 4¾ t) indica que puede usarse de forma segura para elevar una masa de 4.75 t, al ser su carga de rotura 4.75 t · 5 = 23.75 t (ya que el coeficiente de seguridad del grillete en elevación es 5). En caso de usar dicho grillete como elemento de trincaje, su carga máxima de sujeción será del 50 % de la carga de rotura y, por tanto, servirá para amarrar una masa de 11.875 t sometida a una aceleración de 1g (11 875 kgf).[8]

---

[6] La naturaleza y la aplicación del Código CSS se exponen en el apartado 4.2 del capítulo 5.

[7] Estos valores son de referencia y pueden diferir según la norma de fabricación, por lo que para cada material de elevación o trincaje debe solicitarse un certificado con sus características técnicas a la empresa fabricante o distribuidora que lo ha suministrado.

[8] Las consideraciones relativas a los coeficientes de aceleración se exponen en el apartado 4.2 del capítulo 5.

Sujeciones máximas de los materiales de trincaje	
Material de trincaje	**Carga máxima de sujeción (MSL)**
Grilletes, anillas y tensores de acero	50 % BL
Cordelería	33 % BL
Cinta de amarre textil (reutilizable)[9]	50 % BL
Cable de acero (un solo uso)	80 % BL
Cable de acero (reutilizable)	30 % BL
Fleje de acero (un solo uso)	70 % BL
Cadenas	50 % BL
Madera de estiba*[10]	0.3 kN/cm² compresión perpendicular a la veta
	2.0 kN/cm² compresión paralela a la veta
Cinta de amarre textil (un solo uso)*	75 % BL
Bolsa hinchable (un solo uso)*	75 % de la presión de rotura
Bolsa hinchable (reutilizable)*	50 % de la presión de rotura

* Coeficiente incorporado en el Código CTU de 2014.

Tabla 8.2. Cargas máximas de sujeción para diferentes materiales de trincaje.

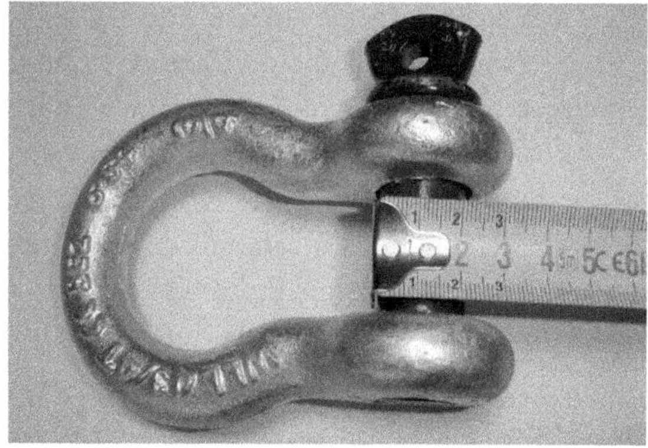

Figura 8.2
Grillete de acero con una carga límite
de trabajo (WLL) de 4¾ t.

[9] El Código CSS no contempla la cinta reutilizable y establece el 50 % de la carga de rotura para cualquier tipo de cinta. El Código CTU de 2014 establece el 75 % de la carga de rotura para la cinta de un solo uso siempre y cuando no se supere una elongación del 9 % al aplicar una fuerza igual a la carga máxima de sujeción.
[10] El Código CTU de 2014 indica 0.3 kN/cm² como resistencia de compresión en dirección perpendicular a la veta para la madera de estiba de baja calidad y 0.5 kN/cm² para la madera de calidad media. Otros manuales, como el Container Handbook, indican 1 kN/cm² para la compresión paralela a la veta en lugar de 2 kN/cm².

2.2　Materiales de amarre

En este apartado se determinan los puntos de amarre con que cuentan los diferentes tipos de contenedores y se describen los materiales empleados en esta técnica de trincaje.

El número y el tipo de puntos de amarre de la mercancía en la unidad de transporte son distintos en los contenedores estándares, plataforma y frigoríficos, y se fijan de acuerdo con las normas ISO correspondientes.

- **Puntos de amarre en contenedores estándares**

  La norma ISO 1496-1, en su apartado para dispositivos de fijación de la carga, establece dos tipos de dispositivos de amarre en contenedores estándares:

  - *Punto de anclaje.* Dispositivo de fijación situado en la estructura de la base del contenedor.
  - *Punto de amarre.* Dispositivo de fijación situado en cualquier otra parte del contenedor con excepción de la base.

  Según esta norma, el número mínimo de puntos de anclaje es de 16 (8 por cada lado) en un contenedor de 40′ y de 10 (5 por cada lado) en uno de 20′. En cuanto al número de puntos de amarre, la norma no establece ningún mínimo, por lo que queda a criterio de la empresa fabricante. Esta misma norma establece que la carga máxima de sujeción debe ser como mínimo de 1000 kgf para los puntos de anclaje y de 500 kgf para los puntos de amarre.

  Nótese que la diferenciación entre puntos de anclaje y puntos de amarre es meramente normativa y de interés para las empresas fabricantes de contenedores. En la práctica, ambas expresiones –u otras equivalentes, como *punto de trincaje* o *de fijación*– se usan indistintamente para designar cualquier punto de sujeción de la mercancía en el contenedor.

  La carga de rotura de los puntos de trincaje del contenedor –ya sean denominados *de anclaje* o *de amarre*– puede calcularse mediante la siguiente regla general,[11]

----

[11] Las reglas generales para el cálculo de la carga de rotura de los puntos y materiales de amarre fabricados en acero están basadas en cálculos simplificados de resistencia de materiales que contemplan el tipo de esfuerzo al que se somete el material (esfuerzos de tracción, compresión, corte, flexión y torsión). Los cálculos se basan en el uso de un acero estándar cuya resistencia a la tracción (cociente entre la carga máxima que provoca la rotura del material por tracción y la superficie de la sección transversal del material) oscila entre 40 y 50 kN/cm^2, pero ha de tenerse en cuenta que existen aceros de alta resistencia con 100 kN/cm^2 o más cuya carga de rotura es muy superior a la obtenida al aplicar la regla general. En cualquier caso, tómese en consideración que estas reglas se limitan a facilitar un valor aproximado y que lo que prevalece es la ficha técnica del material, en la que debe figurar su carga de rotura exacta.

en la que *d* es el diámetro de la sección del material que conforma el punto de trincaje:

- BL (kN) = d (cm) · d (cm) · 20.
- BL (daN) = d (mm) · d (mm) · 20.

La tabla 8.2 establece una carga máxima de sujeción del 50 % de la carga de rotura para anillas (dispositivos que constituyen básicamente los puntos de trincaje); por tanto, MSL = 0.5 · BL = 0.5 · d · d · 20 = d^2 · 10 (kN si d en cm y daN si d en mm).

En la figura 8.3 pueden verse los puntos de trincaje de un contenedor estándar, cuyo diámetro es de 12 mm. Por consiguiente, MSL = d^2 · 10 = 12^2 · 10 = 1440 daN. La mayoría de los puntos de trincaje de los contenedores estándares fabricados actualmente cuentan con una carga máxima de sujeción próxima a 2000 daN.

- **Puntos de amarre en contenedores plataforma**
  La norma ISO 1496-5, en su apartado para dispositivos de fijación de la carga, indica un número mínimo de puntos de anclaje de 16 (8 por cada lado) en un contenedor plataforma de 40′ y de 10 (5 por cada lado) en uno de 20′. En cuanto al número de puntos de amarre, la norma no establece ningún mínimo, por lo que queda a criterio de la empresa fabricante.

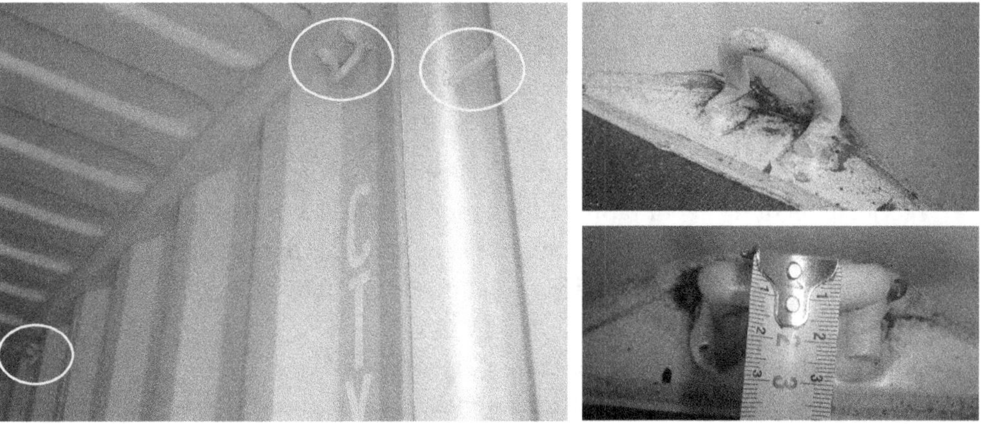

Figura 8.3. Puntos de trincaje (amarre [círculos] y anclaje [derecha]) de un contenedor estándar. Los puntos de anclaje, según la definición normativa, son los situados en el suelo de ambos laterales del contenedor.

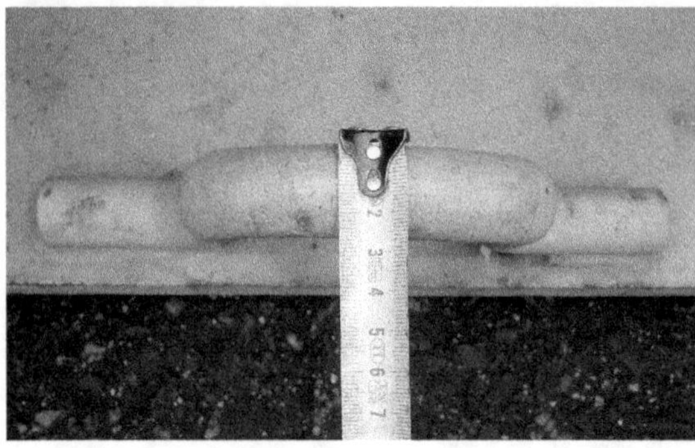

Figura 8.4
Anilla de trincaje en un contenedor
plataforma.

La carga máxima de sujeción de los puntos de anclaje debe ser como mínimo de 3000 kgf, y la de los puntos de amarre, de 1000 kgf. Además, los puntos de anclaje tienen que estar distribuidos en el perímetro de la base del contenedor y permitir una capacidad mínima de sujeción de la carga de $0.6 \cdot P$ transversalmente y de $0.4 \cdot P$ longitudinalmente (donde P es la carga útil máxima del contenedor). Esta capacidad puede lograrse con el número mínimo de puntos de anclaje indicado, de modo que cada uno de ellos cuente con resistencia suficiente para alcanzar el porcentaje de la carga útil máxima indicado o bien aumentando el número de puntos de anclaje aunque tengan menor resistencia, pero siempre superior o igual a 3000 kgf.

La regla general para el cálculo de la carga máxima de sujeción de las anillas de trincaje de los contenedores plataforma es la misma que la definida para los contenedores estándares. Por ejemplo, el cálculo de la carga máxima de sujeción de la anilla de la figura 8.4, cuyo diámetro es de 25 mm, se expresa como sigue: $MSL = d^2 \cdot 10 = 25^2 \cdot 10 = 6250$ daN.

La carga máxima de sujeción de la mayoría de los puntos de trincaje de los contenedores plataforma se indica mediante un rótulo en kgf (aunque se exprese en kilogramos, debe interpretarse como kilogramos sometidos a una aceleración de $1g$ y, por tanto, kilogramos fuerza). Las resistencias más frecuentes son 4000, 5000 y 6500 kgf (véase la figura 8.5), pero existen contenedores plataforma con puntos de trincaje de mayor resistencia.

- **Puntos de amarre en contenedores frigoríficos**
  La norma ISO 1496-2 no hace referencia al número de puntos de trincaje en los contenedores frigoríficos; de hecho, muchos de ellos carecen de puntos en los que sujetar la carga. Por este motivo, las técnicas de amarre no suelen contemplarse para el trincaje de mercancías en estos contenedores.

Figura 8.5. Resistencia de los puntos de trincaje en contenedores plataforma.

Con todo, algunos contenedores frigoríficos disponen de barras de sujeción fijadas en el suelo, y otros cuentan además con perforaciones circulares en el alma de las vigas de aluminio del suelo que permiten efectuar un amarre (véase la figura 8.6, izquierda). Como último recurso, es posible recurrir a alternativas como la que se muestra en la figura 8.6 (derecha), consistente en sujetar una anilla de trincaje entre dos de los raíles de aluminio del suelo del contenedor.

Todos estos puntos de amarre tienen una carga máxima de sujeción limitada por la resistencia de los perfiles de aluminio del suelo y en ningún caso superan los 500 kgf.

Los principales materiales de amarre son los cables de acero, los grilletes y tensores, las cadenas de trincaje y las cintas textiles de amarre, que se describen a continuación.

Figura 8.6. Puntos de amarre en un contenedor frigorífico.

2.2.1   Cables de acero

Para definir la composición de un cable de acero es necesario determinar el número de cordones, el de los alambres que forman cada uno de ellos y el de las almas, textiles o metálicas, que lo constituyen (véase la figura 8.7). Dicha composición se expresa mediante la siguiente notación: número de cordones × número de alambres por cada cordón + número de almas textiles del cable o, si el alma es metálica, notación del cordón o cable que hace de alma.

Por ejemplo, 6 × 19 + 1 es la notación de un cable de 6 cordones con 19 alambres por cordón y con un alma textil, y mediante la expresión 6 × 37 + (7 × 7 + 0) se define un cable de 6 cordones con 37 alambres por cordón y un alma metálica, formada por un cable de 7 cordones de 7 alambres cada uno (véase la figura 8.8).

Para medir el diámetro de un cable –que junto con su configuración y el tipo de acero que lo constituye es lo que limita su resistencia– debe utilizarse un calibre como se muestra en la figura 8.7.

Si bien la carga de rotura del cable debe consultarse con la empresa fabricante o distribuidora, existe una regla general para calcularla (aplicable a cables de uso general con notaciones como 6 × 19 + 1, 6 × 37 + 1 o similares) que aporta valores bastante aproximados a la realidad, donde d es el diámetro del cable:

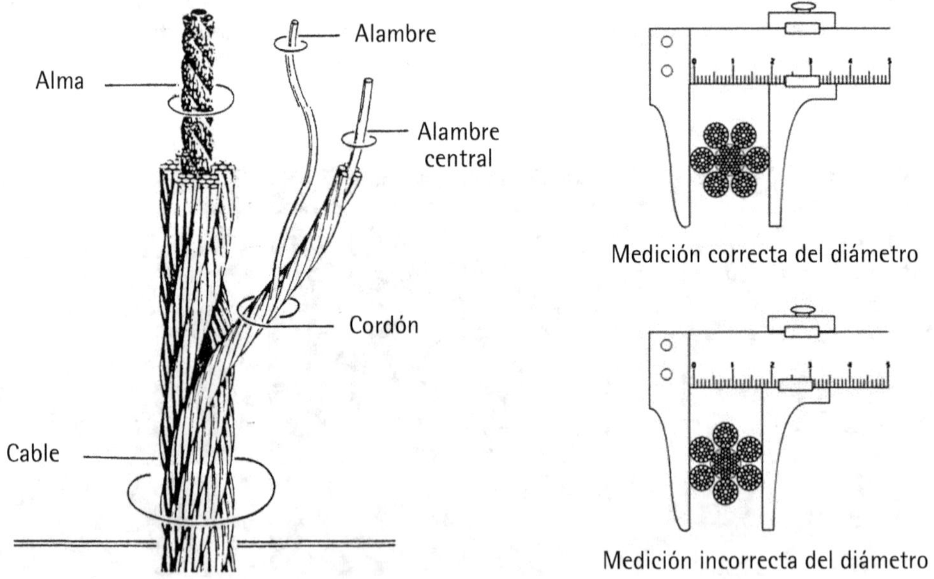

Figura 8.7. Estructura de un cable de acero y medición de su diámetro.

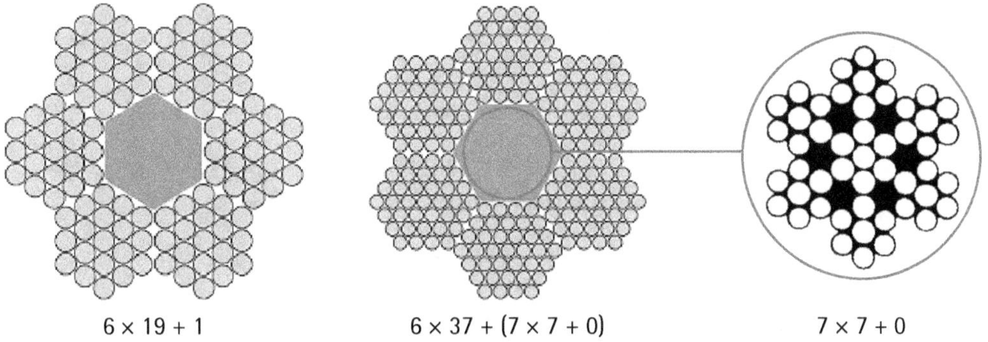

6 × 19 + 1   6 × 37 + (7 × 7 + 0)   7 × 7 + 0

Figura 8.8. Composición de los cables de acero.

- BL (kN) = d (cm) · d (cm) · 50.
- BL (daN) = d (mm) · d (mm) · 50.

La tabla 8.2 establece una carga máxima de sujeción del 80 % de la carga de rotura para los cables de un solo uso; por tanto, MSL = 0.8 · BL = 0.8 · d · d · 50 = d^2 · 40 (kN si d en cm y daN si d en mm). En caso de que el cable fuese reutilizado, en dicha tabla figura una carga máxima de sujeción del 30 % de la carga de rotura, de modo que MSL = 0.3 · BL = 0.3 · d · d · 50 = d^2 · 15 (kN si d en cm y daN si d en mm).

Tómese como ejemplo el cable de la figura 8.9, con un diámetro de 10 mm. Si se considera que es nuevo, los valores de carga de rotura y de carga máxima de sujeción son los siguientes:

- BL = d · d · 50 = 10 · 10 · 50 = 5000 daN.
- MSL = 0.8 · BL = 4000 daN.

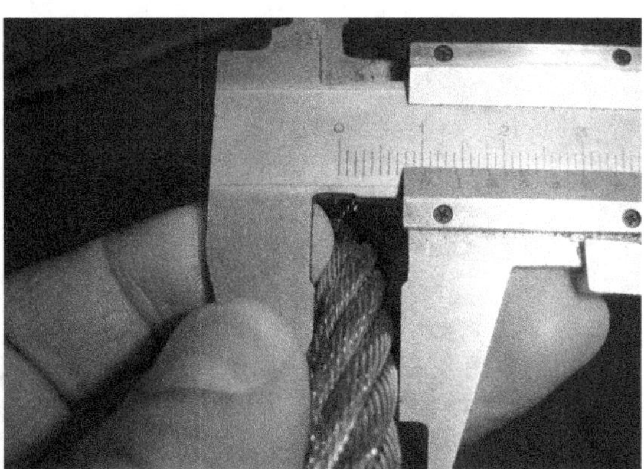

Figura 8.9
Cable de acero de 10 mm de diámetro.

Variación de la carga máxima de sujeción de los cables de acero									
D/d	0.5	1.0	1.5	2.0	2.5	3.0	3.5	4.0	4.5	5.0
MSL nominal (%)	50	65	72	76	81	85	89	93	96	100

Tabla 8.3. Variación de la carga máxima de sujeción de los cables de acero
con la curvatura de los puntos de amarre.

Conviene tener en cuenta que la carga de rotura de los cables de acero se ve disminuida al bordear puntos de amarre con una curvatura muy cerrada. El motivo es que parte de los alambres del cable se aplastan al doblarlo, lo que reduce la sección efectiva y la resistencia a la tracción ya que también actúan esfuerzos de corte. Si el apoyo es sobre aristas vivas que no han sido protegidas con protectores redondeados y el cable gira 180° sobre ellas, la carga de rotura puede disminuir hasta el 25 % de la nominal.

En la tabla 8.3 se indica la carga máxima de sujeción real como un porcentaje de la nominal sobre la base de la relación D/d, donde D es el diámetro del punto de amarre y d, el diámetro del cable.

En la figura 8.10, el cable, de 10 mm de diámetro, pasa por una barra redonda de 20 mm de diámetro (círculo). Esto implica una relación $D/d = 20/10 = 2$, de manera que la carga máxima de sujeción real es del 76 % de la nominal (véase la tabla 8.3). Además, hay puntos del cable (rombos) que bordean aristas vivas sin protección, lo que reduce aún más la carga máxima de sujeción (se trata de curvaturas abiertas de 90° o más; si se tratase de curvaturas de 180°, la reducción alcanzaría hasta el 25 %).

Figura 8.10
Trincaje con cable de acero de
10 mm de diámetro.

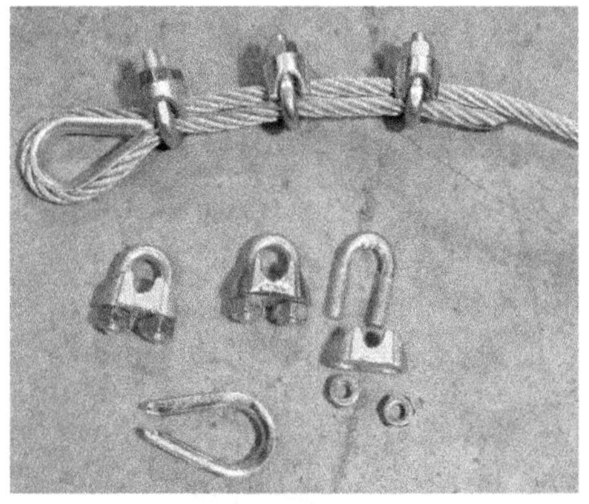

Figura 8.11. Gaza formada con sujetacables
y guardacabos.

Figura 8.12. Colocación de sujetacables
en un cable.

Para formar un conjunto de amarre con cables, estos han de acoplarse a otros elementos como grilletes, tensores, anillas de amarre, etc. En la figura 8.10 puede verse un cable unido a la anilla o cáncamo de un tensor mediante una gaza con casquillo metálico a presión (cuadro inferior) y una unión mediante sujetacables o perrillos (cuadro superior). Los acoplamientos del primer tipo vienen dispuestos por la empresa fabricante o distribuidora, mientras que los segundos se efectúan durante el procedimiento de trincaje.

En la figura 8.11 se aprecia con mayor detalle el montaje de una gaza de cable de acero con sujetacables, a la que se ha añadido un guardacabos (abajo) para proteger el cable y conseguir la curvatura idónea en la gaza. Los sujetacables deben corresponderse con el diámetro del cable; de lo contrario, no ejercen la sujeción adecuada. Estos dispositivos han de colocarse de modo que su mordaza abrace el extremo libre del cable, como se muestra en la figura 8.12.

Los sujetacables deben situarse a una distancia de entre 6 y 8 veces el diámetro del cable (por ejemplo, en un cable de 10 mm, entre 6 y 8 cm) de acuerdo con un número mínimo:

- Cable de 5 a 12 mm de diámetro: 3 sujetacables.
- Cable de 12 a 20 mm de diámetro: 4 sujetacables.
- Cable de 20 a 25 mm de diámetro: 5 sujetacables.
- Cable de 25 a 35 mm de diámetro: 6 sujetacables.
- Cable de 35 a 50 mm de diámetro: 7 sujetacables.

En caso de colocar menos dispositivos de los indicados, la carga máxima de sujeción se reduce de manera proporcional. Por ejemplo, si a un cable de 16 mm

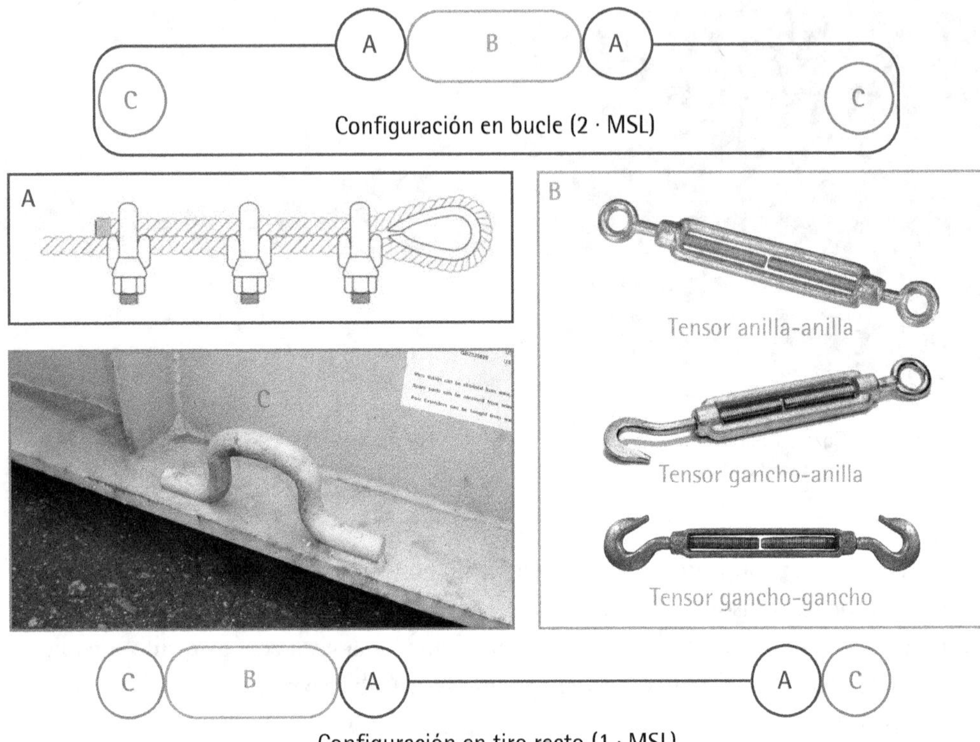

Figura 8.13. Configuraciones habituales de amarre con cable de acero.

se le coloca un solo sujetacables o perrillo, la carga máxima de sujeción real es del 25 % de la nominal; si se disponen dos perrillos, del 50 %, etc. Por consiguiente, el 100 % de la carga máxima de sujeción solo se alcanza con cuatro perrillos, que es el número mínimo establecido para dicho diámetro.

En la figura 8.13 se ilustran esquemáticamente las dos configuraciones habituales de amarre con cable: el amarre en bucle y el amarre directo recto o en tiro recto. El primero proporciona el doble de la carga máxima de sujeción (como ocurre en la figura 8.10, donde el cable pasa por una anilla y rodea toda la carga),[12] mientras que el segundo ofrece simplemente la carga máxima de sujeción del cable. Nótese que la letra *C* puede representar la anilla de amarre del contenedor o de la carga, o bien la propia carga.

....

[12] No se consideran las pérdidas de carga máxima de sujeción por apoyo en aristas vivas; se indica única-mente la carga máxima de sujeción nominal de la configuración de amarre.

Recomendaciones de uso de los cables de acero

- Comprobar que los cables no están deteriorados ni rotos, y desechar la eslinga en caso de detectar cualquier defecto.
- Elegir el cable con la carga máxima de sujeción adecuada para la carga.
- Tener en cuenta los ángulos de amarre.
- Comprobar que la eslinga de cable no está retorcida.
- Proteger la eslinga contra aristas vivas.
- En el caso de los cables usados, comprobar que el desgaste no supera el 10 % del diámetro nominal *(d)* y que no hay más de seis alambres rotos aleatoriamente en una longitud de 6 · *d* o bien de catorce en una longitud de 30 · *d*.

2.2.2 Grilletes y tensores

Los dos principales tipos de grilletes son el lira y el recto (véase la tabla 8.4). Además de usarse como elementos auxiliares en elevación, los grilletes sirven como instrumentos de conexión de las gazas de las eslingas de cable o cadena a los puntos

Tipos de grilletes		
Tipo de perno	Grillete lira	Grillete recto
Perno y grillete roscados		
Perno liso con pasador		
Perno roscado con tuerca y pasador de seguridad		

Tabla 8.4. Tipos de grilletes.

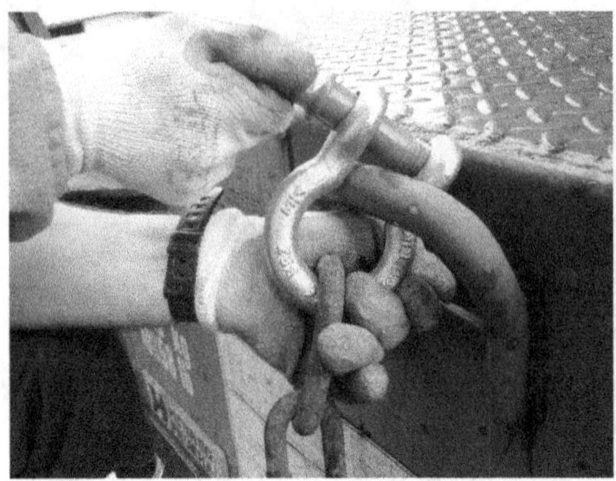

Figura 8.14. Fijación de cadenas a puntos de amarre mediante grilletes.

de amarre del contenedor (véase la figura 8.14). El grillete lira permite unir varios ramales, mientras que con el recto solo es posible hacerlo con uno, de ahí que el primero se use con mayor frecuencia.

La carga de rotura de un grillete puede calcularse con una regla general mediante la fórmula siguiente, donde d es el diámetro del perno o bulón:

- BL (kN) = d (cm) · d (cm) · 20.
- BL (daN) = d (mm) · d (mm) · 20.

La tabla 8.2 establece una carga máxima de sujeción del 50 % de la carga de rotura para los grilletes; por tanto, MSL = 0.5 · BL = 0.5 · d · d · 20 = d^2 · 10 (kN si d en cm y daN si d en mm). Así, de acuerdo con la regla general, la carga máxima de sujeción de un grillete con un diámetro de 22 mm como el de la figura 8.2 se expresa como sigue: MSL = 22^2 · 10 = 4840 daN.

Nótese que, en el ejemplo de la figura 8.2, el grillete cuenta en realidad con una carga máxima de sujeción de 11 875 kgf (11 649 daN), que es más del doble del calculado por la regla general. El motivo estriba en que la regla general basa el cálculo en el uso de un acero con una resistencia a la tracción de entre 40 y 50 kN/cm², mientras que este grillete está fabricado con acero de alta resistencia que supera incluso los 100 kN/cm². Por todo ello resulta imprescindible tomar los datos técnicos proporcionados por la empresa fabricante o distribuidora.

En cuanto a los tensores de trincaje utilizados para el amarre con cable, los más frecuentes son el anilla-anilla (véase la figura 8.13) y el D-D (véase la figura 8.15). Los tensores que terminan en gancho tienen menor resistencia para el mismo diámetro de rosca.

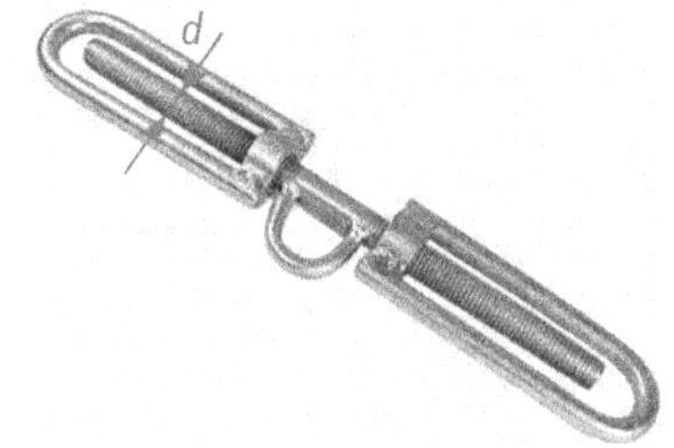

Figura 8.15
Tensor de trincaje D-D.

La regla general que aplica a los tensores anilla-anilla o D-D es la misma que la de los grilletes, donde d es el diámetro exterior de la rosca del tensor (véase la figura 8.15). Por ejemplo, la carga máxima de sujeción de un tensor con una rosca métrica M22 (7/8″) cuyo diámetro exterior es de 22 mm se expresa como sigue: $MSL = 22^2 \cdot 10 = 4840$ daN.

Recomendaciones de uso de los grilletes y tensores

- Comprobar que el cuerpo del grillete o tensor y sus elementos roscados (perno o varilla, respectivamente) se corresponden (misma medida, tipo y fabricante).
- Comprobar que no presentan deformaciones o fisuras.
- Elegir el grillete o tensor con la carga máxima de sujeción adecuada para la carga.
- Verificar que no hay un desgaste superior al 10 % en cualquier dimensión.
- Comprobar el correcto estado de las roscas.
- Verificar que no se observa corrosión en ninguna de sus partes.

2.2.3 Cadenas de trincaje

Existen básicamente dos tipos de cadenas de trincaje: las de eslabón largo y las de eslabón corto. Para tensar las de eslabón largo suelen usarse tensores de palanca (véase la figura 8.16), mientras que con las de eslabón corto lo habitual es emplear tensores roscados (véase la figura 8.17).

La carga máxima de sujeción de los tensores de palanca debe consultarse en la ficha técnica del material; la de los tensores roscados puede obtenerse mediante la misma regla general aplicada a los tensores de cable (véase el apartado 2.2.2).

Figura 8.16. Cadena de trincaje de eslabón largo con tensor de palanca.

Figura 8.17. Cadena de trincaje de eslabón corto con tensor roscado.

En la figura 8.18 se ilustra el montaje de un tensor de palanca, que debe formar con la cadena un ángulo inferior a 90° (el ángulo ideal de montaje es de 45°).

Dado que hay cadenas fabricadas con muchos tipos de acero, resulta difícil establecer una regla general para el cálculo de la carga de rotura y de la carga máxima de sujeción, por lo que se debe recurrir a la ficha técnica del material. Aun así, se proporciona a continuación una regla de cálculo general para cadenas de alta resistencia fabricadas en acero de grado 80, donde d es el diámetro de la sección del eslabón de la cadena:

- BL (kN) = d (cm) · d (cm) · 120.
- BL (daN) = d (mm) · d (mm) · 120.

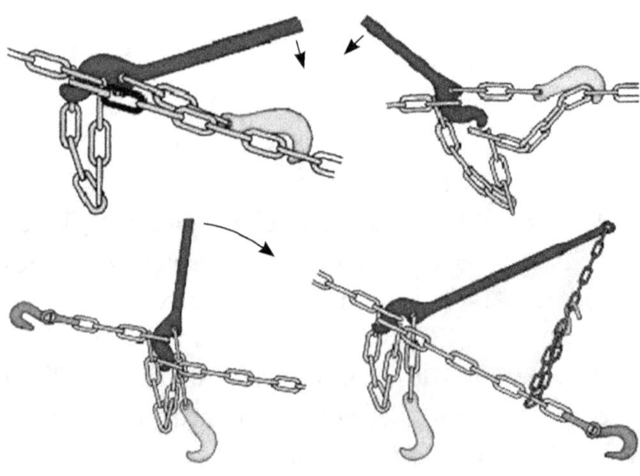

Figura 8.18
Montaje de un tensor de palanca en cuatro pasos, de arriba abajo y de izquierda a derecha.

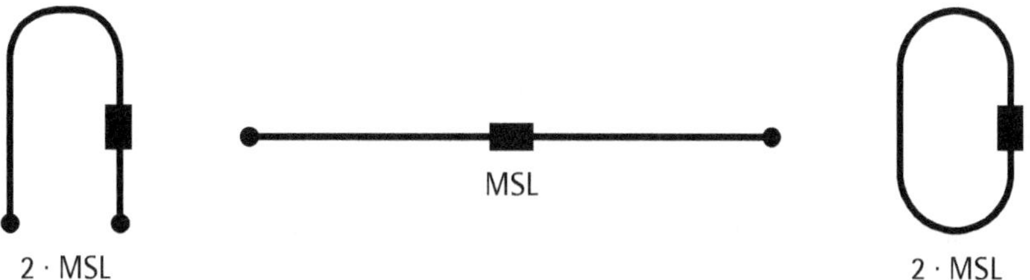

Figura 8.19. Configuración del sistema de amarre.

La tabla 8.2 establece una carga máxima de sujeción del 50 % de la carga de rotura para las cadenas de trincaje; por tanto, MSL = 0.5 · BL = 0.5 · d · d · 120 = d^2 · 60 (kN si d en cm y daN si d en mm). Así, la carga máxima de sujeción de una cadena de 8 mm es de 8^2 · 60 = 3840 daN, y la de una cadena de 13 mm, de 13^2 · 60 = 10 140 daN.

En función de la configuración del sistema de amarre, la carga máxima de sujeción puede ser simple o doble (tanto con cadena como con cable y cinta textil) (véase la figura 8.19).

Por ejemplo, en las figuras 8.16 y 8.17 se observan amarres directos con cadenas de 13 y 8 mm, respectivamente, cuya carga máxima de sujeción es de alrededor de 10 000 daN en la de 13 mm y de 4000 daN en la de 8 mm. En estos casos, la configuración en amarre directo proporciona simplemente la carga máxima de sujeción del sistema de amarre (véase la figura 8.19, centro). En la figura 8.20, en cambio, se muestra un montaje en bucle cuya carga máxima de sujeción duplica la del amarre directo (véase la figura 8.19, izquierda). Esto significa que, en dichas cadenas de 13 mm, la carga máxima de sujeción es de 20 000 daN por cada cadena montada.

Figura 8.20
Sistema de cadena montado en bucle.

A priori no resulta lógico usar una cadena con una carga máxima de sujeción de 10 000 daN en un contenedor plataforma como el de la figura 8.20, en el que las anillas de amarre tienen una carga máxima de sujeción de 6000 daN, ya que lo adecuado es homogeneizar el amarre con elementos de la misma carga máxima de sujeción. No obstante, al igual que ocurre con el cable, si la cadena no trabaja a tracción pura y sus eslabones lo hacen a flexión o a esfuerzo cortante (como sucede en el amarre a la orejeta de la pieza de la figura 8.16 o en el apoyo de la cadena contra el canto del suelo del contenedor de las figuras 8.16 y 8.20), su carga máxima de sujeción real no coincide con la nominal, y conviene aplicar un coeficiente de seguridad (SF) como sigue: MSL real = MSL nominal/SF. En la práctica, el coeficiente de seguridad es de 1.5; así pues, en este ejemplo, MSL real = 10 000 daN/1.5 = 6667 daN, que es aproximadamente el de la anilla de amarre.

Recomendaciones de uso de las cadenas de trincaje

- Comprobar que los eslabones (diámetro) no tienen un desgaste superior al 10 %.
- Comprobar que el alargamiento de los eslabones (longitud) no es superior al 5 %.
- Comprobar que no hay eslabones doblados, agrietados o retorcidos. En caso de haberlos, desechar la cadena.
- Elegir la cadena con la carga máxima de sujeción adecuada para la carga.
- Tener en cuenta los ángulos de amarre.
- Procurar que los eslabones y ganchos trabajen a tracción en su posición natural y comprobar que la cadena no está retorcida.
- Verificar que no se observa corrosión en los eslabones.

2.2.4   *Cintas textiles de amarre*

La cinta textil de amarre, también conocida como *banda* o *fleje textil*, es el material de amarre más económico, así como el más ergonómico, pues el bajo peso de sus componentes ahorra esfuerzos físicos importantes por parte del personal operario. Si bien su resistencia a la tracción es equivalente a la del acero, tiene una resistencia al corte excesivamente baja, lo que limita su uso en determinadas situaciones.

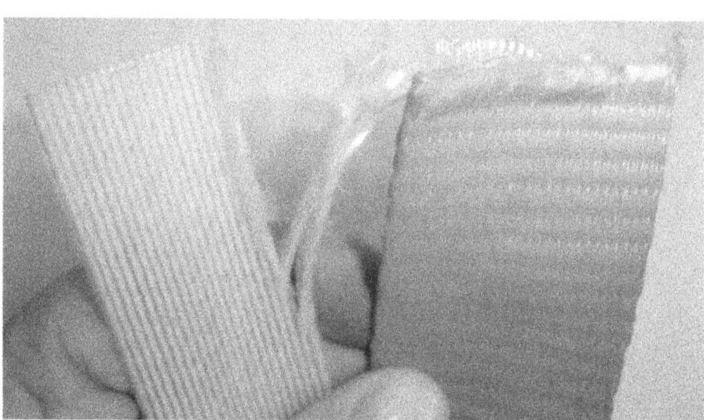

Figura 8.21
Fleje compuesto (izquierda) y cinta
tejida (derecha).

No existe una regla general para el cálculo de la carga máxima de sujeción de las cintas textiles de amarre, que debe obtenerse de la ficha técnica o la etiqueta del material. Nótese que en ellas figura a menudo la expresión LC *(lashing capacity* o capacidad de amarre) en lugar de MSL, si bien ambas expresiones son equivalentes. En caso de conocer la carga de rotura, el Código CSS establece una carga máxima de sujeción del 50 % de esta.

En cuanto a la composición de estos materiales de amarre, existen básicamente dos tipos[13] (véase la figura 8.21):

- *Fleje compuesto.* Se compone de grupos de hilos (cordones) de poliéster de elevada resistencia integrados en una matriz de polímero.
- *Cinta tejida.* Se fabrica habitualmente con hilos de poliéster de alta resistencia entrelazados en una estructura similar a la que forma una tela.

El montaje de las cintas textiles de amarre se efectúa fundamentalmente mediante dos sistemas:

- Sistema con tensor de carraca o trinquete que forma parte del propio sistema de amarre (véase la figura 8.22).
- Sistema de hebilla con tensor independiente, en los que el tensor (manual o neumático) se usa como herramienta de montaje pero no forma parte del sistema (véase la figura 8.23).

---

[13] También existe en el mercado una cinta adhesiva de 40 cm de anchura y multifilamentos de alta resistencia, conocida como *ty-gard,* especialmente concebida para aplicaciones de trincaje de mercancías peligrosas.

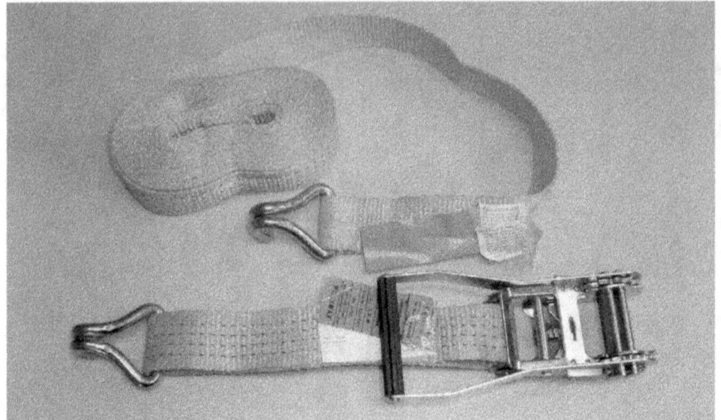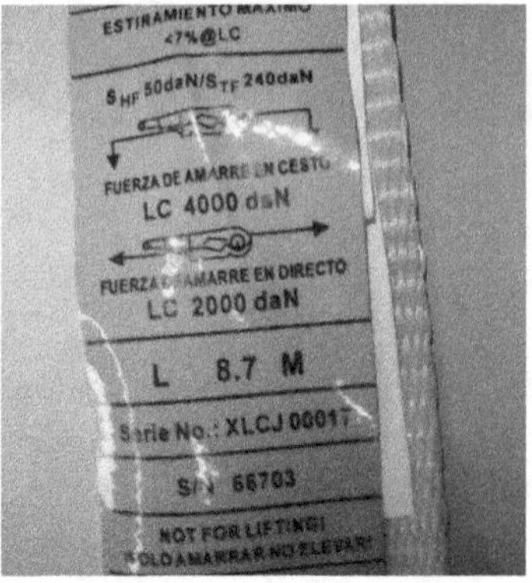

Figura 8.22. Sistema de amarre de cinta tejida con trinquete.

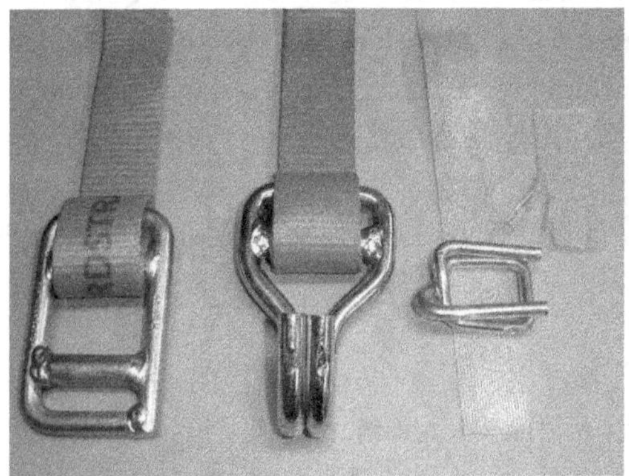

Figura 8.23. Sistemas de amarre de hebilla (izquierda) y tensor neumático (derecha).

En la figura 8.22 (derecha) se aprecia el detalle de la etiqueta de un sistema de amarre de cinta, en la que se indica la carga máxima de sujeción en bucle (en cesto) (4000 daN) y en tiro directo (2000 daN). En ella puede comprobarse que se cumple lo expuesto respecto a la configuración del sistema de amarre ilustrada en la figura 8.19. Por otra parte, las expresiones S_{HF} *(standard hand force* o fuerza manual estándar) 50 daN y S_{TF} *(standard tension force* o fuerza tensional estándar) 240 daN indican que, al aplicar en el tensor una fuerza manual estándar de 50 daN, el personal operario es capaz de crear en el sistema una tensión estándar de amarre o pretensado de 240 daN.

En la figura 8.24 se muestran unos ejes trincados con cinta textil en un contenedor plataforma. De derecha a izquierda pueden verse dos sistemas de trinquete montados en bucle y un sistema de hebilla dispuesto de igual modo. Para proteger

Figura 8.24
Amarre con cinta textil
en un contenedor plataforma.

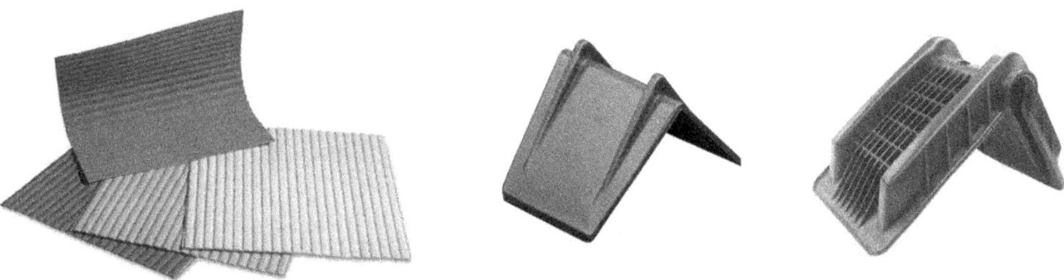

Figura 8.25. Cantoneras y plástico de protección anticortes.

la cinta de los esfuerzos cortantes, cuando esta se apoya en cantos vivos no redondeados, se usan cantoneras o plásticos de alta resistencia (véase la figura 8.25), como ocurre con la protección del sistema de hebilla que se señala en la figura 8.24.

Recomendaciones de uso de las cintas textiles de amarre

- Elegir la cinta con la carga máxima de sujeción adecuada para la carga.
- Tener en cuenta los ángulos de amarre.
- Proteger la cinta de aristas cortantes.
- No hacer nudos.
- Remplazar la cinta si se presenta rozada, deshilachada, parcialmente cortada, etc.
- Evitar el contacto del material con productos químicos, grasas y aceites.

2.2.5 Otros materiales de amarre

Además de los cables, las cadenas y las cintas textiles, existen otros materiales de amarre como el fleje de acero y la cordelería (fabricada básicamente con fibras naturales, polipropileno, poliéster y poliamida). No obstante, las aplicaciones de trincaje de estos materiales son muy escasas, por lo que no se describen en esta obra.[14]

2.3 Materiales de bloqueo

En este apartado se describen los materiales usados con mayor frecuencia en las técnicas de trincaje por bloqueo: los topes de bloqueo, los materiales de apuntalamiento y los materiales de relleno.

2.3.1 Topes de bloqueo

Los topes de bloqueo evitan el deslizamiento de la mercancía en la unidad de transporte de carga (UTC) y suelen emplearse como material complementario al de trincaje por amarre. No obstante, conviene tener en cuenta que algunas compañías navieras y de alquiler de contenedores no permiten clavar ni soldar topes de bloqueo en el suelo de sus contenedores, motivo por el cual es necesario consultar este aspecto con la naviera o arrendataria antes de proceder a dicha técnica.

Estos materiales de bloqueo consisten básicamente en cuñas de madera, que pueden diseñarse para bloquear cargas cilíndricas o prismáticas (véase la figura 8.26), y en topes de acero soldados.

A la hora de diseñar cuñas de madera para bloquear la carga deben tenerse en cuenta los siguientes aspectos, ilustrados en la figura 8.26:

- Los clavos, para ejercer una resistencia adecuada, deben clavarse por el lado de la veta de la madera *(V)* y penetrar como mínimo 50 mm en el tope y 40 mm en el suelo.[15]

---

[14] Para obtener más información acerca de otros materiales de amarre, véase el Código CTU o el Container Handbook.

[15] Dado que el suelo de los contenedores estándares suele tener 28 mm de espesor, esta regla solo es aplicable a los contenedores plataforma, cuyo espesor de suelo supera los 40 mm.

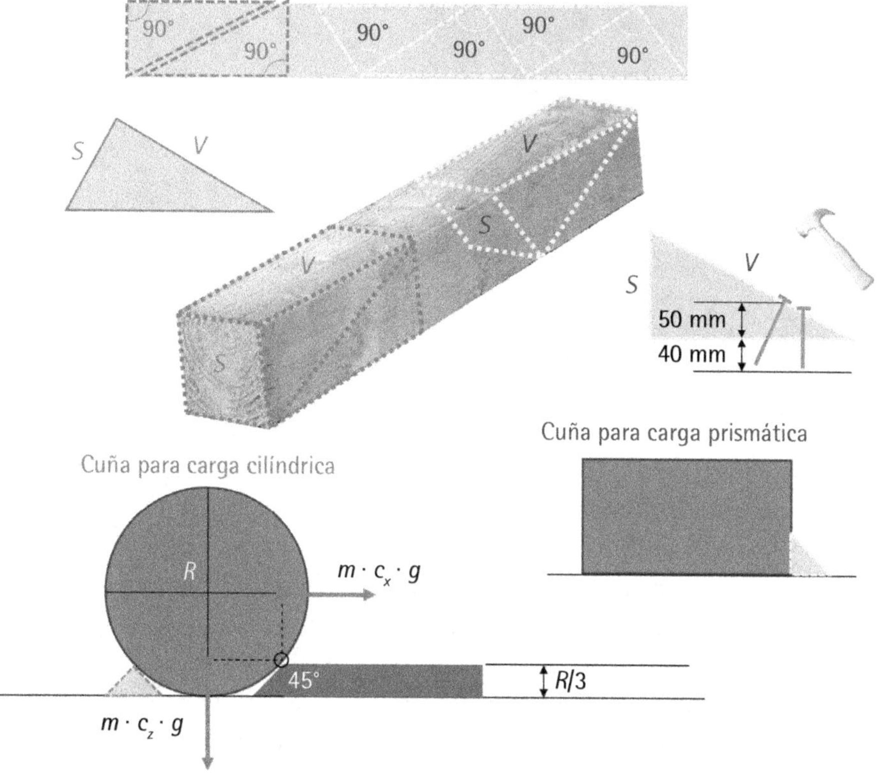

Figura 8.26. **Cuñas de bloqueo de madera y patrones de corte de cuñas para cargas cilíndricas (izquierda) y prismáticas (derecha).**

- En cargas cilíndricas, el lado de ataque de la cuña a la pieza debe ser inclinado, preferentemente entre 30° y 45°.
- Para bloquear longitudinalmente una carga cilíndrica, sin otro sistema de amarre complementario, en transporte terrestre $(c_x = c_z = 1)$ es necesaria una cuña con 45° de inclinación de una altura mínima de $R/3$, donde R es el radio de la carga. En caso de que se usen otros sistemas de amarre, es suficiente un bloqueo con cuñas de hasta 20 cm de altura.
- En cargas prismáticas, el lado de ataque de la cuña a la pieza debe ser recto (90°). Si se usa un tablón como tope de bloqueo, para cumplir con el requisito de resistencia del clavado ha de tener una altura mínima de 50 mm.

Como referencia sobre la fuerza de bloqueo, nótese que un clavo de acero de 5 mm de espesor que penetra al menos 50 mm en la cuña y 40 mm en el suelo de la UTC ejerce una fuerza de bloqueo de 100 daN.

Figura 8.27
Tope de acero soldado en un contenedor plataforma.

En cuanto a los topes de acero soldados, hay que tomar en consideración la resistencia tanto de la soldadura como del tope. Se estima –de acuerdo con el Container Handbook– que un centímetro de cordón de soldadura de 4 mm de espesor (una capa) ejerce una resistencia al esfuerzo cortante de 400 daN, y un centímetro de un cordón de 10 mm de espesor (3 capas), de 1000 daN.

La resistencia de cada tope depende del tipo de acero y de su geometría, dato que debe ser calculado o solicitado a la empresa proveedora. Por ejemplo, el tope de la figura 8.27 (un ángulo de 100 × 100 × 100 mm y 10 mm de espesor), que hace contacto con la pieza hasta una altura de 50 mm, ejerce una fuerza de bloqueo longitudinal de alrededor de 3000 daN, supuesta una fuerza de acción ejercida por la pieza a 25 mm de altura (por encima de 3000 daN, el tope se colapsaría por flexión). En cambio, si se tratase de una viga en T como la que se representa superpuesta en la figura, el colapso tanto por flexión como por cizalladura o compresión se produciría bajo una fuerza de alrededor de 30 000 daN. En este último caso, lo importante sería que la soldadura fuese tan resistente como el tope, y al bordear el perímetro de este con un cordón de 10 mm de espesor y 30 cm de longitud se conseguiría esa misma resistencia (30 cm · 1000 daN/cm = 30 000 daN).

2.3.2　Madera de estiba y otros materiales de apuntalamiento

La madera de estiba más utilizada para el trincaje es la de coníferas como el pino y el abeto, y la operación realizada con ella para que la carga no se desplace en la UTC se denomina *apuntalamiento* o *arriostramiento*.

Según el Código CTU de 2014, la carga máxima de sujeción en la madera de baja calidad es de 0.3 kN/cm^2 o 30 daN/cm^2 para la compresión perpendicular a la veta y de 2 kN/cm² o 200 daN/cm² para la compresión paralela a la veta. Como se indica en el apartado 2.3.1, la resistencia del clavado es mayor en el perpendicular a la veta que en el paralelo a la veta (véase la figura 8.28, izquierda).

Como se ilustra en la figura 8.28 (derecha), un puntal de madera de 10 × 10 cm, sobre la base únicamente de su resistencia a la compresión, puede transmitir una fuerza en dirección paralela a su veta de 100 cm² · 200 daN/cm² = 20 000 daN,[16] mientras que la fuerza que puede recibir en dirección perpendicular a su veta, suponiendo que otro puntal de idénticas dimensiones se apoye en él como se indica en línea discontinua, es de 3000 daN.[17]

El anexo 7 del Código CTU de 2014 ofrece un análisis más detallado sobre el trincaje por apuntalamiento con madera.

El bloqueo de la carga por apuntalamiento también puede efectuarse mediante barras de trincaje, que se sitúan haciendo presión entre el techo y el suelo de la UTC o bien entre sus paredes laterales (véase la figura 8.29, izquierda). No obstante, dado que su carga máxima de sujeción oscila entre 150 y 500 daN, estos materiales se usan únicamente para bloquear cargas ligeras en furgonetas y camiones de reparto.

También existen puntales plásticos regulables en longitud, conocidos como *void--gards* (véase la figura 8.29, derecha), comercializados en modelos estándares y de gran tamaño (XL). A título orientativo, la carga de rotura de estos últimos es de 3000 daN; con todo, al tratarse de productos relativamente nuevos, su factor de seguridad no está regulado por los códigos CSS ni CTU. Aun así, sobre la base de criterios similares

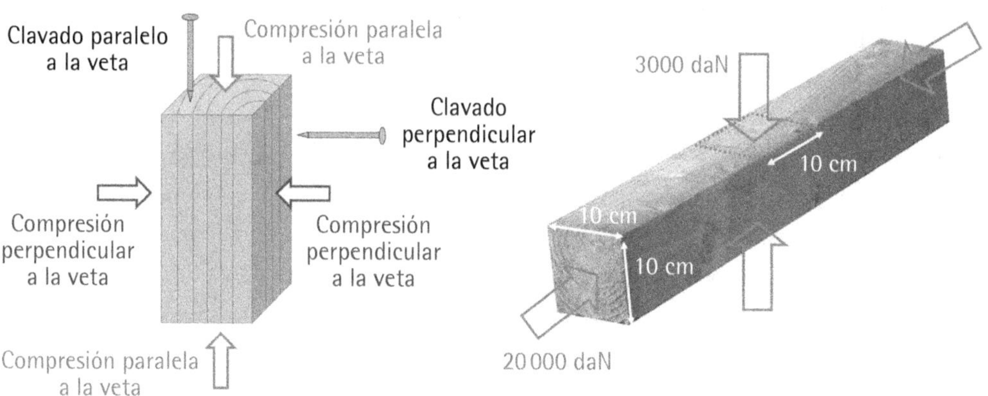

Figura 8.28. Esfuerzos en la madera (izquierda) y resistencia de un puntal de madera de 10 × 10 cm (derecha).

---

[16] 10 000 daN si se toma como referencia el Container Handbook.
[17] 5000 daN si se trata de madera de calidad media, según el Código CTU de 2014.

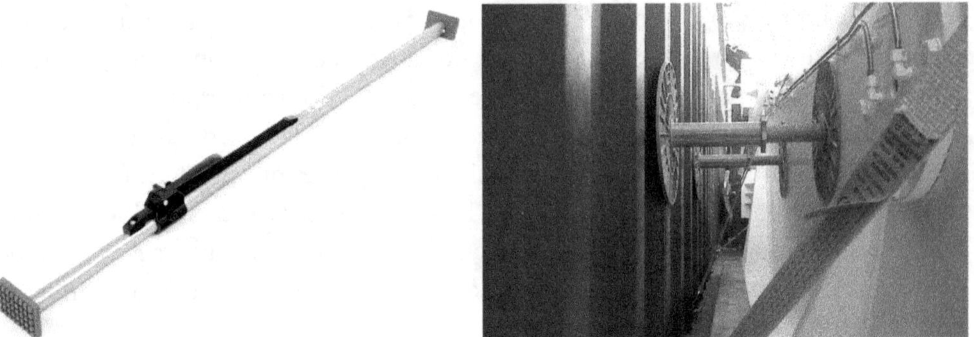

Figura 8.29. Barra de trincaje (izquierda) y puntales plásticos (derecha).

aplicados a otro tipo de materiales, es posible establecer una carga máxima de sujeción del 50 % de la carga de rotura y utilizar estos puntales para cargas de 1500 daN.

2.3.3   Materiales de relleno

Como materiales de relleno para pequeños huecos se usan bolsas hinchables, palés puestos de canto, cartón nido de abeja, corcho blanco, etc. Los más versátiles son las bolsas hinchables, consistentes en una bolsa interior de polietileno forrada exteriormente con papel de estraza o kraft o bien con polipropileno (rafia). Las primeras se definen por el número de hojas, y las segundas, por su nivel de resistencia.

El Código CTU de 2014 establece una carga máxima de sujeción del 75 % de la presión de rotura (p_r) para las bolsas de un solo uso y del 50 % para las bolsas reutilizables; no obstante, las fichas técnicas de estos materiales indican una presión de trabajo (p_t) calculada con un coeficiente de seguridad 3 (equivalente a una carga máxima de sujeción del 33 % de la presión de rotura). En estas fichas, la empresa fabricante proporciona tanto la presión de trabajo como la de rotura, ambas medidas en bares.[18] A título de ejemplo, se indican a continuación los valores obtenidos de una ficha técnica de una bolsa de rafia para distintos niveles de resistencia:

- **Nivel 1**
    - Presión de rotura: 0.6 bar / SF = 3.
    - Presión de trabajo: 0.2 bar.

----

[18] 1 bar = 100 000 Pa = 100 kPa = 100 kN/m² = 1.02 kgf/cm² = 1.02 kp/cm².

- **Nivel 2**
  - Presión de rotura: 1.2 bar / SF = 3.
  - Presión de trabajo: 0.4 bar.

- **Nivel 3**
  - Presión de rotura = 1.8 bar / SF = 3.
  - Presión de trabajo = 0.6 bar.

Para determinar la fuerza que es capaz de bloquear una bolsa debe partirse de la fórmula $p = F/S$, donde p es la presión, F la fuerza y S la superficie de contacto; de ella se deduce que $F = p \cdot S$. La superficie de contacto, de acuerdo con el apéndice 4 del anexo 7 del Código CTU de 2014 (véase el apartado 5.1), viene determinada por la siguiente fórmula, donde b es la anchura de la bolsa hinchable, h su altura y d la anchura del hueco:

$$S = \left(b - \pi \cdot \frac{d}{2} \right) \cdot \left(h - \pi \cdot \frac{d}{2} \right)$$

Por ejemplo, supóngase que en un contenedor estándar de 20′ se ha cargado un bloque de granito que deja un hueco de 0.4 m y que, para rellenarlo, se han colocado tres bolsas de nivel 3 y de medidas 2.1 × 1.2 m en cada lateral[19] (véase la figura 8.30). En este caso, la superficie de contacto de cada bolsa es S = (1.2 m − 3.14 · 0.2 m) · (2.1 m − 3.14 · 0.2 m) = 0.84 m², y la fuerza de bloqueo, 0.6 · 100 000 N/m² · 0.84 m² = 5040 daN si se considera el coeficiente de seguridad de la ficha técnica y 1.35 · 100 000 N/m² · 0.84 m² = 11 340 daN según el criterio establecido por el Código CTU de 2014 para una bolsa de un solo uso, donde p_t = 75 % p_r (75 % de 1.8 bar = 1.35 bar). Puesto que se han instalado tres bolsas por cada lado, la fuerza de bloqueo lateral es, según el Código CTU de 2014, de 3 · 11 340 daN = 34 020 daN, que equivale a bloquear una masa de 34 678 kg sometida a una aceleración de 1g.

Conviene tener en cuenta que al colocar bolsas hinchables es de suma importancia protegerlas de cualquier arista o punta que las pueda cortar o pinchar. Aunque

....

[19] En este ejemplo, a efectos de cálculo, considérese que la altura del bloque y la de la bolsa son similares. En realidad, en la figura 8.30 se observa que la bolsa es un poco más alta que el bloque, de modo que la fórmula de cálculo de la superficie no es precisa y habría que corregirla valorando la superficie real de contacto.

Figura 8.30
Bolsas hinchables colocadas en los laterales
de la carga.

en la figura 8.30 no se aprecia, entre el bloque de granito y la bolsa hay un panel de protección que evita que la bolsa pueda pincharse con los salientes de la piedra.

3 Fuerza de rozamiento

La fuerza de rozamiento (F_R) es la que evita de manera natural que las cargas puedan deslizarse sobre el suelo del contenedor o sobre otras cargas. Para calcular dicha fuerza, que depende del tipo de materiales en contacto y de la fuerza normal (F_N) que actúa entre ellos, es necesario conocer los coeficientes de rozamiento (μ) establecidos por la Organización Marítima Internacional (OMI), por cuanto $F_R = \mu \cdot F_N$. No obstante, al proceder al cálculo de la fuerza de rozamiento conviene tener en cuenta que dichos coeficientes no son completamente homogéneos en los tres códigos de aplicación (CSS,[20] CTU 1997 y CTU 2014).

En condiciones estáticas, cuando la carga aún no ha comenzado a deslizarse, se utiliza el coeficiente de rozamiento estático (μ_e), mientras que en condiciones dinámicas, una vez que la carga ha empezado a deslizarse, el coeficiente de rozamiento usado es el dinámico (μ_d). En las tablas 8.5 y 8.6 se detallan algunos de los coeficientes de rozamiento estático propuestos en las versiones de 1997 y 2014 del Código CTU, respectivamente. En cuanto al coeficiente de rozamiento dinámico,

----

[20] El Código CSS propone dos métodos de cálculo: uno avanzado y otro empírico (véase el apartado 4.2.1.2 del capítulo 5). En el primero establece unos coeficientes de rozamiento de 0.4 para madera-madera (seca o mojada), 0.3 para acero-madera o acero-caucho, 0.1 para acero-acero seco y 0.0 para acero-acero mojado, mientras que en el segundo no se considera la fuerza de rozamiento.

Coeficientes de rozamiento estático (CTU 1997)	
Materiales en contacto[21]	μ_e
Madera aserrada o palé de madera sobre suelo de madera/contrachapado	0.5
Madera aserrada o palé de madera sobre suelo de aluminio acanalado	0.4
Madera aserrada o palé de madera sobre suelo de acero	0.4
Madera aserrada o palé de madera sobre film plástico	0.3
Cartón sobre cartón	0.5
Cartón sobre palé de madera o suelo de madera/contrachapado	0.5
Acero liso o rugoso, pintado o sin pintar sobre madera aserrada	0.5
Acero rugoso sin pintar sobre acero rugoso sin pintar	0.4
Acero rugoso pintado sobre acero rugoso pintado	0.3
Bidón de acero pintado sobre bidón de acero pintado	0.2

Tabla 8.5. Coeficientes de rozamiento estático según el Código CTU de 1997.

el Código CTU de 1997 lo establece como el 70 % del estático $(\mu_d = 0.7 \cdot \mu_e)$, mientras que el de 2014 lo calcula como el 75 % de este $(\mu_d = 0.75 \cdot \mu_e)$. Asimismo, la OMI aplica el coeficiente de rozamiento dinámico en aquellas técnicas de amarre (directo, en bucle y de tirantes) en que la carga puede moverse ligeramente debido a la elasticidad del material empleado.

Para proceder a la técnica de trincaje consistente en el incremento de la fuerza de rozamiento se usan materiales con un coeficiente de rozamiento muy alto que, situados entre la mercancía y el suelo del contenedor, impiden que esta pueda deslizarse fácilmente, como las esterillas antideslizantes. En la figura 8.31 se muestra una carga de acero liso pintado sobre suelo mixto de acero liso pintado (en los extremos) y madera (en la parte central) en la que se ha colocado una esterilla antideslizante para conseguir un coeficiente de rozamiento estático de 0.6.

---

[21] Los valores de la tabla serán válidos si las superficies en contacto están secas, limpias y libres de escarcha, hielo o nieve. Cuando en la tabla no aparezca el coeficiente de rozamiento de dos superficies determinadas en contacto o no se pueda verificar dicho coeficiente por otra vía, el máximo coeficiente de rozamiento será de 0.3. Este coeficiente máximo también será usado para contenedores abiertos en los que las superficies puedan mojarse durante el transporte, como es el caso de los contenedores de techo abierto cuando viajan sin toldo y los contenedores plataforma.

Coeficientes de rozamiento estático (CTU 2014)		
Materiales en contacto[22]	**μ_e**	
	Seco	**Mojado**
Madera aserrada o palé de madera sobre suelo de madera/contrachapado	0.45	0.45
Madera aserrada o palé de madera sobre suelo de aluminio acanalado	0.40	0.40
Madera aserrada o palé de madera sobre suelo de acero	0.30	0.30
Madera aserrada o palé de madera sobre film plástico	0.30	0.30
Cartón sobre cartón	0.50	–
Cartón sobre palé de madera o suelo de madera/contrachapado	0.50	–
Jaula de acero sobre madera aserrada/contrachapado	0.45	0.45
Acero rugoso sin pintar sobre acero rugoso sin pintar	0.40	–
Acero rugoso pintado sobre acero rugoso pintado	0.30	–
Acero liso pintado sobre acero liso pintado	0.20	–
Piedra u hormigón rugoso sobre madera aserrada	0.70	0.70
Esterilla antideslizante de caucho sobre cualquier material	0.60	0.60

Tabla 8.6. Coeficientes de rozamiento estático según el Código CTU de 2014.

Figura 8.31
Esterilla antideslizante bajo una carga trincada
en contenedor.

---

[22] Los valores de la tabla serán válidos si las superficies han sido barridas y se encuentran limpias. Cuando en la tabla no aparezca el coeficiente de rozamiento de dos superficies determinadas en contacto o no se pueda verificar dicho coeficiente por otra vía, el máximo coeficiente de rozamiento será de 0.3. Este coeficiente máximo también será usado si la superficie no está limpia, a no ser que la tabla indique uno más bajo. En caso de que las superficies no estén libres de escarcha, hielo o nieve deberá aplicarse un coeficiente máximo de 0.20, a no ser que la tabla indique un valor inferior, y si se encuentran aceitosas o engrasadas el coeficiente máximo será de 0.1.

4   Cálculos de trincaje según el Código CTU de 1997

En este apartado se exponen algunos de los argumentos físicos del trincaje mediante sistemas de amarre y se explica el manejo de las guías rápidas de la OMI según el Código CTU de 1997.

4.1   *Amarre por encima*

Este tipo de amarre basa su sujeción en el incremento de la fuerza de rozamiento que generan las componentes verticales de la tensión creada en el material de amarre por medio de los tensores (pretensado). La tensión generada depende de la elasticidad del material, del tipo de tensor utilizado y de la fuerza manual o mecánica que se aplique a dicho tensor. Además, debe tenerse en cuenta que la tensión es susceptible de disminuir durante el transporte, ya que el material puede aflojarse con las vibraciones.

Por término medio, es posible obtener los siguientes pretensados según el tipo de tensor:

- Tensor manual de carraca (trinquete) para cinta textil: 250-400 daN por ramal.
- Tensor manual para cinta con hebilla: 500-1000 daN por bucle.
- Tensor neumático para cinta con hebilla: 1000-2500 daN por bucle.
- Tensor manual de palanca para cadena: 500-750 daN.
- Tensor manual roscado para cadena o cable: 750-1000 daN.

Los valores indicados son orientativos, por lo que este dato debe obtenerse de la ficha técnica del producto. En cualquier caso, el pretensado no debe superar el 50 % de la carga máxima de sujeción del material de trincaje.

La diferencia entre el amarre por encima y el resto de los tipos de amarre estriba en que, mientras que en el primero la tensión debe ser lo más alta posible ya que es lo que genera la sujeción, en los demás basta que sea lo suficientemente alta para que no estén flojos, de modo que no interesa una tensión muy elevada. Estos últimos basan su sujeción en las fuerzas de reacción que se generan en el material al verse sometida la carga a la acción de una fuerza durante el transporte. En este caso, el material puede generar una fuerza de reacción equivalente a su carga máxima de sujeción y las componentes de esta fuerza son las que generan la sujeción (por ejemplo, el aumento de la fuerza de rozamiento por la componente vertical de la carga máxima de sujeción).

4.1.1 *Sujeción contra el deslizamiento en el amarre por encima*

Dado un sistema de amarre con un tensor capaz de generar una tensión *(T)* en el material (véase la figura 8.32), la componente vertical de la tensión vendrá dada por $T_z = T \cdot \operatorname{sen} \alpha$.

La fuerza normal *(F$_N$)* es la suma de las componentes verticales de fuerza; por tanto, $F_N = F_v + 2 \cdot T_z$. Consecuentemente, la fuerza de rozamiento *(F$_R$)* será $F_R = \mu_e \cdot F_N = \mu_e \cdot (F_v + 2 \cdot T_z) = \mu_e \cdot (m \cdot c_z \cdot g + 2 \cdot T \cdot \operatorname{sen} \alpha)$.

Para que una unidad de carga no se deslice transversalmente, debe cumplirse $F_R > F_t$ donde la ecuación de equilibrio viene dada por $F_R = F_t$ de donde:

$$- m \cdot c_y \cdot g = \mu_e \cdot (m \cdot c_z \cdot g + 2 \cdot T \cdot \operatorname{sen} \alpha).$$
$$- m \cdot c_y \cdot g - \mu_e \cdot m \cdot c_z \cdot g = \mu_e \cdot 2 \cdot T \cdot \operatorname{sen} \alpha.$$
$$- m \cdot g \cdot (c_y - \mu_e \cdot c_z) = \mu_e \cdot 2 \cdot T \cdot \operatorname{sen} \alpha.$$

$$m = \frac{\mu_e \cdot 2 \cdot T \cdot \operatorname{sen} \alpha}{g \cdot \left(c_y - \mu_e \cdot c_z\right)}$$

Análogamente, para que la unidad de carga no se deslice en dirección longitudinal, se llega a la expresión:

$$m = \frac{\mu_e \cdot 2 \cdot T \cdot \operatorname{sen} \alpha}{g \cdot \left(c_x - \mu_e \cdot c_z\right)}$$

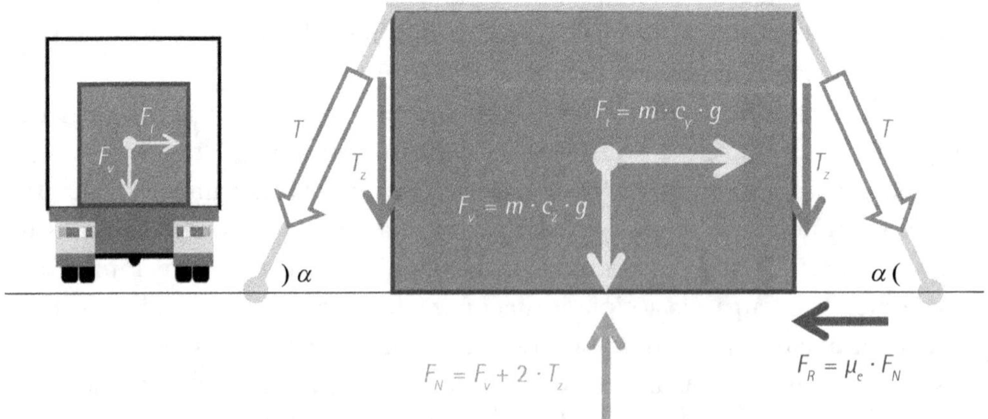

Figura 8.32. **Esquema de fuerzas del amarre por encima.**

Los sistemas de amarre por encima deben colocarse de modo que $75° \leq \alpha \leq 90°$ (sen 75° = 0.966 y sen 90° = 1, con lo cual es posible hacer la aproximación sen $\alpha \approx 1$).

Por ejemplo, dado un sistema de cinta textil donde T = 4000 N (400 daN) y una unidad de carga en contacto con el suelo del contenedor con μ_e = 0.4, ¿cuál es la masa que puede sujetar ese sistema de amarre por encima contra el deslizamiento si el transporte es unimodal marítimo en zona C?

- Transversalmente: c_z = 1, c_y = 0.8 y para sen α = 1, entonces m = 815 kg.
- Longitudinalmente: c_z = 0.2, c_x = 0.4 y para sen α = 1, entonces m = 1019 kg.

Por tanto, este sistema de amarre puede sujetar una masa de 815 kg contra el deslizamiento transversal (redondeando, 0.8 t) y de 1019 kg contra el longitudinal (redondeando, 1.0 t). Así pues, si el único sistema de amarre empleado es este, la masa máxima de la carga para que esta no se deslice es de 0.8 t. Con dos sistemas de amarre es posible sujetar una masa de 1.6 t; con tres, de 2.4 t, y así sucesivamente.

La OMI y algunas empresas fabricantes de material de trincaje facilitan tablas de búsqueda rápida que permiten, para un coeficiente de rozamiento y un tipo de tensor y de material determinado, obtener la sujeción que generan.[23] En el apartado 4.1.4 se expone un ejemplo de uso de dichas tablas.

4.1.2 Condiciones para el vuelco de una unidad de carga

Si se supone una unidad de carga homogénea con anchura inferior a la del suelo de la UTC (véase la figura 8.33, izquierda), para que no exista riesgo de vuelco transversal la suma de momentos de fuerza con respecto al punto P debe ser mayor que 0 ($\sum M_P > 0$),[24] donde el equilibrio viene dado por la ecuación $\sum M_P = 0$.

Si la carga es homogénea, su centro de gravedad (CG) está situado a lo ancho en $B/2$ y a lo alto en $H/2$; por tanto, la ecuación de equilibrio viene dada por $F_v \cdot B/2 - F_t \cdot H/2 = 0$, de donde $H/B = F_v/F_t$, con lo cual volcará si $H/B > F_v/F_t$. Ello implica el vuelco transversal si $H/B > (m \cdot c_z \cdot g)/(m \cdot c_y \cdot g)$; así pues, $H/B > c_z/c_y$.

---

[23] Las tablas de búsqueda rápida de la OMI se recogen en la guía IMO Quick Lashing Guide, disponible en línea en el web de la consultora sueca MariTerm AB, especializada en seguridad en el transporte y sujeción de cargas, mediante el siguiente enlace (en inglés): www.mariterm.se/mariterm_en/CargoSecuring_Publications_QLG.html. Estas tablas también se incluyen en algunas guías de empresas fabricantes de materiales de trincaje, como la Cordlash Quick Lashing Guide (CQLG) de Cordstrap.

[24] Se considera momento positivo aquel que produce un giro en sentido contrario al de las agujas del reloj.

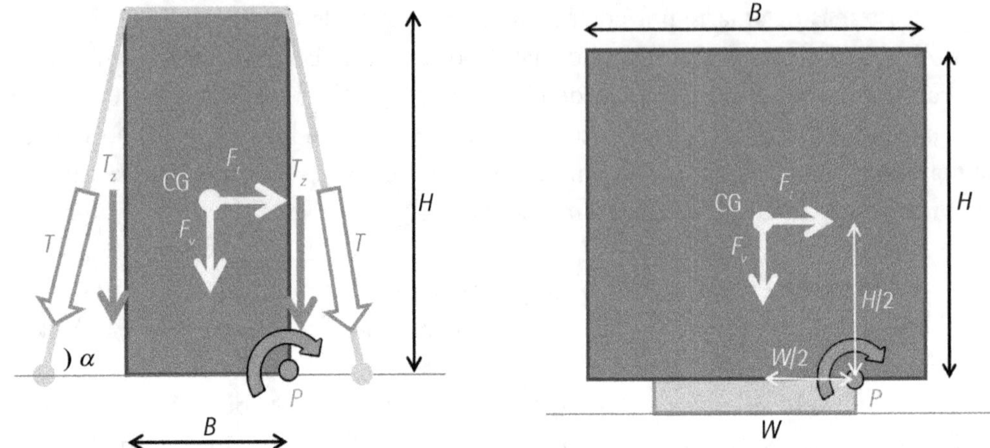

Figura 8.33. Esquema de momentos de fuerza en el amarre por encima.

Análogamente, si la longitud de la unidad de carga es L, la condición de vuelco longitudinal viene dada por $H/L > c_z/c_x$.

Si la anchura de esa unidad de carga homogénea es superior a la del suelo de la UTC (véase la figura 8.33, derecha, donde W es la anchura del suelo y la carga está centrada), el punto de vuelco se sitúa en el extremo del suelo de la UTC y la condición de vuelco transversal viene dada por $F_v \cdot W/2 - F_t \cdot H/2 = 0$, de donde $H/W = F_v/F_t$, con lo cual volcará si $H/W > F_v/F_t$. Ello implica el vuelco transversal si $H/W > (m \cdot c_z \cdot g)/(m \cdot c_y \cdot g)$; así pues, $H/W > c_z/c_y$.

4.1.3 *Sujeción contra el vuelco en el amarre por encima*

La contribución del amarre por encima para evitar el vuelco transversal de una unidad de carga (véase la figura 8.33, izquierda) viene dada por las siguientes ecuaciones:

— No vuelca si $\sum M_P > 0$, donde la ecuación de equilibrio es $\sum M_P = 0$.
— $m \cdot c_y \cdot g \cdot H/2 = m \cdot c_z \cdot g \cdot B/2 + T \cdot \text{sen } \alpha \cdot B$.
— $m \cdot c_y \cdot g \cdot H/2 - m \cdot c_z \cdot g \cdot B/2 = T \cdot \text{sen } \alpha \cdot B$.
— $m \cdot g \cdot 1/2 \cdot (c_y \cdot H - c_z \cdot B) = T \cdot \text{sen } \alpha \cdot B$

$$m = \frac{2 \cdot T \cdot \text{sen } \alpha \cdot B}{g \cdot \left(c_y \cdot H - c_z \cdot B\right)} = \frac{2 \cdot T \cdot \text{sen } \alpha}{g \cdot \left(c_y \cdot \dfrac{H}{B} - c_z\right)} \text{ (en caso de sobreanchura } B = W\text{).}$$

Análogamente, si se considera el sistema de amarre situado en el centro de la longitud de la unidad de carga *(L/2)*, se llega a la siguiente expresión para el vuelco longitudinal:

$$m = \frac{2 \cdot T \cdot \operatorname{sen} \alpha}{g \cdot \left(c_x \cdot \dfrac{H}{L} - c_z \right)}$$

Por ejemplo, dado un sistema de cinta textil de amarre por encima donde $T = 4000$ N (400 daN) y una carga de 2 m de altura, 1 m de anchura y 2 m de longitud, ¿cuál es la masa que puede amarrar ese sistema contra el vuelco transversal y longitudinal en transporte marítimo en zona C?

- **Vuelco transversal**
  - Transversal marítimo zona C: $c_z = 1$ y $c_y = 0.8$.
  - $H/B = 2/1 = 2 > c_z/c_y = 1/0.8 = 1.25$ (hay riesgo de vuelco).
  - Para sen $\alpha = 1$, entonces $m = 1359$ kg (aproximadamente, 1.3 t); por tanto, el sistema evitará el vuelco transversal de una masa de 1.3 t.

- **Vuelco longitudinal**
  - Longitudinal marítimo zona C: $c_z = 0.2$ y $c_x = 0.4$.
  - $H/L = 2/2 = 1 > c_z/c_x = 0.2/0.4 = 0.5$ (hay riesgo de vuelco).
  - Para sen $\alpha = 1$, entonces $m = 4077$ kg (aproximadamente, 4.0 t); por tanto, el sistema evitará el vuelco longitudinal de una masa de 4.0 t.

Otras alternativas para evitar el vuelco consisten en amarrar las unidades inestables de carga transversalmente para formar un único bloque de carga (véase la figura 8.34, izquierda) o en estibar las unidades con riesgo de vuelco en medio de otras que son estables (véase la figura 8.34, derecha).

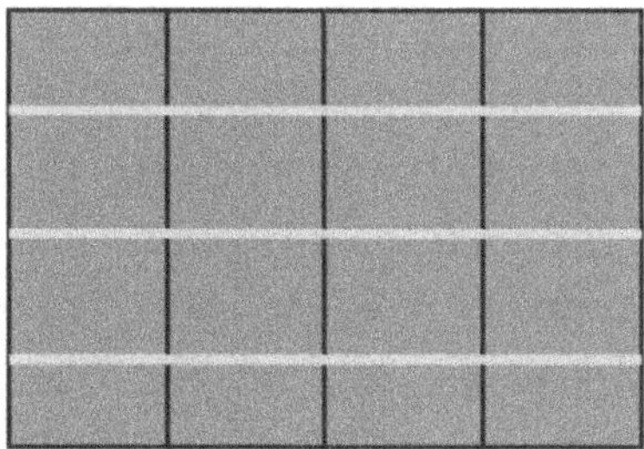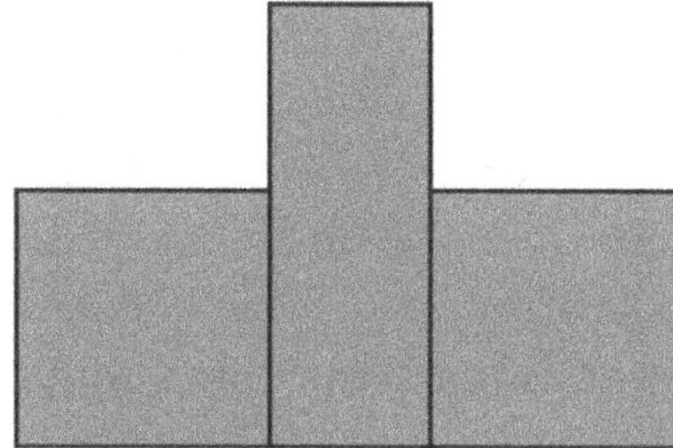

Figura 8.34. Alternativas para evitar el vuelco.

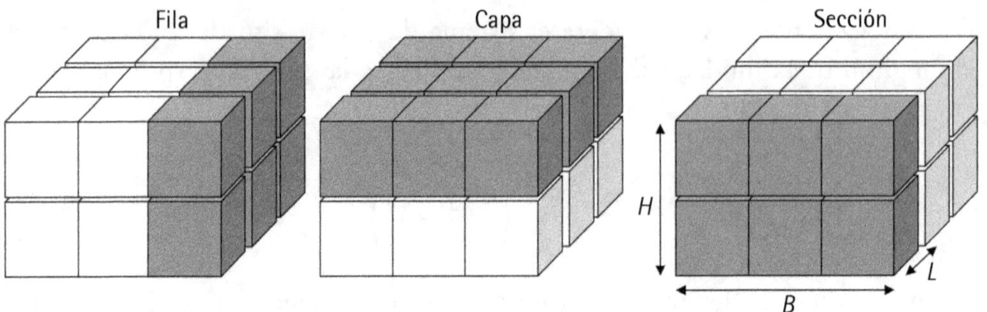

Figura 8.35. Fila, capa y sección de una estiba de mercancía.

Las guías rápidas de la OMI para cálculos de vuelco son válidas tanto para cargas homogéneas como para cargas no homogéneas. En este último caso, en lugar de tomarse la longitud *(L)*, la anchura *(B)* y la altura *(H)* de la unidad de carga, se considera que *(L, B, H)* son las coordenadas *(x, y, z)* del centro de gravedad de la pieza y se aplican los mismos criterios.

Cuando en lugar de tratarse de una unidad de carga hay varias, las tablas son válidas considerando que la masa que indican es la de una sección, por lo que deben tomarse como datos los valores *L, B* y *H* según se muestra en la figura 8.35.

4.1.4 Uso de las guías rápidas de trincaje

En este apartado se ilustra el uso de las guías rápidas de la OMI con un ejemplo de trincaje mediante amarre por encima.

En la figura 8.36 puede verse una hoja de la guía en zona marítima C para un sistema de amarre por encima con una cinta textil que permite un pretensado de 4000 N (400 daN). Dada la sección de carga de la figura 8.37, formada por tres unidades de carga de 1 t cada una (masa de la sección: 3 t), se analiza a continuación el amarre con dicho sistema a partir de la guía rápida.

Para μ_e = 0.4, en la tabla figura que un sistema puede amarrar contra el deslizamiento 0.8 t en dirección transversal y 1.0 t en dirección longitudinal (obsérvese que estos valores ya fueron obtenidos bajo argumentación física en el apartado 4.1.1). Por tanto, como la masa de la sección es de 3 t, son necesarios cuatro sistemas de amarre para prevenir el deslizamiento transversal (4 · 0.8 = 3.2) y tres para prevenir el deslizamiento longitudinal (3 · 1.0 = 3).

En este caso, siguiendo lo indicado en el apartado 4.1.3, *B* = 3 · 0.8 m = 2.4 m, *L* = 1.2 m y *H* = 2.4 m. Por tanto, el cociente *H/B* = 1 y el cociente *H/L* = 2. Para tres

IMO
SAFE PACKING OF CTUs

QUICK LASHING GUIDE
SEA AREA C

WEBBING

TOP-OVER LASHING

The tables are valid for **webbing (4 tons)** with a pre tension of minimum 4000 N (400 kg).
The values in the tables are proportional to the lashings' pre tension.
The weights in the tables are valid for one top-over lashing.

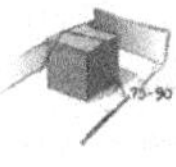

TOP-OVER LASHING SLIDING

μ	**Cargo weight in ton prevented from sliding**	
	SIDEWAYS	FORWARD/ BACKWARD
0.0	0.0	0.0
0.1	0.1	0.2
0.2	0.2	0.4
0.3	0.4	0.7
0.4	0.8	1.0
0.5	1.3	1.3
0.6	2.4	1.7
0.7	5.5	2.1

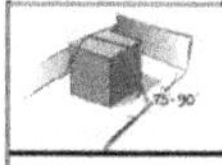

TOP-OVER LASHING - TIPPING

Cargo weight in ton prevented from tipping

	SIDEWAYS					FORWARD/BACKWARD	
H/B	1 row	2 rows	3 rows	4 rows	5 rows	H/L	per section
0.6	No tipping	No tipping	2.6	1.4	1.1	0.6	20
0.8	No tipping	3.5	1.2	0.8	0.7	0.8	6.6
1.0	No tipping	1.6	0.8	0.6	0.5	1.0	4.0
1.2	No tipping	1.0	0.6	0.4	0.4	1.2	2.8
1.4	6.6	0.8	0.5	0.3	0.3	1.4	2.2
1.6	2.8	0.6	0.4	0.3	0.2	1.6	1.8
1.8	1.8	0.5	0.3	0.2	0.2	1.8	1.5
2.0	1.3	0.4	0.3	0.2	0.2	2.0	1.3
2.2	1.0	0.3	0.2	0.2	0.2	2.2	1.1
2.4	0.8	0.3	0.2	0.2	0.1	2.4	1.0
2.6	0.7	0.3	0.2	0.1	0.1	2.6	0.9
2.8	0.6	0.2	0.2	0.1	0.1	2.8	0.8
3.0	0.5	0.2	0.1	0.1	0.1	3.0	0.8

Figura 8.36
Guía rápida de trincaje de la OMI.

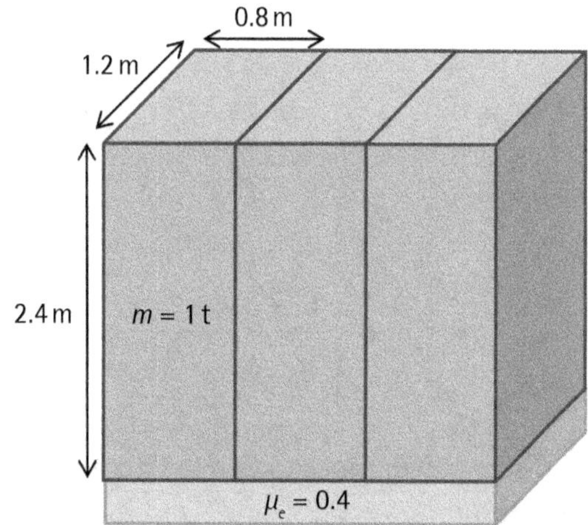

Figura 8.37
Sección de carga formada por tres filas.

filas con $H/B = 1$ se obtiene en la tabla un valor de 0.8 t, lo que significa que para evitar el vuelco transversal son necesarios cuatro sistemas de amarre, y para $H/L = 2$ se obtiene un valor de 1.3 t, lo que significa que para evitar el vuelco longitudinal son necesarios tres sistemas de amarre.

En conclusión, esta sección necesita cuatro sistemas de amarre por encima para ir sujeta de manera adecuada sin que haya posibilidad de que se deslice o vuelque ni transversal ni longitudinalmente.

4.2   Amarre en bucle

El amarre en bucle se usa para sujetar la carga lateralmente, de modo que el trincaje longitudinal debe completarse con otras técnicas como el bloqueo o el amarre de tirantes.

La sujeción lateral o transversal contra el deslizamiento ejercida por el sistema depende de su carga máxima de sujeción, mientras que su capacidad contra el vuelco guarda relación con el pretensado.

4.2.1   Sujeción transversal contra el deslizamiento en el amarre en bucle

En este caso, la fuerza de rozamiento se ve incrementada por la componente vertical de la carga máxima de sujeción del sistema de amarre, por lo que $F_R = \mu_d \cdot F_N = \mu_d \cdot (F_v + \text{MSL}_z) = \mu_d \cdot (m \cdot c_z \cdot g + \text{MSL} \cdot \text{sen } \alpha)$.

Para que la unidad de carga no se deslice transversalmente, debe cumplirse $\Sigma\text{MSL}_{\text{eje }y} + F_R > F_t$, donde la ecuación de equilibrio viene dada por $\Sigma\text{MSL}_{\text{eje }y} + F_R = F_t$. Por tanto:

– $\text{MSL} + \text{MSL} \cdot \cos \alpha + \mu_d \cdot m \cdot c_z \cdot g + \mu_d \cdot \text{MSL} \cdot \text{sen } \alpha = m \cdot c_y \cdot g.$
– $\text{MSL} + \text{MSL} \cdot \cos \alpha + \mu_d \cdot \text{MSL} \cdot \text{sen } \alpha = m \cdot c_y \cdot g - \mu_d \cdot m \cdot c_z \cdot g = m \cdot g \cdot (c_y - \mu_d \cdot c_z).$

$$m = \frac{\text{MSL} \cdot (1 + \cos\alpha + \mu_d \cdot \text{sen }\alpha)}{g \cdot (c_y - \mu_d \cdot c_z)} = \frac{\text{MSL} \cdot (1 + \cos\alpha + 0.7 \cdot \mu_e \cdot \text{sen }\alpha)}{g \cdot (c_y - 0.7 \cdot \mu_e \cdot c_z)}$$

En el peor supuesto, $\alpha = 90°$ (cos 90° = 0 y sen 90° = 1), con lo cual la ecuación final resulta:

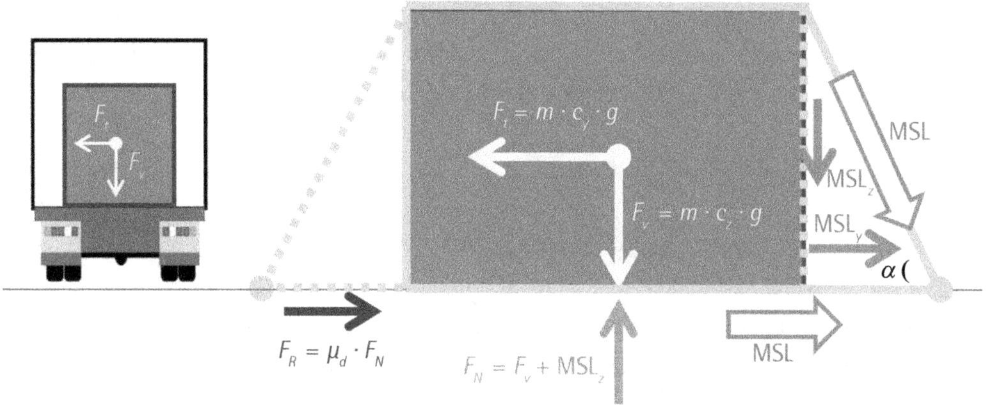

Figura 8.38. Esquema de fuerzas del amarre en bucle.

$$m = \frac{\text{MSL} \cdot (1 + \mu_d)}{g \cdot (c_y - \mu_d \cdot c_z)} = \frac{\text{MSL} \cdot (1 + 0.7 \cdot \mu_e)}{g \cdot (c_y - 0.7 \cdot \mu_e \cdot c_z)}$$

Por ejemplo, dado un sistema de cinta textil donde MSL = 13 000 N (1300 daN) y una unidad de carga en contacto con el suelo del contenedor con $\mu_e = 0.5$, ¿cuál es la masa que puede sujetar contra el deslizamiento transversal un sistema de amarre formado por dos bucles como los de la figura 8.38 si el transporte es unimodal marítimo en zona C?

- Transversal marítimo zona C: $c_z = 1$ y $c_y = 0.8$. Por tanto, aplicando la ecuación, $m = 3975$ kg (la guía de la OMI aproxima a 4.0 t).

4.2.2 Sujeción contra el vuelco transversal en el amarre en bucle

El efecto antivuelco transversal que genera el sistema para una unidad de carga es el mismo que el obtenido en el apartado 4.1.3 y depende del pretensado del bucle (aplíquese la misma fórmula).

4.3 Amarre de tirantes

El amarre de tirantes se usa para sujetar la carga longitudinalmente, de modo que el trincaje transversal debe completarse con otras técnicas como el bloqueo o el amarre en bucle.

Este tipo de amarre está formado por un lazo sobre el techo de la unidad de carga y dos tirantes unidos a él, y tanto la sujeción longitudinal que ejerce el sistema como su capacidad contra el vuelco dependen de la carga máxima de sujeción.

4.3.1 Sujeción longitudinal contra el deslizamiento en el amarre de tirantes

En este caso, la fuerza de rozamiento es $F_R = \mu_d \cdot F_N = \mu_d \cdot (F_v + 2 \cdot \text{MSL}_z) = \mu_d \cdot (m \cdot c_z \cdot g + 2 \cdot \text{MSL} \cdot \text{sen } \alpha)$, y para que la unidad carga no se deslice longitudinalmente debe ser $\sum \text{MSL}_{\text{eje } x} + F_R > F_l$, donde la ecuación de equilibrio es $\sum \text{MSL}_{\text{eje } x} + F_R = F_l$. Por tanto:

- $2 \cdot \text{MSL} \cdot \cos \alpha + \mu_d \cdot m \cdot c_z \cdot g + \mu_d \cdot 2 \cdot \text{MSL} \cdot \text{sen } \alpha = m \cdot c_x \cdot g.$
- $2 \cdot \text{MSL} \cdot \cos \alpha + \mu_d \cdot 2 \cdot \text{MSL} \cdot \text{sen } \alpha = m \cdot c_x \cdot g - \mu_d \cdot m \cdot c_z \cdot g = m \cdot g \cdot (c_x - \mu_d \cdot c_z).$

$$m = \frac{2 \cdot \text{MSL} \cdot (\cos \alpha + \mu_d \cdot \text{sen } \alpha)}{g \cdot (c_x - \mu_d \cdot c_z)} = \frac{2 \cdot \text{MSL} \cdot (\cos \alpha + 0.7 \cdot \mu_e \cdot \text{sen } \alpha)}{g \cdot (c_x - 0.7 \cdot \mu_e \cdot c_z)}$$

En las tablas de la OMI se considera que α debe ser a lo sumo de 45° ($\alpha \leq 45°$), y, sobre esta base, para el peor caso sen 45° = cos 45° = 0.707, de modo que la ecuación se expresa como sigue:

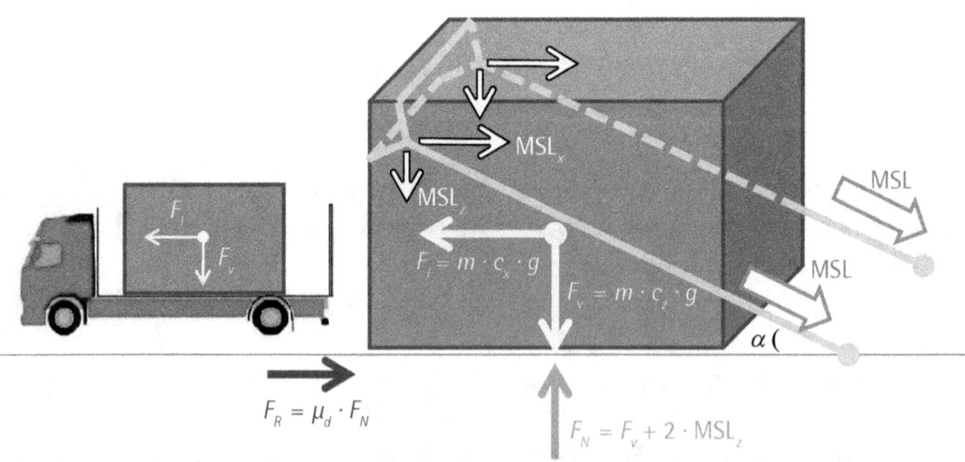

Figura 8.39. Esquema de fuerzas del amarre de tirantes.

$$m = \frac{2 \cdot \text{MSL} \cdot \text{sen}\, 45° \cdot \left(1 + 0.7 \cdot \mu_e\right)}{g \cdot \left(c_x - 0.7 \cdot \mu_e \cdot c_z\right)} = \frac{1.414 \cdot \text{MSL} \cdot \left(1 + 0.7 \cdot \mu_e\right)}{g \cdot \left(c_x - 0.7 \cdot \mu_e \cdot c_z\right)}$$

Por ejemplo, dado un sistema de cinta textil donde MSL = 13 000 N (1300 daN) y una unidad de carga en contacto con el suelo del contenedor con μ_e = 0.5, ¿cuál es la masa que puede sujetar contra el deslizamiento un sistema de amarre de tirantes si el transporte es unimodal marítimo en zona C?

- Longitudinal marítimo zona C: c_z = 0.2 y c_x = 0.4. Por tanto, aplicando la ecuación, m = 7665 kg (la guía de la OMI aproxima a 7.7 t).

4.3.2 Sujeción contra el vuelco longitudinal en el amarre de tirantes

Para evitar que la carga vuelque longitudinalmente, debe cumplirse $\sum M_p > 0$ (véase la figura 8.40), donde el equilibrio viene dado por la ecuación $\sum M_p = 0$. Por tanto:

- $m \cdot c_x \cdot g \cdot H/2 = m \cdot c_z \cdot g \cdot L/2 + 2 \cdot \text{MSL} \cdot \cos 45° \cdot H.$
- $m \cdot c_x \cdot g \cdot H/2 - m \cdot c_z \cdot g \cdot L/2 = 2 \cdot \text{MSL} \cdot \cos 45° \cdot H.$
- $m \cdot g \cdot 1/2 \cdot (c_x \cdot H - c_z \cdot L) = 2 \cdot \text{MSL} \cdot \cos 45° \cdot H.$

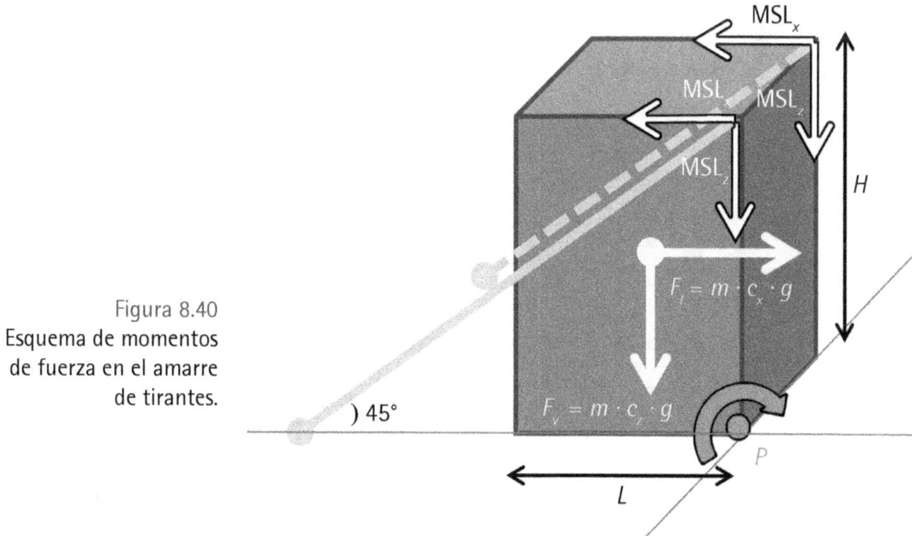

Figura 8.40
Esquema de momentos de fuerza en el amarre de tirantes.

$$m = \frac{4 \cdot \text{MSL} \cdot \cos 45° \cdot H}{g \cdot \left(c_x \cdot H - c_z \cdot L\right)} = \frac{4 \cdot \text{MSL} \cdot \cos 45° \cdot \dfrac{H}{L}}{g \cdot \left(c_x \cdot \dfrac{H}{L} - c_z\right)} = \frac{2.828 \cdot \text{MSL} \cdot \dfrac{H}{L}}{g \cdot \left(c_x \cdot \dfrac{H}{L} - c_z\right)}$$

Por ejemplo, dado un sistema de cinta textil con un amarre de tirantes donde MSL = 13 000 N (1300 daN) y una carga de 2 m de altura y 2 m de longitud, ¿cuál es la masa que puede sujetar dicho sistema contra el vuelco longitudinal en transporte marítimo en zona C?

- Longitudinal marítimo zona C: c_z = 0.2 y c_x = 0.4.
- H/L = 2/2 = 1 > c_z/c_x = 0.2/0.4 = 0.5 (hay riesgo de vuelco).
- Aplicando la fórmula, m = 18 738 kg (la guía de la OMI aproxima a 18 t); por tanto, un amarre de tirantes con esa carga máxima de sujeción evita el vuelco longitudinal de una masa de 18 t.

4.4 Amarre directo

El amarre directo, recto o cruzado (diagonal) es el más efectivo, pero requiere la existencia de puntos de amarre en las unidades de carga (anillas, orejetas, etc.) con los que no siempre se cuenta. Si es viable, debe practicarse siempre el amarre directo; a continuación, por orden de preferencia, conviene llevar a cabo los amarres en bucle y de tirantes combinados con bloqueo, y en última instancia se practicará el amarre por encima, considerado el menos efectivo.

En este tipo de amarre, tanto la sujeción longitudinal y transversal contra el deslizamiento que ejerce el sistema como su capacidad contra el vuelco dependen de su carga máxima de sujeción.

4.4.1 Sujeción transversal y longitudinal contra el deslizamiento en el amarre directo

Un amarre directo genera una componente vertical de carga máxima de sujeción de valor $\text{MSL}_z = \text{MSL} \cdot \text{sen } \alpha$, por lo que $F_R = \mu_d \cdot F_N = \mu_d \cdot (F_v + \text{MSL}_z) = \mu_d \cdot (m \cdot c_z \cdot g + \text{MSL} \cdot \text{sen } \alpha)$.

Las componentes transversales y longitudinales que genera son, respectivamente, $\text{MSL}_y = \text{MSL} \cdot \cos \alpha \cdot \text{sen } \beta$ y $\text{MSL}_x = \text{MSL} \cdot \cos \alpha \cdot \cos \beta$ (véase la figura 8.41).

Para evitar que la carga se deslice transversalmente, debe cumplirse $\sum MSL_{eje\,y} + F_R > F_t$, donde el equilibrio viene dado por la ecuación $\sum MSL_{eje\,y} + F_R = F_t$. Por tanto:

- $MSL \cdot \cos\alpha \cdot \mathrm{sen}\,\beta + \mu_d \cdot m \cdot c_z \cdot g + \mu_d \cdot MSL \cdot \mathrm{sen}\,\alpha = m \cdot c_y \cdot g.$
- $MSL \cdot \cos\alpha \cdot \mathrm{sen}\,\beta + \mu_d \cdot MSL \cdot \mathrm{sen}\,\alpha = m \cdot c_y \cdot g - \mu_d \cdot m \cdot c_z \cdot g = m \cdot g \cdot (c_y - \mu_d \cdot c_z).$

$$m = \frac{MSL \cdot (\cos\alpha \cdot \mathrm{sen}\,\beta + \mu_d \cdot \mathrm{sen}\,\alpha)}{g \cdot \left(c_y - \mu_d \cdot c_z\right)} = \frac{MSL \cdot (\cos\alpha \cdot \mathrm{sen}\,\beta + 0.7 \cdot \mu_e \cdot \mathrm{sen}\,\alpha)}{g \cdot \left(c_y - 0.7 \cdot \mu_e \cdot c_z\right)}$$

Para evitar que la carga se deslice longitudinalmente, debe cumplirse $\sum MSL_{eje\,x} + F_R > F_t$, donde el equilibrio viene dado por la ecuación $\sum MSL_{eje\,x} + F_R = F_t$. Por tanto:

- $MSL \cdot \cos\alpha \cdot \cos\beta + \mu_d \cdot m \cdot c_z \cdot g + \mu_d \cdot MSL \cdot \mathrm{sen}\,\alpha = m \cdot c_x \cdot g.$
- $MSL \cdot \cos\alpha \cdot \cos\beta + \mu_d \cdot MSL \cdot \mathrm{sen}\,\alpha = m \cdot c_x \cdot g - \mu_d \cdot m \cdot c_z \cdot g = m \cdot g \cdot (c_x - \mu_d \cdot c_z).$

$$m = \frac{MSL \cdot (\cos\alpha \cdot \cos\beta + \mu_d \cdot \mathrm{sen}\,\alpha)}{g \cdot \left(c_x - \mu_d \cdot c_z\right)} = \frac{MSL \cdot (\cos\alpha \cdot \cos\beta + 0.7 \cdot \mu_e \cdot \mathrm{sen}\,\alpha)}{g \cdot \left(c_x - 0.7 \cdot \mu_e \cdot c_z\right)}$$

Las tablas de la OMI están diseñadas para ser válidas con $30° \leq \alpha \leq 60°$ y $30° \leq \beta \leq 60°$; sobre esta base y teniendo en cuenta que $\mu_d = 0.7 \cdot \mu_e$ se obtienen los datos de las tablas.

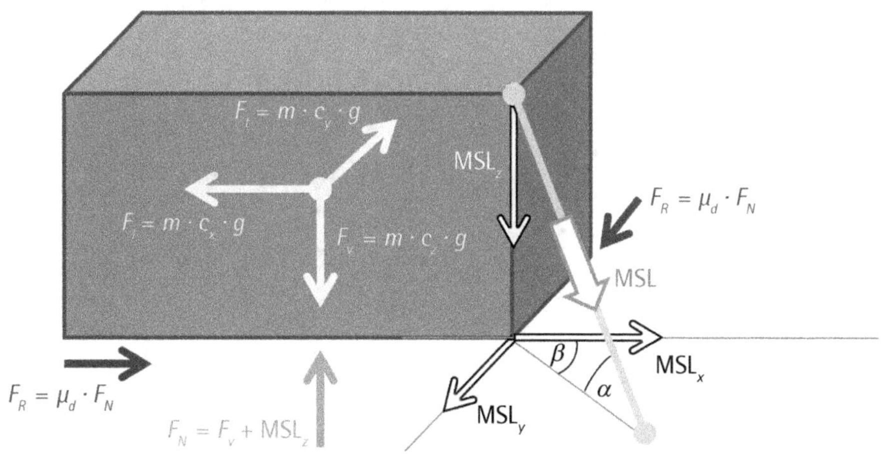

Figura 8.41. **Esquema de fuerzas del amarre directo.**

Por ejemplo, dado un sistema de cinta textil donde MSL = 13 000 N (1300 daN) y una unidad de carga en contacto con el suelo del contenedor con μ_e = 0.5, ¿cuál es la masa que puede sujetar el amarre directo contra el deslizamiento si el transporte es unimodal marítimo en zona C?

- Transversal marítimo zona C: c_z = 1, c_y = 0.8 y para α = 60° y β = 30°; entonces m = 1628 kg (la guía de la OMI aproxima a 1.6 t).
- Longitudinal marítimo zona C: c_z = 0.2, c_x = 0.4 y para α = 60° y β = 60°; entonces m = 2220 kg (la guía de la OMI aproxima a 2.2 t).

4.4.2 *Sujeción contra el vuelco en el amarre directo*

Para calcular la capacidad de sujeción contra el vuelco en el amarre directo se considera una unidad de carga donde las coordenadas *(x, y, z)* de su centro de gravedad (CG) son *(L, B, H)*. A continuación se expone el cálculo de sujeción transversal contra el vuelco. Para ello se ha de determinar previamente el punto de la pieza donde se ha sujetado el amarre, que se define en la figura 8.42 como un punto de coordenadas *(y, z)* de valor *(d_B, d_H)*.

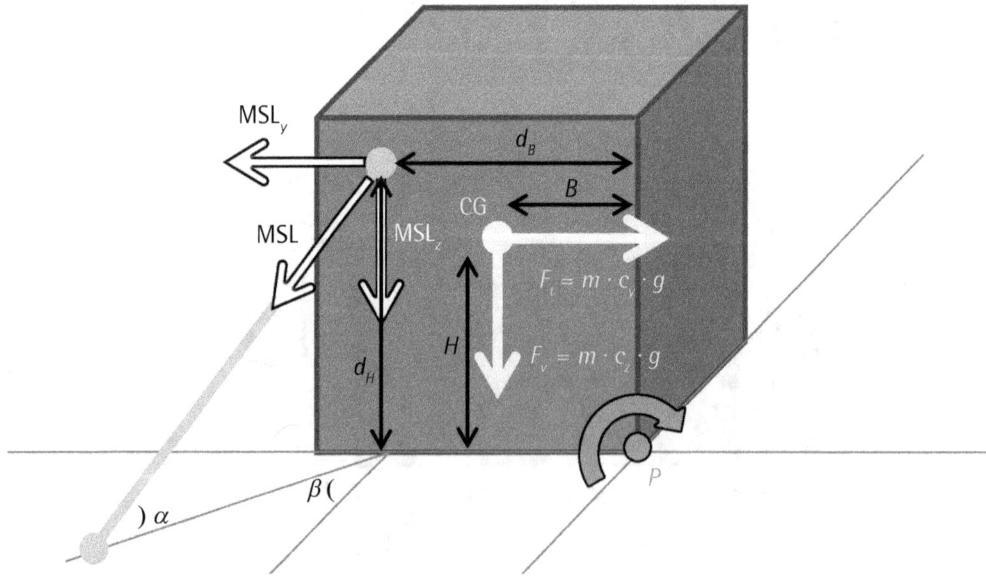

Figura 8.42. **Esquema de momentos de fuerza en el amarre directo.**

Para evitar que vuelque la unidad de carga debe cumplirse $\sum M_p > 0$, donde el equilibrio viene dado por la ecuación $\sum M_p = 0$. Por tanto:

$$- m \cdot c_y \cdot g \cdot H = m \cdot c_z \cdot g \cdot B + \text{MSL} \cdot \text{sen } \alpha \cdot d_B + \text{MSL} \cdot \cos \alpha \cdot \text{sen } \beta \cdot d_{H'}$$
$$- m \cdot c_y \cdot g \cdot H - m \cdot c_z \cdot g \cdot B = \text{MSL} \cdot \text{sen } \alpha \cdot d_B + \text{MSL} \cdot \cos \alpha \cdot \text{sen } \beta \cdot d_{H'}$$
$$- m \cdot g \cdot (c_y \cdot H - c_z \cdot B) = \text{MSL} \cdot (\text{sen } \alpha \cdot d_B + \cos \alpha \cdot \text{sen } \beta \cdot d_H).$$

$$m = \frac{\text{MSL} \cdot \left(\text{sen } \alpha \cdot d_B + \cos \alpha \cdot \text{sen } \beta \cdot d_H\right)}{g \cdot \left(c_y \cdot H - c_z \cdot B\right)} = \frac{\text{MSL} \cdot \left(\text{sen } \alpha \cdot \frac{d_B}{B} + \cos \alpha \cdot \text{sen } \beta \cdot \frac{d_H}{B}\right)}{g \cdot \left(c_y \cdot \frac{H}{B} - c_z\right)}$$

Habida cuenta de que en función de la localización del punto de amarre se da una sujeción antivuelco concreta, la guía de la OMI, para poder confeccionar las tablas, establece unas zonas posibles de amarre que delimita trazando dos líneas a 45° por el centro de gravedad (véase la figura 8.43). Así, por encima de estas líneas se pueden situar los amarres que vienen de la izquierda o de la derecha de la figura, por debajo no se puede amarrar y, finalmente, es posible amarrar a izquierda y a derecha en sendas zonas respectivas.

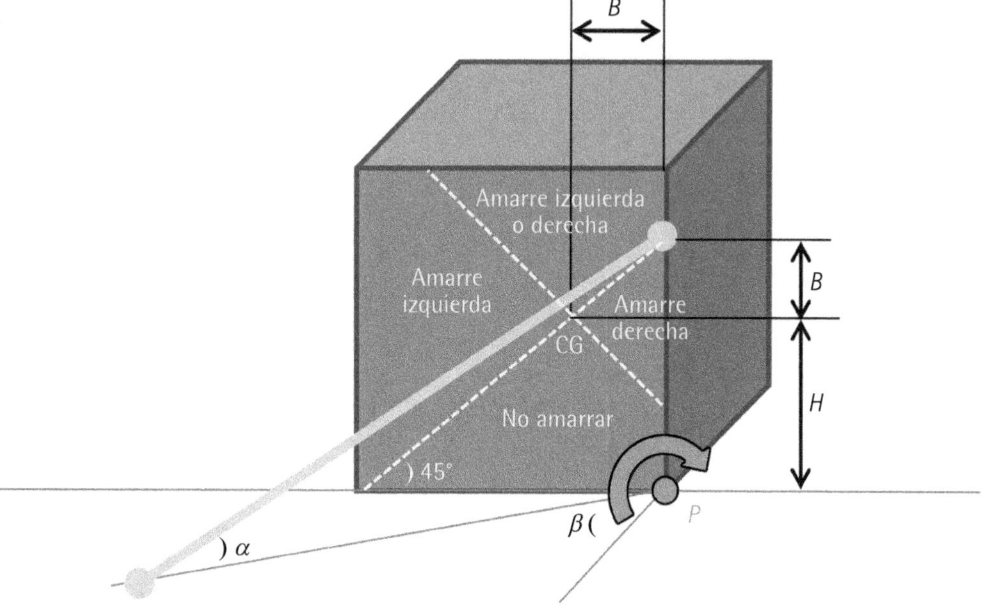

Figura 8.43. Zonas de amarre directo según la guía de la OMI.

En la sujeción transversal de una unidad de carga no existe riesgo de vuelco si $H/B < 1$; por tanto, cuando existe riesgo de vuelco se cumple la condición $H/B \geq 1$, de donde $H \geq B$. El amarre que menor sujeción antivuelco ofrece es el que cumple $d_B = 0$ y $d_H = H + B$, con $\alpha = 60°$ y $\beta = 30°$, de modo que se obtiene la siguiente ecuación:

$$m = \frac{\text{MSL} \cdot \cos \alpha \cdot \text{sen } \beta \cdot \frac{H+B}{B}}{g \cdot \left(c_y \cdot \frac{H}{B} - c_z\right)} = \frac{\text{MSL} \cdot \cos \alpha \cdot \text{sen } \beta \cdot \left(\frac{H}{B} + 1\right)}{g \cdot \left(c_y \cdot \frac{H}{B} - c_z\right)} = \frac{0.25 \cdot \text{MSL} \cdot \left(\frac{H}{B} + 1\right)}{g \cdot \left(c_y \cdot \frac{H}{B} - c_z\right)}$$

Por ejemplo, para $H/B = 1.4$ en zona marítima C $(c_y = 0.8$ y $c_z = 1)$, un sistema de amarre directo de MSL = 13 000 N puede sujetar contra el vuelco transversal una masa $m = 6625$ kg (la guía de la OMI aproxima a 6.6 t).

En cuanto a la sujeción longitudinal, se procede del mismo modo que con la sujeción transversal contra el vuelco y se obtiene la siguiente expresión:

$$m = \frac{\text{MSL} \cdot \left(\text{sen } \alpha \cdot d_L + \cos \alpha \cdot \text{sen } \beta \cdot d_H\right)}{g \cdot \left(c_x \cdot H - c_z \cdot L\right)} = \frac{\text{MSL} \cdot \left(\text{sen } \alpha \cdot \frac{d_L}{L} + \cos \alpha \cdot \text{sen } \beta \cdot \frac{d_H}{L}\right)}{g \cdot \left(c_x \cdot \frac{H}{L} - c_z\right)}$$

Dado que en la sujeción longitudinal sí puede existir riesgo de vuelco con $H/L < 1$, existen dos posibilidades:

a) Si $H/L \geq 1$ con $d_L = 0$ y $d_H = H + L$:

$$m = \frac{\text{MSL} \cdot \cos \alpha \cdot \text{sen } \beta \cdot \frac{H+L}{L}}{g \cdot \left(c_x \cdot \frac{H}{L} - c_z\right)} = \frac{\text{MSL} \cdot \cos \alpha \cdot \text{sen } \beta \cdot \left(\frac{H}{L} + 1\right)}{g \cdot \left(c_x \cdot \frac{H}{L} - c_z\right)} =$$

$$= \frac{0.25 \cdot \text{MSL} \cdot \left(\frac{H}{L} + 1\right)}{g \cdot \left(c_x \cdot \frac{H}{L} - c_z\right)}$$

Por ejemplo, para $H/L = 1$ en zona marítima C $(c_x = 0.4$ y $c_z = 0.2)$ con $\alpha = 60°$ y $\beta = 30°$, un sistema de amarre directo de MSL = 13 000 N puede sujetar contra el vuelco longitudinal una masa $m = 3312$ kg (la guía de la OMI aproxima a 3.3 t).

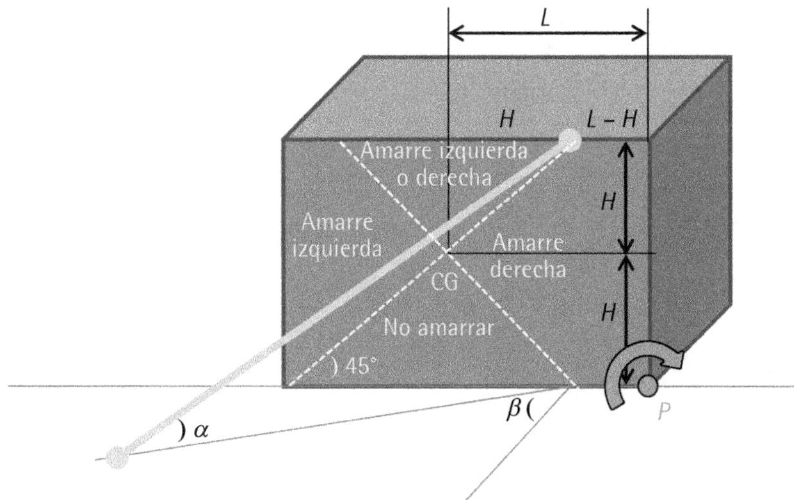

Figura 8.44. Sujeción longitudinal contra el vuelco con H/L < 1.

b) Si *H/L* < 1 con $d_L = L - H$ y $d_H = 2H$ (véase la figura 8.44):

$$m = \frac{\text{MSL} \cdot \left(\text{sen } \alpha \cdot \frac{L-H}{L} + \cos \alpha \cdot \text{sen } \beta \cdot \frac{2H}{L} \right)}{g \cdot \left(c_x \cdot \frac{H}{L} - c_z \right)} =$$

$$= \frac{\text{MSL} \cdot \left(\text{sen } \alpha \cdot \left(1 - \frac{H}{L} \right) + 2 \cdot \cos \alpha \cdot \text{sen } \beta \cdot \frac{H}{L} \right)}{g \cdot \left(c_x \cdot \frac{H}{L} - c_z \right)}$$

Por ejemplo, para *H/L* = 0.6 en zona marítima C *(c$_x$ = 0.4 y c$_z$ = 0.2)* con $\alpha = 60°$ y $\beta = 30°$, un sistema de amarre directo de MSL = 13 000 N puede sujetar contra el vuelco longitudinal una masa *m* = 21 414 kg (la guía de la OMI aproxima a 21.0 t).

4.5 Resumen de los cálculos de trincaje según el Código CTU de 1997

En la tabla 8.7 se resumen los cálculos de trincaje para una unidad de carga expuestos en el apartado 4 según los distintos tipos de amarre.

Cálculos de trincaje (CTU 1997)			
Tipo de amarre	Sujeción	Longitudinal	Transversal
Por encima[25]	Deslizamiento	$m = \dfrac{\mu_e \cdot 2 \cdot T}{g \cdot \left(c_x - \mu_e \cdot c_z\right)}$	$m = \dfrac{\mu_e \cdot 2 \cdot T}{g \cdot \left(c_y - \mu_e \cdot c_z\right)}$
	Vuelco	$m = \dfrac{2 \cdot T}{g \cdot \left(c_x \cdot \dfrac{H}{L} - c_z\right)}$	$m = \dfrac{2 \cdot T}{g \cdot \left(c_y \cdot \dfrac{H}{B} - c_z\right)}$
En bucle[26]	Deslizamiento	No aplica	$m = \dfrac{\text{MSL} \cdot \left(1 + 0.7 \cdot \mu_e\right)}{g \cdot \left(c_y - 0.7 \cdot \mu_e \cdot c_z\right)}$
	Vuelco	No aplica	$m = \dfrac{2 \cdot T}{g \cdot \left(c_y \cdot \dfrac{H}{B} - c_z\right)}$
Directo[27]	Deslizamiento	$m = \dfrac{\text{MSL} \cdot \left(0.25 + \mu_e \cdot 0.606\right)}{g \cdot \left(c_x - 0.7 \cdot \mu_e \cdot c_z\right)}$	$m = \dfrac{\text{MSL} \cdot \left(0.25 + \mu_e \cdot 0.606\right)}{g \cdot \left(c_y - 0.7 \cdot \mu_e \cdot c_z\right)}$
	Vuelco $H/B \geq 1$ $H/L \geq 1$	$m = \dfrac{0.25 \cdot \text{MSL} \cdot \left(\dfrac{H}{L} + 1\right)}{g \cdot \left(c_x \cdot \dfrac{H}{L} - c_z\right)}$	$m = \dfrac{0.25 \cdot \text{MSL} \cdot \left(\dfrac{H}{B} + 1\right)}{g \cdot \left(c_y \cdot \dfrac{H}{B} - c_z\right)}$
	Vuelco $H/L < 1$	$m = \dfrac{\text{MSL} \cdot \left(0.866 \cdot \left(1 - \dfrac{H}{L}\right) + 0.5 \cdot \dfrac{H}{L}\right)}{g \cdot \left(c_x \cdot \dfrac{H}{L} - c_z\right)}$	No aplica
De tirantes[28]	Deslizamiento	$m = \dfrac{1.414 \cdot \text{MSL} \cdot \left(1 + 0.7 \cdot \mu_e\right)}{g \cdot \left(c_x - 0.7 \cdot \mu_e \cdot c_z\right)}$	No aplica
	Vuelco	$m = \dfrac{2.828 \cdot \text{MSL} \cdot \dfrac{H}{L}}{g \cdot \left(c_x \cdot \dfrac{H}{L} - c_z\right)}$	No aplica

Tabla 8.7. Cálculos de trincaje según el Código CTU de 1997.

[25] Sujeción por cada amarre. Válida para un ángulo α tal que $75° \leq \alpha \leq 90°$. La fórmula parte de sen $\alpha =$ sen $90° = 1$ (criterio de la OMI), si bien otras guías, como la CQLG, utilizan sen $\alpha =$ sen $75° = 0.966$.

[26] Sujeción por cada par de bucles. Las guías rápidas de la OMI parten de un ángulo $\alpha = 90°$ con sen $90° = 1$, que corresponde al caso en que el bucle ejerce la menor sujeción posible.

[27] Sujeción por cada amarre. Las guías rápidas de la OMI parten de ángulos α y β tales que $30° \leq \alpha \leq 60°$ y $30° \leq \beta \leq 60°$, lo que supone $\alpha = 60°$ y $\beta = 30°$ en el cálculo de deslizamiento transversal y vuelco y $\alpha = 60°$ y $\beta = 60°$ en el cálculo de deslizamiento longitudinal (sen $30° = 0.5$; cos $30° = 0.866$; sen $60° = 0.866$, y cos $60° = 0.5$).

[28] Válido por cada sistema de amarre. Las guías rápidas de la OMI parten de un ángulo α tal que $\alpha \leq 45°$ (sen $45° =$ cos $45° = 0.707$).

5 Novedades en los cálculos de trincaje según el Código CTU de 2014

En este apartado se exponen las novedades de cálculo que incorpora el Código CTU de 2014 en diferentes técnicas de trincaje.[29]

5.1 *Bloqueo con bolsas hinchables*

El Código CTU de 1997 no facilita ninguna información acerca del bloqueo con bolsas hinchables, cálculos que sí proporciona la versión de 2014.

La fuerza de bloqueo de una bolsa hinchable se expresa como sigue: F_b (daN) = p_t (bar) · 10 000 daN/m^2 · S (m^2), donde p_t es la presión de trabajo y S la superficie de contacto de la bolsa (véase la figura 8.45).

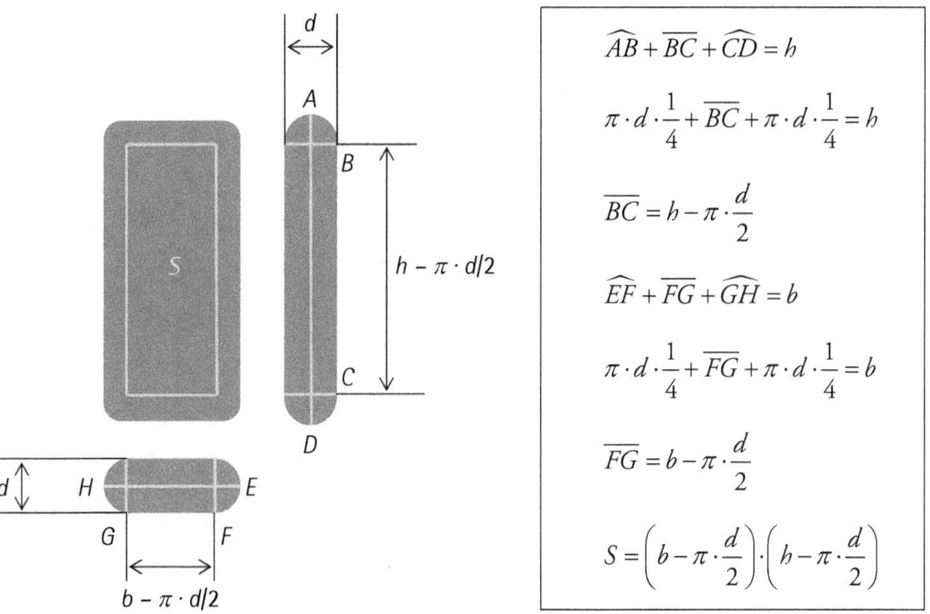

$$\widehat{AB} + \overline{BC} + \widehat{CD} = h$$

$$\pi \cdot d \cdot \frac{1}{4} + \overline{BC} + \pi \cdot d \cdot \frac{1}{4} = h$$

$$\overline{BC} = h - \pi \cdot \frac{d}{2}$$

$$\widehat{EF} + \overline{FG} + \widehat{GH} = b$$

$$\pi \cdot d \cdot \frac{1}{4} + \overline{FG} + \pi \cdot d \cdot \frac{1}{4} = b$$

$$\overline{FG} = b - \pi \cdot \frac{d}{2}$$

$$S = \left(b - \pi \cdot \frac{d}{2} \right) \cdot \left(h - \pi \cdot \frac{d}{2} \right)$$

Figura 8.45. Cálculo de la superficie de contacto de una bolsa hinchable.

[29] Las tablas rápidas de trincaje de la OMI relacionadas con el Código CTU de 2014 pueden consultarse en el web de la Comisión Económica de las Naciones Unidas para Europa (Cepe) mediante el siguiente enlace (en inglés): www.unece.org/fileadmin/DAM/trans/doc/2014/wp24/Informal-document-EG-GPC-No20-2013-Informative_Material.pdf.

La presión de trabajo es $p_t = p_r/SF$, donde p_r es la presión de rotura y SF el coeficiente de seguridad. Según el Código CTU de 2014, el coeficiente de seguridad para las bolsas de un solo uso es 4/3 (75 % de la carga de rotura), y para las reutilizables, 2 (50 % de la carga de rotura). No obstante, la mayoría de las empresas fabricantes indican en las fichas técnicas un coeficiente de seguridad de 3 (33 % de la carga de rotura).

En la tabla 8.8 se indica, para una bolsa de 1.2 m de anchura *(b)*, 2.1 m de longitud *(h)* y una presión de rotura de 1.8 bar, la fuerza de bloqueo que puede ejercer en función del hueco que debe ocupar y del coeficiente de seguridad aplicado.

5.2 Amarre por encima

El Código CTU de 1997 no considera el factor k de los tensores en la elaboración de las tablas rápidas de cálculo de sujeción, que sí se tiene en cuenta en la versión de 2014.

				Fuerza de bloqueo con bolsas hinchables			
b (m)	h (m)	Nivel	p_r(bar)	d (cm)	S (m²)	SF	F_b (daN)
1.2	2.1	3	1.8	0.10	2.02	3.00	12 120
1.2	2.1	3	1.8	0.20	1.58	3.00	9480
1.2	2.1	3	1.8	0.30	1.18	3.00	7080
1.2	2.1	3	1.8	0.40	0.84	3.00	5040
1.2	2.1	3	1.8	0.10	2.02	2.00	18 180
1.2	2.1	3	1.8	0.20	1.58	2.00	14 220
1.2	2.1	3	1.8	0.30	1.18	2.00	10 620
1.2	2.1	3	1.8	0.40	0.84	2.00	7560
1.2	2.1	3	1.8	0.10	2.02	4/3	27 270
1.2	2.1	3	1.8	0.20	1.58	4/3	21 330
1.2	2.1	3	1.8	0.30	1.18	4/3	15 930
1.2	2.1	3	1.8	0.40	0.84	4/3	11 340

Tabla 8.8. Fuerza de bloqueo de una bolsa hinchable de nivel de resistencia 3 de 2.1 x 1.2 m.

Si en el sistema de amarre se coloca un solo tensor capaz de generar una tensión T (véase la parte izquierda de la figura 8.46), la tensión creada en el lado opuesto de la unidad de carga (en la figura, el derecho) es menor debido a las pérdidas de tensión a lo largo del material de amarre, de modo que en el extremo opuesto la tensión tiene un valor de $T \cdot (k - 1)$.

Los cálculos incorporados en la versión de 2014, formulados sobre la base de este factor, son los siguientes:

- Componente vertical de T lado izquierdo: $T_{zi} = T \cdot$ sen α.
- Componente vertical de T lado derecho: $T_{zd} = T \cdot (k - 1) \cdot$ sen α.
- Fuerza normal: $F_N = F_v + T_{zi} + T_{zd}$.
- Fuerza de rozamiento: $F_R = \mu_e \cdot F_N = \mu_e \cdot (F_v + T \cdot$ sen $\alpha + T \cdot (k - 1) \cdot$ sen $\alpha)$ $= \mu_e \cdot (m \cdot c_z \cdot g + k \cdot T \cdot$ sen $\alpha)$.

Para evitar que la unidad de carga se deslice en dirección transversal, debe cumplirse $F_R > F_t$, donde la ecuación de equilibrio viene dada por $F_R = F_t$. Por tanto:

- $m \cdot c_y \cdot g = \mu_e \cdot (m \cdot c_z \cdot g + k \cdot T \cdot$ sen $\alpha)$.
- $m \cdot c_y \cdot g - \mu_e \cdot m \cdot c_z \cdot g = \mu_e \cdot k \cdot T \cdot$ sen α.
- $m \cdot g \cdot (c_y - \mu_e \cdot c_z) = \mu_e \cdot k \cdot T \cdot$ sen α.

$$m = \frac{\mu_e \cdot k \cdot T \cdot \text{sen}\, \alpha}{g \cdot \left(c_y - \mu_e \cdot c_z\right)}$$

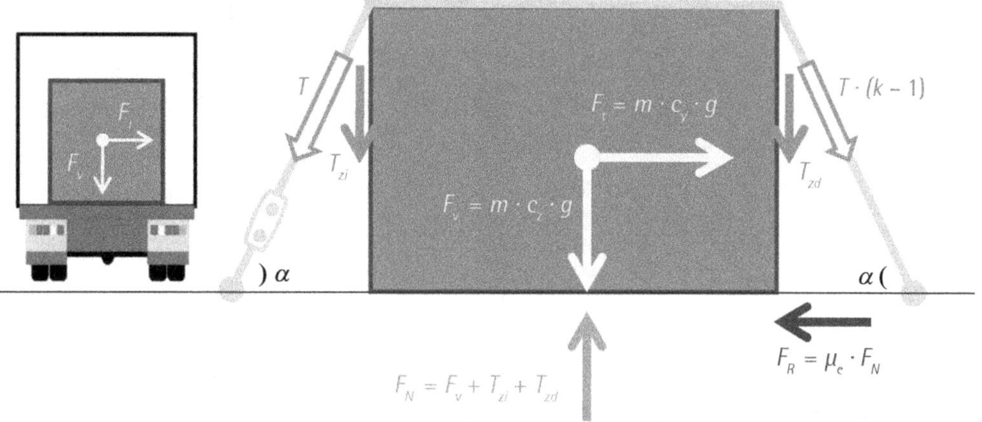

Figura 8.46. Consideración del factor k en el amarre por encima (CTU 2014).

Análogamente, en dirección longitudinal:

$$m = \frac{\mu_e \cdot k \cdot T \cdot \mathrm{sen}\,\alpha}{g \cdot \left(c_x - \mu_e \cdot c_z\right)}$$

En caso de que haya un solo tensor, debe tomarse $k = 1.5$, y si hay un tensor a cada lado, o bien uno solo pero con indicador de tensión, $1.5 < k \leq 2$. Las antiguas tablas tomaban un valor de $k = 2$; las actuales parten de $k = 1.75$.

5.3 Amarre en bucle

El Código CTU de 2014 establece la sujeción contra el vuelco sobre la base de la carga máxima de sujeción MSL en lugar de hacerlo sobre la tensión T, como ocurre en la versión de 1997.

Para que la unidad de carga vuelque (véase la figura 8.47) debe darse $\sum M_p > 0$, donde el equilibrio se encuentra en $\sum M_p = 0$.

Por tanto:

- $m \cdot c_y \cdot g \cdot H/2 = m \cdot c_z \cdot g \cdot B/2 + \mathrm{MSL} \cdot \mathrm{sen}\,\alpha \cdot B.$
- $m \cdot c_y \cdot g \cdot H/2 - m \cdot c_z \cdot g \cdot B/2 = \mathrm{MSL} \cdot \mathrm{sen}\,\alpha \cdot B.$
- $m \cdot g \cdot 1/2 \cdot (c_y \cdot H - c_z \cdot B) = \mathrm{MSL} \cdot \mathrm{sen}\,\alpha \cdot B.$

$$m = \frac{2 \cdot \mathrm{MSL} \cdot \mathrm{sen}\,\alpha \cdot B}{g \cdot \left(c_y \cdot H - c_z \cdot B\right)} = \frac{2 \cdot \mathrm{MSL} \cdot \mathrm{sen}\,\alpha}{g \cdot \left(c_y \cdot \dfrac{H}{B} - c_z\right)}$$

El Código CTU de 2014 establece como peor ángulo $\alpha = 30°$ con sen $\alpha = 0.5$, de modo que:

$$m = \frac{\mathrm{MSL}}{g \cdot \left(c_y \cdot \dfrac{H}{B} - c_z\right)}$$

Otra novedad consiste en que, en el cálculo de la sujeción transversal contra el deslizamiento, el Código CTU de 2014 cambia el coeficiente de rozamiento dinámico de $\mu_d = 0.7 \cdot \mu_e$ a $\mu_d = 0.75 \cdot \mu_e$.

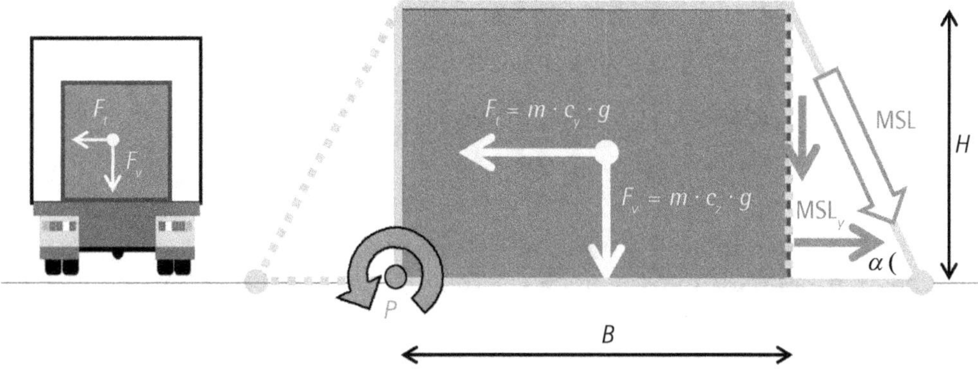

Figura 8.47. Sujeción contra el vuelco en el amarre en bucle (CTU 2014).

5.4   Amarre directo y de tirantes

Tanto en el amarre directo como en el de tirantes, el Código CTU de 2014 cambia, a la hora de hacer los cálculos de sujeción, el coeficiente de rozamiento dinámico de $\mu_d = 0.7 \cdot \mu_e$ a $\mu_d = 0.75 \cdot \mu_e$.

En cuanto al amarre directo, para el cálculo del vuelco longitudinal se utiliza una única fórmula, sin tener en cuenta el caso en que $H/L < 1$.[30]

5.5   Otras novedades

El Código CTU de 1997 indicaba la necesidad de no dejar espacios vacíos entre las diferentes unidades de carga ni entre estas y las paredes del contenedor para evitar que se desplazasen durante el transporte, pero no especificaba ningún límite numérico. El Código CTU de 2014 determina que la suma de espacios vacíos en dirección tanto

---

[30] Al consultar las guías rápidas de trincaje de la OMI y la guía CQLG, elaboradas ambas por MariTerm, al autor le llamó la atención que en la versión de 2014 del Código CTU y en la guía CQLG figurase un cálculo en el amarre directo para vuelco longitudinal en transporte marítimo en zona C diferente del de la anterior edición. Tras cursar una consulta a Peter Andersson, presidente de la consultora sueca, este informó que los cálculos correctos son los de la anterior edición y que las versiones posteriores no han considerado el caso en que $H/L < 1$, y afirmó haber tomado nota del apunte para tenerlo en cuenta en futuras ediciones de las guías rápidas. Con todo, esto no supone un problema de seguridad, ya que la masa que se considera en las nuevas tablas es inferior a la que realmente sujetaría el sistema de amarre para ese caso concreto.

transversal como longitudinal no debe superar los 15 cm. En caso de hacerlo, se requieren métodos de sujeción por bloqueo o amarre para impedir que la carga se desplace.

5.6   Resumen de las novedades en los cálculos de trincaje según el Código CTU de 2014

En la tabla 8.9 se resumen las novedades en los cálculos de trincaje expuestos en el apartado 5 para los distintos tipos de amarre.

6   Cálculo del número de amarres necesarios

Una vez descritas las diferentes técnicas de trincaje con sus respectivos materiales y expuestos los correspondientes cálculos, se enumeran a continuación los pasos para calcular el número de amarres necesarios para el trincaje de determinada carga.

6.1   Cálculo del número de amarres necesarios para sujetar una única unidad de carga

El número de amarres necesarios para prevenir el deslizamiento y el vuelco se obtiene mediante las fórmulas de las tablas 8.7 u 8.9, o bien por medio de las tablas rápidas de trincaje de la OMI.

Los pasos para proceder al cálculo son los siguientes:

1. Calcular el número de amarres necesarios para evitar el deslizamiento.
2. Calcular el número de amarres necesarios para evitar el vuelco.
3. Seleccionar el mayor de ambos.

Incluso si no hay riesgo de vuelco ni de deslizamiento, es recomendable colocar al menos un amarre por encima por cada 4 t de carga.

6.2   Cálculo del número de amarres necesarios para sujetar múltiples unidades de carga estibadas en varias filas y apiladas en diversas capas

El número de amarres necesarios para prevenir el deslizamiento y el vuelco se obtiene mediante las tablas rápidas de trincaje de la OMI.

Novedades en los cálculos de trincaje (CTU 2014)			
Tipo de amarre	**Sujeción**	**Longitudinal**	**Transversal**
Por encima[31]	Deslizamiento	$m = \dfrac{\mu_e \cdot 1.75 \cdot T}{g \cdot \left(c_x - \mu_e \cdot c_z\right)}$	$m = \dfrac{\mu_e \cdot 1.75 \cdot T}{g \cdot \left(c_y - \mu_e \cdot c_z\right)}$
	Vuelco	$m = \dfrac{1.75 \cdot T}{g \cdot \left(c_x \cdot \frac{H}{L} - c_z\right)}$	$m = \dfrac{1.75 \cdot T}{g \cdot \left(c_y \cdot \frac{H}{B} - c_z\right)}$
En bucle[32]	Deslizamiento	No aplica	$m = \dfrac{\text{MSL} \cdot \left(1 + 0.75 \cdot \mu_e\right)}{g \cdot \left(c_y - 0.75 \cdot \mu_e \cdot c_z\right)}$
	Vuelco	No aplica	$m = \dfrac{\text{MSL}}{g \cdot \left(c_y \cdot \frac{H}{B} - c_z\right)}$
Directo[33]	Deslizamiento	$m = \dfrac{\text{MSL} \cdot \left(0.25 + \mu_e \cdot 0.65\right)}{g \cdot \left(c_x - 0.75 \cdot \mu_e \cdot c_z\right)}$	$m = \dfrac{\text{MSL} \cdot \left(0.25 + \mu_e \cdot 0.65\right)}{g \cdot \left(c_y - 0.75 \cdot \mu_e \cdot c_z\right)}$
	Vuelco	$m = \dfrac{0.25 \cdot \text{MSL} \cdot \left(\frac{H}{L} + 1\right)}{g \cdot \left(c_x \cdot \frac{H}{L} - c_z\right)}$	$m = \dfrac{0.25 \cdot \text{MSL} \cdot \left(\frac{H}{B} + 1\right)}{g \cdot \left(c_y \cdot \frac{H}{B} - c_z\right)}$
De tirantes[34]	Deslizamiento	$m = \dfrac{1.414 \cdot \text{MSL} \cdot \left(1 + 0.75 \cdot \mu_e\right)}{g \cdot \left(c_x - 0.75 \cdot \mu_e \cdot c_z\right)}$	No aplica
	Vuelco	$m = \dfrac{2.828 \cdot \text{MSL} \cdot \frac{H}{L}}{g \cdot \left(c_x \cdot \frac{H}{L} - c_z\right)}$	No aplica

Tabla 8.9. **Novedades en los cálculos de trincaje** según el Código CTU de 2014.

....

[31] Sujeción por cada amarre. Válida para un ángulo α tal que $75° \leq \alpha \leq 90°$. La fórmula parte de sen α = sen 90° = 1 (criterio de la OMI) y k = 1.75.

[32] Sujeción por cada par de bucles. Las guías rápidas de la OMI parten de un ángulo α = 90° con sen 90° = 1 para el cálculo de sujeción por deslizamiento, que corresponde al caso en que el bucle ejerce la menor sujeción posible, y α = 30° con sen 30° = 0.5 para el cálculo de vuelco.

[33] Sujeción por cada amarre. Las guías rápidas de la OMI parten de ángulos α y β tales que $30° \leq \alpha \leq 60°$ y $30° \leq \beta \leq 60°$, lo que supone α = 60° y β = 30° en el cálculo de deslizamiento transversal y vuelco y α = 60° y β = 60° en el cálculo de deslizamiento longitudinal (sen 30° = 0.5, cos 30° = 0.866, sen 60° = 0.866 y cos 60° = 0.5).

[34] Válido por cada sistema de amarre. Las guías rápidas de la OMI parten de un ángulo α tal que $\alpha \leq 45°$ (sen 45° = cos 45° = 0.707).

Los pasos para proceder al cálculo son los siguientes:

1. Calcular el número de amarres necesarios para evitar el deslizamiento usando la masa de una sección completa y el menor coeficiente de rozamiento de cualquiera de las capas.
2. Calcular el número de amarres necesarios para evitar el vuelco de la sección completa.
3. Seleccionar el mayor de ambos.

Un modo más avanzado de cálculo consiste en:

1. Calcular el número de amarres necesarios para evitar el deslizamiento usando la masa de una sección completa y el coeficiente de rozamiento de la capa en contacto con el suelo.
2. Calcular el número de amarres necesarios para evitar el deslizamiento usando la masa de la sección apilada en la parte más alta y el coeficiente de rozamiento entre capas.
3. Calcular el número de amarres necesarios para evitar el vuelco de la sección completa.
4. Seleccionar el mayor de los tres.

7 Conclusiones

Parece incuestionable que a nadie se le ocurriría acudir a un concesionario de vehículos y solicitar un coche sin cinturón de seguridad. Esto es así porque de ello depende la seguridad de las personas a bordo y la preocupación por este aspecto prevalece sobre cualquier motivo de índole económica, de ahí que la ley no permita fabricar vehículos que carezcan de dicho dispositivo. Además, los organismos encargados de la seguridad vial sancionan el hecho de viajar sin llevar puesto el cinturón, muestra de que las autoridades buscan proteger a las personas en caso de accidente.

Salvando las distancias, tampoco parece cuestionable que, en el transporte de mercancías, la situación es sustancialmente distinta. En efecto, la mayoría de los países no han incorporado a sus legislaciones nacionales normas que regulen la sujeción de la carga, y se limitan a indicar en sus reglamentos de circulación de vehículos redacciones tan vagas como «la carga debe ir correctamente amarrada» sin facilitar directrices o pautas que permitan a los cuerpos de seguridad comprobar si, efectivamente, dicho requisito se cumple, lo que deriva en una falta de control o en un control ineficaz en tal aspecto. Así pues, este vacío deja a menudo en manos de las empresas la opción de seguir o no las recomendaciones y los códigos de buenas prácticas que organizaciones internacionales como la OMI, la Organización Internacional del Trabajo (OIT) y la Comisión Económica de las Naciones Unidas para Europa (Cepe) desarrollan en aras de la seguridad internacional en el transporte.

Los motivos por los que una empresa omite sujetar correctamente la carga durante el transporte son fundamentalmente dos:

- Porque busca posicionar sus mercancías en los mercados internacionales al mínimo costo posible para aumentar su competitividad o su margen de beneficio y está dispuesta a asumir el riesgo de reducir los costos de trincaje.
- Porque no sabe cómo proceder a la sujeción de la carga o no es consciente del riesgo que conlleva transportar mercancía con un trincaje inadecuado.

La primera razón se basa en criterios económicos a los que la empresa da prioridad sobre otros, aun siendo consciente de los riesgos que conlleva no sujetar correctamente la mercancía. El verdadero problema estriba en aquellos casos en que lo que lleva a obviar el trincaje de la carga es el desconocimiento de las técnicas o del riesgo. En este sentido, la difusión internacional de los códigos y las recomendaciones de seguridad en el transporte resulta esencial para concienciar acerca de la necesidad del correcto trincaje de las mercancías, y debe llevarse a cabo en todos los ámbitos y territorios posibles. Por este motivo, el grupo de expertos de la OMI, la OIT y la Cepe encargado de la redacción del Código CTU sugirió, en noviembre de 2013, que el texto se tradujese a varios idiomas, entre ellos el español.

Sin embargo, hay casos en que la omisión del trincaje por parte de una empresa consciente de su importancia se debe precisamente a la concurrencia de diversas normas en un mismo país, lo que plantea dudas respecto al criterio que hay que seguir. En Alemania, por ejemplo, la normativa de tráfico establece que la carga debe ser asegurada mediante equipos de sujeción de modo que no pueda deslizarse, volcar, rodar ni caer del vehículo, incluso en caso de frenada de emergencia o maniobra brusca, de acuerdo con lo establecido en las reglas y normas técnicas. Ahora bien, en ese país coexisten tres normas técnicas sobre la sujeción de la carga (la directriz alemana VDI 2700, la norma europea EN 12195-1 y el Código CTU), por lo que la policía de tráfico, que sí sanciona las incorrectas sujeciones de la carga, tiene problemas para determinar si se ha cometido o no una infracción. Esto ocurre porque, pese a que las tres normas se basan en los mismos principios, existen diferencias relativas a los coeficientes de rozamiento y aceleración aplicables y, consecuentemente, en cuanto al número de dispositivos de sujeción necesarios.

Además, al margen de las legislaciones aplicables en los diferentes países, en algunos de ellos existen reglamentos internos que obligan a efectuar un tipo de sujeción concreta en determinados modos de transporte para que este se considere autorizado. Por ejemplo, el ferrocarril canadiense no permite el transporte de cargas pesadas en contenedor si la sujeción no se lleva a cabo conforme a sus procedimientos internos, de modo que las autoridades ferroviarias abren los contenedores, comprueban la sujeción y deniegan el transporte si el trincaje no se ha efectuado según lo estipulado.

En el transporte internacional de contenedores por vía marítima, el capitán o el primer oficial del buque procede al control de los contenedores abiertos con anterioridad al embarque y autoriza su estiba a bordo siempre que no suponga un riesgo de seguridad para el buque y la tripulación. Un control que, en cambio, no tiene lugar en el caso de los contenedores cerrados, cuya única supervisión respecto a la estiba y el trincaje de la mercancía depende de la empresa cargadora.

Cuando el trincaje se ha efectuado inadecuadamente y tiene lugar un siniestro, la investigación de las causas y la valoración económica de los daños corresponde a los comisarios de averías. Si la causa del siniestro es atribuida a una mala estiba, a un embalaje deficiente o a un trincaje insuficiente, la responsabilidad civil recae sobre la empresa que ha cargado el contenedor (el propio exportador o bien la empresa contratada por él), que acaba asumiendo a menudo los costos correspondientes por cuanto la mayoría de las pólizas de seguro excluyen mediante una cláusula los daños por estiba o trincaje inadecuado.

Finalmente, los desacuerdos para dirimir responsabilidades, habituales en caso de siniestro, suelen culminar en la presentación de una demanda judicial por alguna de las partes (empresa cargadora, consignataria de la mercancía, consignataria del buque, naviera, terminal de contenedores, agencia transitaria, compañía de seguros, etc.). No obstante, en numerosas ocasiones la concurrencia de legislaciones nacionales e internacionales dificulta la imputación de responsabilidades, motivo por el cual el dictamen, a falta de una legislación aplicable concluyente, se acaba sustentando en los informes técnicos de los comisarios de averías o en los de un perito judicial independiente nombrado por el juzgado como soporte a los informes periciales de las partes.

En cualquier caso, dado que los comisarios de averías basan sus análisis en las recomendaciones internacionales, la estiba y el trincaje de mercancías en contenedor efectuados conforme a los códigos adoptados por la OMI, la OIT y la Cepe garantizan la adecuación de estos procedimientos y aportan la seguridad necesaria para prevenir siniestros relacionados con ellos. Tal es el objetivo de esta obra, que a lo largo de ocho capítulos ha desarrollado los conceptos necesarios para proceder a una estiba y un trincaje correctos en contenedor cuya aplicación culmina, en el capítulo 9, con la exposición de seis casos prácticos.

Capítulo 9

Casos prácticos

Este capítulo tiene por objeto ilustrar los conceptos expuestos a lo largo de la obra mediante seis casos prácticos de estiba y trincaje de mercancías en contenedor:

1. Estiba y trincaje de cajas en un contenedor estándar para transporte combinado por carretera y marítimo en zona C.
2. Estiba y trincaje de tres cajones en un contenedor de techo abierto de 40′ para transporte multimodal por carretera y marítimo en zona C.
3. Carga de un bloque de granito en un contenedor estándar de 20′ para transporte unimodal marítimo en zona C.
4. Estiba y trincaje de dos cajones en un contenedor plataforma de 40′ para transporte combinado por carretera, ferroviario y marítimo en zona C.
5. Trincaje de dos máquinas elevadoras en un contenedor plataforma de 40′ para transporte unimodal marítimo en zona C.
6. Estiba de una máquina perforadora en un contenedor plataforma de 40′.

Todos los cálculos desarrollados en estos ejemplos se efectúan sobre la base de los coeficientes de aceleración del Código CTU de 1997. Para aplicar los coeficientes establecidos en la versión de 2014 basta con tomar como referencia los datos de la tabla 5.4 y usar las fórmulas recogidas en la tabla 8.9 (véanse los capítulos 5 y 8, respectivamente).

1 Estiba y trincaje de cajas en un contenedor estándar para transporte combinado por carretera y marítimo en zona C

Una empresa exportadora dedicada a la comercialización de vino recibe una solicitud de cotización por parte de una empresa importadora que desea comprar su producto en condiciones CIF puerto de destino.

La empresa exportadora envasa el producto en botellas de vidrio verde de 75 cl que embala en cajas de cartón ondulado a razón de 12 botellas por caja. Cada embalaje mide 24 cm de anchura, 32 cm de longitud y 32 cm de altura, tiene una masa bruta de 15 kg y debe ser estibado en posición vertical dentro del contenedor.

Las cajas pueden transportarse como bultos sueltos o bien en isopalés (1200 × 1000 mm) a razón de 75 cajas por isopalé (5 capas de 15 cajas cada una). En cuanto a los contenedores, la línea marítima dispone de dos unidades con las siguientes características:

– Contenedor estándar de 20′ con una carga útil máxima de 28 000 kg.
– Contenedor estándar de 40′ con una carga útil máxima de 28 000 kg.
– Ambos contenedores tienen unas dimensiones mínimas interiores ISO.

El precio de costo de la botella es de 5 UM;[1] el resto de los gastos se recogen en la tabla 9.1.

Costos de transporte de la carga		
Concepto	Contenedor estándar 20′ (UM)	Contenedor estándar 40′ (UM)
Transporte de las instalaciones de la empresa exportadora al puerto de embarque	150	200
Despacho de aduanas de exportación	30	30
Flete del puerto de origen al puerto de destino	1000	1800
Recargo BAF	200	350
Cargo por manipulación en la terminal de origen	150	200
Tasas portuarias en el puerto de origen	35	50
Conocimiento de embarque	30	30
Recargo ISPS	6	6
Precinto	6	6
Seguro ICC modalidad A	Prima del 1 % (calculada sobre el 110 % del valor CFR)	

Tabla 9.1. Costos del transporte en contenedor de una carga de botellas de vino.

---

[1] Unidades monetarias.

Habida cuenta de estos datos, las cuestiones que se plantean son las siguientes:

- ¿Cuántas cajas sueltas pueden cargarse manualmente en un contenedor estándar de 20′?
- ¿Cuántas cajas paletizadas pueden cargarse en un contenedor estándar de 20′?
- ¿Cuántas cajas sueltas pueden cargarse manualmente en un contenedor estándar de 40′?
- ¿Cuántas cajas paletizadas pueden cargarse en un contenedor estándar de 40′?
- ¿Con qué tipo de estiba se obtiene el menor costo CIF por botella?
- ¿Qué tipo de trincaje requiere dicha estiba?

1.1   Carga manual de cajas sueltas en un contenedor estándar de 20′

Las dimensiones mínimas ISO de un contenedor estándar de 20′ son 5867 mm de longitud, 2330 mm de anchura y 2350 mm de altura. Dado que las cajas miden 32 cm de altura y han de viajar en vertical, el número de cajas que es posible estibar en altura es 235 cm/32 cm = 7 (redondeando al número entero inferior).[2]

A continuación debe determinarse cuántas cajas caben en el contenedor, que puede consolidarse mediante distintas configuraciones de estiba. La opción más sencilla consiste en estibar todas las cajas en la misma posición. Por ejemplo, al colocar el lado de 32 cm a lo ancho del contenedor, entran en este sentido 233 cm/32 cm = 7 cajas, y a lo largo, 586 cm/24 cm = 24 cajas. De este modo es posible estibar 7 · 24 = 168 cajas por capa, resultado que, multiplicado por 7 capas, arroja un total de 1176 cajas. De igual modo, si cada embalaje se gira 90° con respecto a la posición anteriormente indicada es posible estibar 1134 cajas (véase la figura 9.1).

No obstante, dado que no todas las cajas tienen que viajar en la misma posición, al colocar cinco cajas en una posición y tres en otra se obtiene la máxima ocupación del contenedor (1218 cajas). En este supuesto, la masa bruta de la mercancía es de 1218 cajas · 15 kg/caja = 18 270 kg.

---

[2] Al seleccionar el embalaje hay que tener en cuenta que cada caja debe soportar el peso de otras seis cajas apiladas durante la navegación marítima en zona C. Dado que en condiciones dinámicas la aceleración puede llegar a 1.8*g*, en condiciones estáticas cada caja debe resistir 11 cajas apiladas encima sin romperse (6 cajas · 15 kg/caja · 1.8*g* = 162 kgf; esto es, 10.8 ≈ 11 cajas apiladas encima en condiciones estáticas).

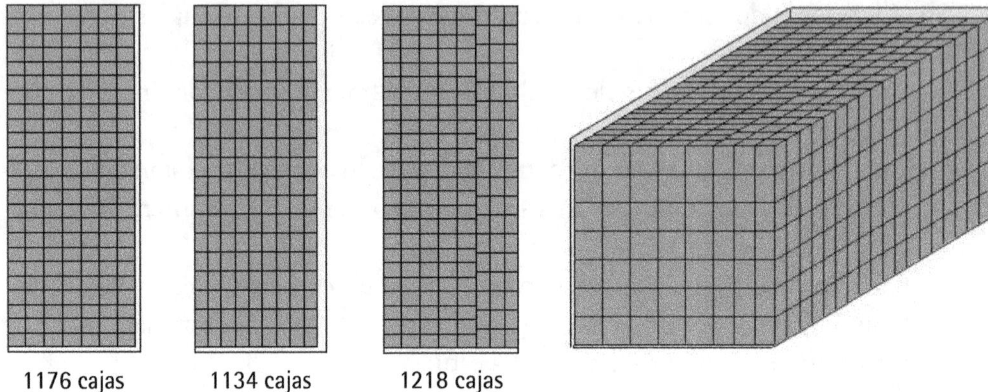

Figura 9.1. Cajas estibadas en un contenedor estándar de 20′ según distintas configuraciones de estiba.

1.2 Carga de cajas paletizadas en un contenedor estándar de 20′

Un contenedor estándar de 20′ puede albergar 10 isopalés (véase la tabla 7.6). Por tanto, 10 isopalés · 75 cajas/isopalé = 750 cajas.

Un isopalé con una capacidad dinámica de 75 cajas · 15 kg/caja = 1125 kg tiene una masa de alrededor de 25 kg. Así pues, la masa bruta de la mercancía es de (10 · 25 kg) + (750 · 15 kg) = 11 500 kg.

1.3 Carga manual de cajas sueltas en un contenedor estándar de 40′

Del hecho de que un contenedor estándar de 20′ pueda albergar 1218 cajas se infiere que un contenedor estándar de 40′, cuya capacidad duplica la del primero, puede transportar al menos 2436 cajas.

No obstante, 2436 cajas representan una masa de 2436 · 15 kg = 36 540 kg, con lo cual se supera la carga útil máxima del contenedor (28 000 kg). En este caso, el número máximo de cajas que es posible estibar viene limitado por la masa máxima admisible para la carga: 28 000 kg/15 kg = 1866 cajas.

1.4 Carga de cajas paletizadas en un contenedor estándar de 40′

Un contenedor estándar de 40′ puede albergar 21 isopalés (véase la tabla 7.6). Por tanto, 21 isopalés · 75 cajas/isopalé = 1575 cajas.

De acuerdo con los datos expuestos en el apartado 1.2, la masa bruta de la mercancía es en este caso de (21 · 25 kg) + (1575 · 15 kg) = 24 150 kg.

1.5 Determinación de la opción de menor costo según la configuración de estiba

Los costos de transporte por caja en función de la configuración de estiba se detallan en la tabla 9.2.

Del desglose de los gastos se desprende que el menor costo corresponde a la estiba de cajas sueltas en un contenedor estándar de 20′, que supone un costo de transporte

Costos de transporte por caja		
Concepto	**Contenedor estándar 20′ (UM)**	**Contenedor estándar 40′ (UM)**
Transporte de las instalaciones de la empresa exportadora al puerto de embarque	150	200
Despacho de aduanas de exportación	30	30
Flete del puerto de origen al puerto de destino	1000	1800
Recargo BAF	200	350
Cargo por manipulación en la terminal de origen	150	200
Tasas portuarias en el puerto de origen	35	50
Conocimiento de embarque	30	30
Recargo ISPS	6	6
Precinto	6	6
Total	**1607**	**2672**
N.º de cajas sueltas	1218	1866
N.º de cajas paletizadas	750	1575
Costo CFR por caja suelta	1.32	1.43
Costo CFR por caja paletizada	2.14	1.70

Tabla 9.2. Costos de transporte por caja según la configuración de estiba.

de 1.32 UM/caja; por tanto, al dividir 1.32 UM/caja entre 12 botellas/caja se obtiene un costo de 0.11 UM/botella. Así pues:

- Precio CFR por botella: 5 UM (fábrica) + 0.11 UM (transporte) = 5.11 UM.
- Precio CIF por botella: 5.11 UM + 0.056 UM (1 % sobre el 110 % de 5.11) = 5.166 UM.

1.6 Análisis de las necesidades de trincaje

Como se observa en la figura 9.1, las 1218 cajas estibadas en el contenedor estándar de 20′ viajan totalmente compactadas, de modo que la única sujeción ejercida es la de la fuerza de rozamiento y la de las paredes del contenedor.

Al tratarse de un contenedor estándar de 20′ que transporta cajas de cartón, el coeficiente de rozamiento estático entre el suelo de madera y los embalajes es de 0.5, al igual que entre unas cajas y otras (véase la tabla 8.5). De acuerdo con los datos expuestos en el apartado 1.1, la masa bruta de la carga es de 18 270 kg. Teniendo en cuenta que el contenedor viaja en transporte combinado por carretera y marítimo en zona C, las fuerzas que actúan sobre la carga, medidas en kilogramos fuerza, se detallan en la tabla 9.3.

Fuerzas en el transporte						
Modo de transporte	c_y	c_x	c_z	F_t	F_l	$F_R = \mu_e \cdot F_N$
Carretera (transversal)	0.5	–	1	$18270 \cdot 0.5$	–	$0.5 \cdot 18\,270 \cdot 1$
Carretera (longitudinal)[3]	–	1	1	–	$18\,270 \cdot 1$	$0.5 \cdot 18\,270 \cdot 1$
Marítimo en zona C (transversal)	0.8	–	1	$18270 \cdot 0.8$	–	$0.5 \cdot 18\,270 \cdot 1$
Marítimo en zona C (longitudinal)	–	0.4	0.2	–	$18\,270 \cdot 0.4$	$0.5 \cdot 18\,270 \cdot 0.2$

Tabla 9.3. Fuerzas que actúan en el transporte medidas en kilogramos fuerza.

---

[3] Se considera el caso más desfavorable: longitudinal hacia delante.

Además de la fuerza de rozamiento, la resistencia de las paredes del contenedor forma parte de la sujeción de la carga, ya que esta se apoya directamente en ellas. En este sentido, recuérdese que la resistencia de la puerta y de la pared delantera es de $0.4 \cdot P$, y la de las paredes laterales, de $0.6 \cdot P$, donde P es la carga útil máxima del contenedor. Por tanto, dicha resistencia es de $0.4 \cdot 28\,000 = 11\,200$ kgf en el caso de las primeras y de $0.6 \cdot 28\,000 = 16\,800$ kgf en el de las segundas.

En el transporte por carretera, la fuerza de rozamiento basta para sujetar la carga lateralmente: en efecto, la fuerza transversal que puede actuar $(18\,270 \cdot 0.5 = 9135$ kgf$)$ coincide con la fuerza de rozamiento, a la que se añade la resistencia de las paredes. En cuanto a la sujeción longitudinal necesaria $(18\,270 \cdot 1 = 18\,270$ kgf$)$, la fuerza de rozamiento solo supone el 50 % de ella, si bien la resistencia de la puerta y la pared delantera es suficiente para contener el otro 50 % $(11\,200$ kgf > 9135 kgf$)$.

En el transporte marítimo en zona C, la fuerza de sujeción transversal necesaria $(18\,270 \cdot 0.8 = 14\,616$ kgf$)$ no llega a ser contenida únicamente por la fuerza de rozamiento $(9135$ kgf$)$; no obstante, las paredes laterales ejercen el resto de la sujeción necesaria $(14\,616 - 9135 = 5481$ kgf$)$ por cuanto pueden contener hasta $16\,800$ kgf. Respecto a la fuerza longitudinal, la resistencia de la pared delantera basta para ejercer la sujeción necesaria $(18\,270 \cdot 0.4 = 7308$ kgf$)$ puesto que es capaz de resistir hasta $11\,200$ kgf.

De lo hasta aquí expuesto se desprende que en este caso no es necesario trincar la mercancía. Ahora bien, dado que la configuración de estiba seleccionada consiste en cargar el contenedor con cajas sueltas, debe colocarse una red de trincaje en la puerta para prevenir siniestros personales al abrirla.

2 Estiba y trincaje de tres cajones en un contenedor de techo abierto de 40′ para transporte multimodal por carretera y marítimo en zona C

Una empresa exportadora se dispone a estibar en un contenedor de techo abierto tres unidades de carga de masa homogénea cuyas dimensiones y masas unitarias se detallan en la figura 9.2. El contenedor facilitado por la línea marítima mide 40′, es de gran capacidad (9.5′ de altura) y tiene una carga útil máxima de 28 400 kg.

La empresa cuenta en sus instalaciones con una grúa pórtico cuya altura operativa es de 7 m (distancia desde el suelo de la instalación hasta el gancho), y para manipular las unidades de carga es necesario colocar unas eslingas de elevación que suponen una altura de 1.25 m sobre el techo de la carga (véase la figura 9.2).

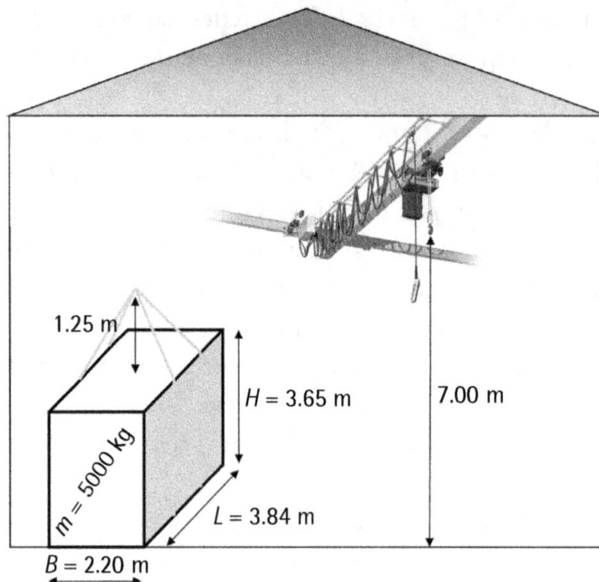

Figura 9.2
Dimensiones de la carga y altura
de la instalación.

Para efectuar el transporte desde las instalaciones de la empresa hasta el puerto de embarque se dispone de un semirremolque portacontenedores plataforma de 1.20 m de altura. Existe la posibilidad tanto de trasladar el contenedor a las instalaciones de la empresa exportadora como de transportar la carga al puerto para consolidar allí el contenedor.

Los aspectos que conviene analizar en este caso son los siguientes:

– La capacidad del contenedor para albergar dichas unidades de carga.
– Las posibilidades de estiba existentes: en las instalaciones de la empresa exportadora o en el puerto de embarque.
– Las necesidades de trincaje.

2.1 Análisis de la capacidad del contenedor

Para analizar la capacidad del contenedor a la hora de estibar las unidades de carga descritas es necesario conocer sus dimensiones, que se detallan en la tabla 9.4.

En primer lugar se observa que la altura de la carga (3.65 m) supera la del techo del contenedor (2.896 m), por lo que se trata de una carga sobredimensionada con sobrealtura. Sin embargo, esto no supone un problema por cuanto el contenedor de techo abierto permite que la carga sobresalga por encima.

Medidas del contenedor					
Designación	Mínimas interiores (mm)			Exteriores (mm)		
	Longitud	Anchura	Altura	Longitud	Anchura	Altura
40' HC	11 998	2330	2655	12 192	2438	2896

Tabla 9.4. Medidas ISO de un contenedor de techo abierto de 40' de gran capacidad.

La longitud de cada unidad de carga es de 3.84 m, lo que condiciona su estiba de modo que su lado largo debe situarse en el sentido longitudinal del contenedor. Al tratarse de tres unidades, la longitud total mide 3 · 3.84 m = 11.52 m. Dado que la longitud interior del contenedor es de 11.998 m, se considera que *a priori* deben poder cargarse las tres unidades. Lo mismo ocurre respecto a la anchura, puesto que cada unidad mide 2.20 m de ancho y la dimensión del contenedor en este sentido es de 2.33 m.

En caso de que se proceda al razonamiento expuesto sobre la base de las medidas proporcionadas por la línea marítima (que coinciden con las establecidas por la norma ISO en las dimensiones exteriores, mientras que las interiores pueden resultar ligeramente superiores), las conclusiones son las mismas. Sin embargo, las líneas marítimas rara vez facilitan las medidas del hueco del techo ni las particularidades constructivas de este tipo de contenedores, de resultas de lo cual los errores en la planificación de la estiba son frecuentes.

En la figura 9.3 se observa que los contenedores de techo abierto cuentan con cuatro esquineros superiores que reducen tanto la anchura como la longitud útil de carga. Además, para reforzar estructuralmente la carencia de techo, los largueros

Figura 9.3
Dimensiones del hueco del techo
de un contenedor de techo abierto de 40'.

superiores laterales son más anchos; en consecuencia, el hueco mide 2.22 m de anchura en lugar de 2.33 m, que es la medida correspondiente a las paredes interiores.

En definitiva, la longitud total de la carga es de 11.52 m, mientras que la longitud entre los esquineros mide 11.55 m, y la anchura de la carga (2.20 m) es menor que el hueco entre los largueros superiores (2.22 m). Así pues, la operativa de carga es factible.

2.2   Análisis de las posibilidades de estiba

La empresa exportadora puede valorar la posibilidad de estibar la carga en sus instalaciones al considerar que basta con que esta supere la altura del semirremolque (1.20 m) más la del suelo del contenedor (0.15 m); esto es, 1.35 m. Al sumarle 3.65 m de la unidad de carga más 1.25 m de las eslingas se obtiene una altura de 6.25 m, inferior a los 7 m que mide la instalación.

Con todo, el razonamiento anterior no es válido en el presente caso porque no toma en consideración que los contenedores de techo abierto cuentan con una viga superior de puerta giratoria (véase la figura 9.4) con ciertas limitaciones de paso. En efecto, una vez girada dicha viga, el espacio libre a lo ancho mide 1.85 m, por debajo de los 2.20 m de la unidad de carga, de manera que no es posible estibarla de ese modo (véase la figura 9.5).

Habida cuenta de estas circunstancias, solo es posible estibar las unidades de carga elevándolas por encima de las paredes del contenedor y cargándolas por el hueco del techo. Como la altura exterior del contenedor es de 2896 mm (redondeando, 2.9 m), es necesario elevar la carga 1.20 m (altura del semirremolque) más 2.90 m (altura del contenedor); esto es, 4.10 m.

Figura 9.4
Viga superior de puerta giratoria
en un contenedor de techo abierto.

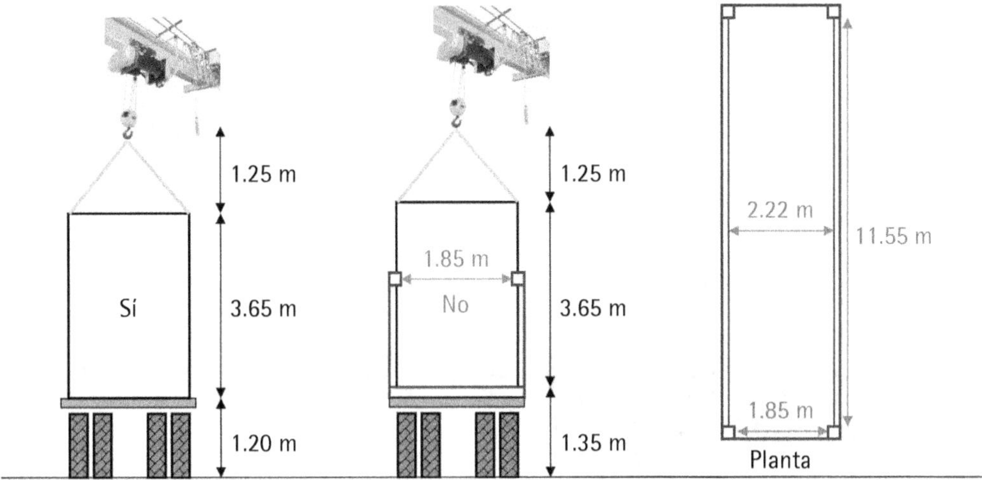

Figura 9.5. Análisis de la estiba de las unidades de carga.

Ahora bien, de la diferencia entre la altura de las instalaciones y la altura de elevación necesaria (7 − 4.10 = 2.90 m) se infiere la imposibilidad de consolidar el contenedor en las instalaciones de la empresa exportadora, ya que la altura de las unidades de carga es de 3.65 m y, por tanto, no se dispone de suficiente espacio para elevarlas. La única opción viable consiste, pues, en cargarlas en el semirremolque plataforma sin contenedor y trasladarlas al puerto, donde podrá procederse a su estiba sin restricciones de altura (véase la figura 9.6).[4]

Figura 9.6
Operativa de estiba en el puerto
de embarque.

---

[4] Téngase en cuenta que la altura de transporte en el semirremolque (4.85 m) lo convierte en un transporte especial por carretera que requiere una autorización complementaria.

Figura 9.7
Esterillas antideslizantes en el suelo del contenedor y primera unidad de carga estibada en la parte delantera.

2.3　Análisis de las necesidades de trincaje

Como se expone en el apartado 2.2, el transporte se lleva a cabo de dos modos: primero en semirremolque plataforma por carretera y después en contenedor por vía marítima.

En ambos casos, para conseguir la máxima fuerza de rozamiento, se colocan esterillas antideslizantes de caucho entre el suelo y la carga de manera que el coeficiente de rozamiento estático sea 0.6 (véase la figura 9.7).

Respecto al trincaje, se procede al amarre por encima, en el que se usan sistemas de amarre de cinta textil con una carga máxima de sujeción de 4000 daN en bucle, 2000 daN en tiro directo y una fuerza tensional o pretensado estándar de 240 daN (2400 N).

2.3.1　Trincaje en el semirremolque

El semirremolque plataforma es abierto y carece de paredes; por tanto, la sujeción es ejercida exclusivamente por la fuerza de rozamiento y los sistemas de amarre. Para proceder al trincaje de la carga en el semirremolque debe analizarse la capacidad de sujeción transversal y longitudinal del sistema de amarre contra el deslizamiento y el vuelco.

- **Sujeción del amarre por encima contra el deslizamiento**
  La sujeción transversal contra el deslizamiento se obtiene mediante la fórmula:

$$m = \frac{\mu_e \cdot 2 \cdot T}{g \cdot \left(c_y - \mu_e \cdot c_z\right)} = \frac{0.6 \cdot 2 \cdot 2400}{9.81 \cdot \left(0.5 - 0.6 \cdot 1\right)} < 0$$

En este caso, no existe riesgo de deslizamiento transversal ya que la fuerza de rozamiento *(F_R = 0.6 · m · g)* supera a la fuerza transversal *(F_t = 0.5 · m · g)*.

La sujeción longitudinal contra el deslizamiento se obtiene mediante la fórmula:

$$m = \frac{\mu_e \cdot 2 \cdot T}{g \cdot \left(c_x - \mu_e \cdot c_z\right)} = \frac{0.6 \cdot 2 \cdot 2400}{9.81 \cdot \left(1 - 0.6 \cdot 1\right)} = 733 \text{ kg}$$

Como cada unidad de carga tiene una masa de 5000 kg, se necesitan 5000 kg/733 kg = 7 (redondeando al número entero superior) sistemas de amarre para sujetarla contra el deslizamiento longitudinal; en total, 21 sistemas de amarre por encima al tratarse de tres unidades de carga.

- **Sujeción del amarre por encima contra el vuelco**
  La sujeción transversal contra el vuelco se obtiene mediante la fórmula:

$$m = \frac{2 \cdot T}{g \cdot \left(c_y \cdot \dfrac{H}{B} - c_z\right)} = \frac{2 \cdot 2400}{9.81 \cdot \left(0.5 \cdot \dfrac{3.65}{2.2} - 1\right)} < 0$$

En este caso, no existe riesgo de vuelco transversal ya que $H/B = 3.65/2.2 = 1.66 < c_z/c_y = 1/0.5 = 2$.

La sujeción longitudinal contra el vuelco se obtiene mediante la fórmula:

$$m = \frac{2 \cdot T}{g \cdot \left(c_x \cdot \dfrac{H}{L} - c_z\right)} = \frac{2 \cdot 2400}{9.81 \cdot \left(1 \cdot \dfrac{3.65}{3.84} - 1\right)} < 0$$

En este caso, no existe riesgo de vuelco longitudinal ya que $H/L = 3.65/3.84 = 0.95 < c_z/c_x = 1/1 = 1$.

De la aplicación de lo expuesto en el apartado 6.1 del capítulo 8, al ser el mayor número de amarres el que exige la sujeción longitudinal contra el deslizamiento

(21 amarres), se deduce que este es el número de amarres necesario para una correcta sujeción de la carga en el transporte por carretera, junto con el uso de esterillas antideslizantes.

2.3.2   Trincaje en el contenedor

Al trincar la carga en el contenedor, a la sujeción ejercida por la fuerza de rozamiento se añade la de las paredes, pues la carga ocupa toda la anchura y la longitud de la unidad de transporte.

Dado que la carga útil máxima del contenedor es de 28 400 kg, la resistencia de la pared delantera y de la puerta es de $0.4 \cdot 28\,400 = 11\,360$ kgf, y la de las paredes laterales, de $0.6 \cdot 28\,400 = 17\,040$ kgf. Las fuerzas que actúan sobre la carga, medidas en kilogramos fuerza, se detallan en la tabla 9.5.

Un razonamiento análogo al desarrollado en el apartado 1 conduce a la conclusión de que la fuerza de rozamiento y la resistencia de las paredes ejercen sujeción suficiente. No obstante, en los casos en que no hay riesgo ni de vuelco ni de deslizamiento, la Organización Marítima Internacional (OMI) recomienda colocar al menos un sistema de amarre por encima por cada 4 t de carga (véase el apartado 6.1 del capítulo 8). Por tanto, cada unidad de carga de 5 t debe sujetarse como mínimo con dos amarres.

Además, en el ejemplo que nos ocupa, la carga viaja a la intemperie, por lo que es posible que sea estibada sobre la cubierta del buque y esté expuesta a la fuerza del viento y a los rociones.[5] Por este motivo, finalmente se opta por colocar ocho siste-

Fuerzas en el transporte					
Modo de transporte	c_y	c_x	c_z	F_t	F_l	$F_R = \mu \cdot F_N$
Marítimo en zona C (transversal)	0.8	–	1	$15\,000 \cdot 0.8$	–	$0.6 \cdot 15\,000 \cdot 1$
Marítimo en zona C (longitudinal)	–	0.4	0.2	–	$15\,000 \cdot 0.4$	$0.6 \cdot 15\,000 \cdot 0.2$

Tabla 9.5. Fuerzas que actúan en el transporte medidas en kilogramos fuerza.

[5] Golpes de las olas contra la carga. La zona del buque donde la carga está expuesta a los rociones es sobre cubierta, particularmente en la proa y en los costados.

Figura 9.8
Amarre de las unidades de carga
por encima.

mas de amarre por encima (aunque según el Código CTU con seis sería suficiente): tres en cada unidad de carga situada en los extremos y dos en la unidad de carga estibada en el centro (véase la figura 9.8).

3   Carga de un bloque de granito en un contenedor estándar de 20′ para transporte unimodal marítimo en zona C

En este ejemplo se analizan la estiba y el trincaje en contenedor de un bloque de granito objeto de transporte marítimo en zona C. La carga mide 3.2 m de longitud, 1.5 m de anchura y 1.7 m de altura, y tiene una densidad (ρ) de 2.6 t/m^3. Respecto al contenedor, solo se conocen su carga útil máxima (28 t) y su tara (2 t).

Sobre la base de estos datos, se analizan a continuación la necesidad de usar vigas de madera para distribuir el peso de cargas concentradas y los requisitos de trincaje en transporte unimodal marítimo en zona C.

3.1   Cálculo de las vigas de madera

Para proceder al cálculo de las vigas de madera es necesario determinar si existe sobrecarga transversal o longitudinal en el contenedor.

En primer lugar debe calcularse la masa del bloque. Si $\rho = m/V$, entonces $m = \rho \cdot V = 2.6 \text{ t/m}^3 \cdot (3.2 \cdot 1.5 \cdot 1.7) \text{ m}^3 = 21.22 \text{ t}$. Como se desconoce si el contenedor ha superado las pruebas de cargas concentradas, se considera el escenario más desfavorable.

- **Sobrecarga transversal**

  La longitud necesaria para no sobrecargar transversalmente la estructura del contenedor se obtiene como sigue: $r_t = 0.2 \cdot m \cdot (2.3 - s) = 0.2 \cdot 21.22 \cdot (2.3 - 1.5) = 3.39$ m. Dado que el bloque mide 3.2 m de longitud y $r_t = 3.39 > 3.2$, existe sobrecarga transversal y es necesario colocar vigas de madera para compensarla.

- **Sobrecarga longitudinal**

  La longitud necesaria para no sobrecargar longitudinalmente la estructura del contenedor, al tratarse de una carga rígida, se obtiene como sigue:

$$r_l = L \cdot \left(1 - \frac{2 \cdot P + T}{4 \cdot m}\right) = 5.85 \cdot \left(1 - \frac{2 \cdot 28 + 2}{4 \cdot 21.22}\right) = 1.85 \text{ m}$$

Dado que el bloque mide 3.2 m de longitud y $r_l = 1.85 < 3.2$, no existe sobrecarga longitudinal.

En este caso, como $r = 3.20$ m, entonces $1.7 \cdot r = 5.44$ m. Por ejemplo, si se usan vigas de madera de una longitud $t = 5.4$ m se cumple la condición $t \le 1.7 \cdot r$, y, por tanto, $K = 2 \cdot r - t$.

Al usar dos vigas de 5.40 m de longitud se obtiene un factor $K = 2 \cdot 3.20 - 5.40 = 1$. Como $n \cdot W = (250 \cdot m \cdot K)/\sigma$ y $n = 2$, entonces $W = (250 \cdot m \cdot K)/(2 \cdot \sigma) = (250 \cdot 21.22 \cdot 1)/(2 \cdot 2.4) = 1105.21$ cm^3, y son necesarias dos vigas de sección 19 × 19 cm ($19^3/6 = 1143$ cm^3).

3.2 Análisis del trincaje

En el apartado 2.3.3 del capítulo 8 se analiza el bloqueo transversal con bolsas hinchables del bloque de granito de este ejemplo, que puede considerarse correcto.

Dado que el bloque pesa 21.22 t, la fuerza máxima transversal que actúa sobre él se calcula como sigue: $F_t = m \cdot c_y \cdot g = 21\,220$ kg $\cdot 0.8 \cdot 9.81$ m/s$^2 = 166\,534$ N ($16\,653$ daN o $16\,976$ kgf). En el Código CTU de 2014 figura 0.7 como coeficiente de rozamiento estático entre piedra y madera[6] (véase la tabla 8.6), y en la versión de

---

[6] Se usa el dato del Código CTU de 2014 porque el de 1997 no especifica el coeficiente de rozamiento para este tipo de superficies en contacto.

1997 se establece un coeficiente de rozamiento estático de 0.5 para madera sobre madera (véase la tabla 8.5). Por tanto, las vigas de madera se deslizarían antes sobre el suelo del contenedor que el bloque de granito sobre ellas. Consecuentemente, la fuerza de rozamiento en sentido transversal se obtiene como sigue: $F_R = \mu_e \cdot F_N = \mu_e \cdot m \cdot c_z \cdot g = 0.5 \cdot 21\,220$ kg $\cdot\, 1 \cdot 9.81$ m/s^2 = 104 084 N (10 408 daN o 10 610 kgf). El bloqueo transversal necesario es, pues, de 16 976 kgf – 10 610 kgf = 6366 kgf (6245 daN). Como se expone en el apartado 2.3.3 del capítulo 8, las tres bolsas hinchables ejercen un bloqueo de 34 678 kgf (SF = 4/3), muy superior al requerido.

La pared lateral del contenedor cuenta con una resistencia de $0.6 \cdot P$ distribuida en toda su superficie: 5.87 m × 2.35 m = 13.79 m^2, lo que supone una media de $0.6 \cdot 28\,000$ kgf/13.79 m^2 = 1218 kgf/m^2. Dado que las tres bolsas hinchables ocupan sobre la pared una superficie de $3 \cdot 0.84$ m^2 = 2.52 m^2, dicha superficie puede soportar una fuerza de 1218 kgf/m$^2 \cdot 2.52$ m^2 = 3069 kgf. Sin embargo, la fuerza que recibe es de 6366 kgf, por lo que existe riesgo de que, aunque las bolsas hinchables resistan debido a la fuerza transversal, las paredes del contenedor lleguen a deformarse. Para evitarlo, debe aumentarse la superficie de contacto, que ha de medir como mínimo 6366 kgf/1218 kgf/m^2 = 5.23 m^2. Esto puede conseguirse, por ejemplo, intercalando entre la pared y cada una de las bolsas un panel nido de abeja, con la resistencia suficiente, de 2 × 1 m (en total, tres paneles con una superficie de 6 m^2). De este modo, la fuerza se transmite en una superficie mayor, y así disminuye la presión sobre las paredes. Además, se reduce el hueco que ocupan las bolsas, de manera que aumenta su superficie de contacto con la carga y los paneles.

En cuanto al trincaje longitudinal, la carga se ha amarrado por encima con un sistema de amarre igual al del apartado 2.3. Este tipo de amarre, en transporte marítimo en zona C, proporciona una sujeción para una masa de:

$$ m = \frac{\mu_e \cdot 2 \cdot T}{g \cdot \left(c_x - \mu_e \cdot c_z \right)} = \frac{0.5 \cdot 2 \cdot 2400}{9.81 \cdot \left(0.4 - 0.5 \cdot 0.2 \right)} = 815 \text{ kg} $$

De acuerdo con este cálculo, se necesitan 21 220 kg/815 kg = 26 amarres por encima para sujetar longitudinalmente el bloque contra el deslizamiento, pero no se dispone de espacio ni de anillas suficientes para cumplir con esta condición. De ello se concluye que el bloque está insuficientemente trincado en dirección longitudinal, y se deduce que la sujeción óptima se obtiene mediante un amarre de tirantes (véase la figura 9.9).

El amarre de tirantes puede efectuarse de dos modos. La sujeción obtenida mediante la primera opción (véase la figura 9.9, izquierda) se calcula como sigue:

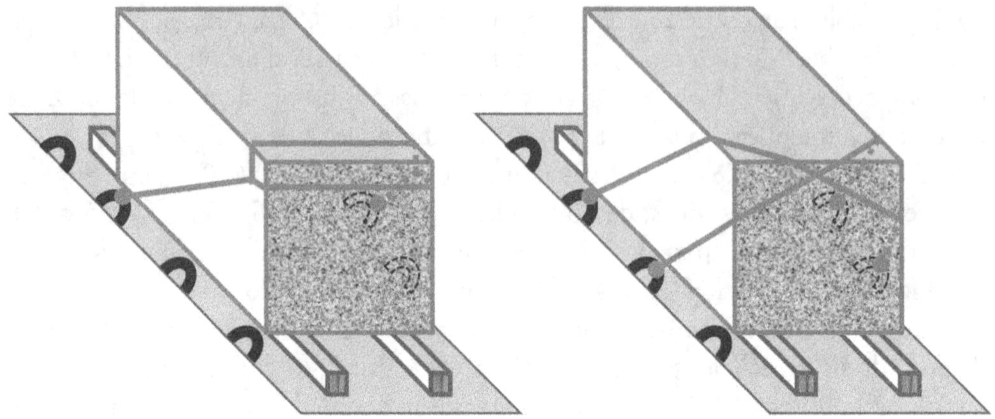

Figura 9.9. **Amarre de tirantes: opción 1 (izquierda) y opción 2 (derecha).**

$$m = \frac{2 \cdot \text{MSL} \cdot \text{sen}\,45° \cdot \left(1+0.7\cdot\mu_e\right)}{g\cdot\left(c_x - 0.7\cdot\mu_e\cdot c_z\right)} = \frac{1.414\cdot \text{MSL}\cdot\left(1+0.7\cdot\mu_e\right)}{g\cdot\left(c_x - 0.7\cdot\mu_e\cdot c_z\right)}$$

Por su parte, la segunda opción de trincaje (véase la figura 9.9, derecha), al contar con dos puntos de amarre por cada lado (amarre doble), permite sujetar el doble de masa, de modo que:

$$m = \frac{4 \cdot \text{MSL} \cdot \text{sen}\,45° \cdot \left(1+0.7\cdot\mu_e\right)}{g\cdot\left(c_x - 0.7\cdot\mu_e\cdot c_z\right)} = \frac{2.828\cdot \text{MSL}\cdot\left(1+0.7\cdot\mu_e\right)}{g\cdot\left(c_x - 0.7\cdot\mu_e\cdot c_z\right)}$$

Sobre la base de estos cálculos, un sistema de amarre con una carga máxima de sujeción en tiro directo de 2000 daN (20 000 N) en transporte marítimo en zona C puede sujetar una masa de:

$$m = \frac{2.828\cdot \text{MSL}\cdot\left(1+0.7\cdot\mu_e\right)}{g\cdot\left(c_x - 0.7\cdot\mu_e\cdot c_z\right)} = \frac{2.828\cdot 20000\cdot\left(1+0.7\cdot 0.5\right)}{9.81\cdot\left(0.4 - 0.7\cdot 0.5\cdot 0.2\right)} = 23586\,\text{kg}$$

Por tanto, para trincar correctamente la carga en dirección longitudinal es necesario amarrarla mediante un sistema de tirantes doble en cada extremo del bloque (hacia delante y hacia atrás) de acuerdo con la segunda opción de amarre.

Nótese que en este caso se han omitido los cálculos de sujeción contra el vuelco al resultar irrelevantes para la conclusión, bien por la inexistencia de riesgo de vuelco o bien porque la sujeción calculada contra el deslizamiento basta para prevenir el vuelco.

4 Estiba y trincaje de dos cajones en un contenedor plataforma de 40′ para transporte combinado por carretera, ferroviario y marítimo en zona C

En este ejemplo se procede al examen de la estiba y el trincaje en un contenedor plataforma de 40′ de dos cajones de maquinaria cuyas medidas y pesos se definen en la tabla 9.6. Los cajones han sido trincados con cinta textil con hebilla y un tensor neumático y se han dispuesto en el contenedor como se muestra en la figura 9.10.

A continuación se analiza el trincaje realizado y se determina si la sujeción es suficiente para un transporte combinado por carretera, ferroviario y marítimo en zona C.[7]

Medidas y pesos		
Descripción	Masa (kg)	Dimensiones *(L × B × H)* (cm)
Cajón n.º 1	7680	330 × 300 × 392
Cajón n.º 2	1350	350 × 150 × 150

Tabla 9.6. Medidas y pesos de los cajones.

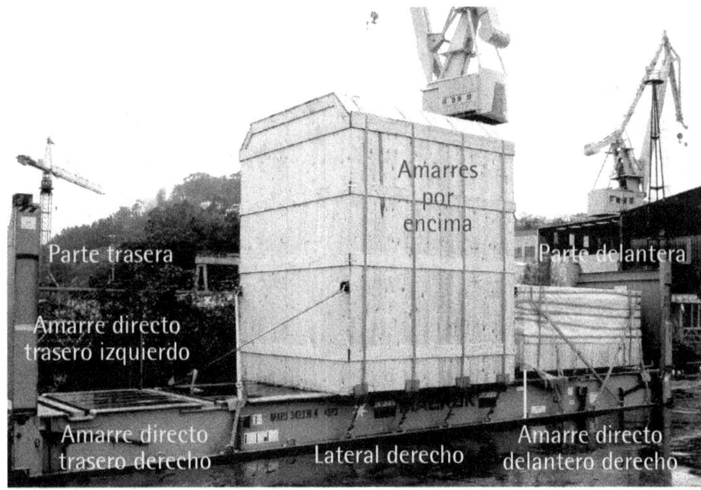

Figura 9.10
Estiba y trincaje de dos cajones en un contenedor plataforma de 40′.[8]

---

[7] En este caso, el transporte combinado se considera viable sin tener en cuenta las limitaciones de altura y anchura que puedan existir en los modos por carretera y ferroviario.

[8] En un contenedor plataforma, la parte delantera es aquella en la que se encuentra el túnel cuello cisne, y la parte trasera, donde se fija la placa CSC.

4.1 Análisis de la guía rápida de trincaje

La guía rápida de trincaje proporcionada por la empresa fabricante del material facilita datos válidos para el transporte combinado por carretera, ferroviario y marítimo en zona C. Al elaborarla, dicho fabricante ha contemplado el escenario más desfavorable.

Guía rápida de trincaje								
MSL = 4250 daN (por bucle) *T* = 770 daN (por ramal)	Por encima		En bucle		Directo		De tirantes	
Sujeción por	Amarre		Par de bucles		Amarre		Sistema	
Dirección de la sujeción	L	T	L	T	L	T	L	T
μ	L: longitudinal / T: transversal / NA: no aplica							
0.2	380	510	NA	3470	1870	2440	8120	NA
0.3	650	910	NA	4440	2370	3170	9380	NA
0.4	1010	1520	NA	5330	2960	4100	10 890	NA
0.5	1520	2530	NA	6500	3690	5320	12 720	NA
0.6	2280	4550	NA	8090	4580	7000	15 000	NA
H/X	$X = L$ (longitudinal) o B (transversal) / NA: no aplica / SR: sin riesgo							
0.6	37 910	SR	NA	SR	43 320	SR	183 800	NA
0.8	12 640	SR	NA	SR	16 250	SR	81 690	NA
1.0	7580	SR	NA	SR	10 830	SR	61 270	NA
1.2	5410	SR	NA	SR	8510	SR	52 520	NA
1.4	3790	12 640	NA	13 080	6500	21 660	42 890	NA
1.6	2530	5410	NA	5610	4690	10 060	32 680	NA
1.8	1900	3450	NA	3570	3790	6890	27 570	NA
2.0	1520	2530	NA	2620	3250	5410	24 510	NA

Capacidad de sujeción contra el deslizamiento, masa (kg)

Capacidad de sujeción contra el vuelco, masa (kg)

770 daN / 770 daN

1540 daN

En cada ramal del bucle, *T* = 770 daN (pretensado con tensor neumático)

Tabla 9.7. Guía rápida de trincaje de la empresa proveedora del material (extraída de la guía CQLG).

Por ejemplo, con $T = 7700$ N (770 daN) y con $\mu_e = 0.3$, los resultados posibles para el sistema de amarre por encima son los siguientes (donde $\alpha = 75°$, sen $\alpha = 0.966$ y $g = 9.81$ m/s^2):

$$m = \frac{\mu_e \cdot 2 \cdot T \cdot \text{sen}\, \alpha}{g \cdot \left(c_x - \mu_e \cdot c_z\right)} \qquad m = \frac{\mu_e \cdot 2 \cdot T \cdot \text{sen}\, \alpha}{g \cdot \left(c_y - \mu_e \cdot c_z\right)}$$

- Deslizamiento transversal por carretera: $c_z = 1$, $c_y = 0.5$ y $m = 2274$ kg.
- Deslizamiento transversal en modo ferroviario: $c_z = 0.7$, $c_y = 0.5$ y $m = 1568$ kg.
- * Deslizamiento transversal en modo marítimo en zona C: $c_z = 1$, $c_y = 0.8$ y $m = 910$ kg.
- * Deslizamiento longitudinal por carretera:[9] $c_z = 1$, $c_x = 1$ y $m = 650$ kg.
- Deslizamiento longitudinal en modo ferroviario: $c_z = 1$, $c_x = 1$ y $m = 650$ kg.
- Deslizamiento longitudinal en modo marítimo en zona C: $c_z = 0.2$, $c_x = 0.4$ y $m = 1338$ kg.

Por tanto, ya que se ha de considerar la situación más desfavorable, este sistema de amarre puede sujetar contra el deslizamiento una masa de 650 kg en dirección longitudinal y de 910 kg en dirección transversal (véanse los valores precedidos por un asterisco, que son precisamente los que figuran en la tabla 9.7). Así pues, en caso de que el único sistema de amarre sea este, solo puede sujetarse una masa de 650 kg. Ahora bien, es posible completar el trincaje mediante sistemas de bloqueo longitudinales; por ejemplo, con un sistema que bloquee 260 kg longitudinalmente pueden sujetarse 910 kg combinando ambos sistemas de trincaje.

4.2 Análisis del equilibrio del peso en el contenedor

El contenedor plataforma plegable de 40′ mide 9′6″ de altura y tiene una longitud interior entre paredes de 11.60 m. Si los cajones son de masa homogénea y han sido situados con el centro de gravedad a 5.3 m (7680 kg) y 9.65 m (1350 kg) del extremo izquierdo, ¿cumple el contenedor el requisito de equilibrio de distribución de la carga?

---

[9] Se consideran las circunstancias más desfavorables, hacia delante (en el sentido de la marcha), donde $c_x = 1$.

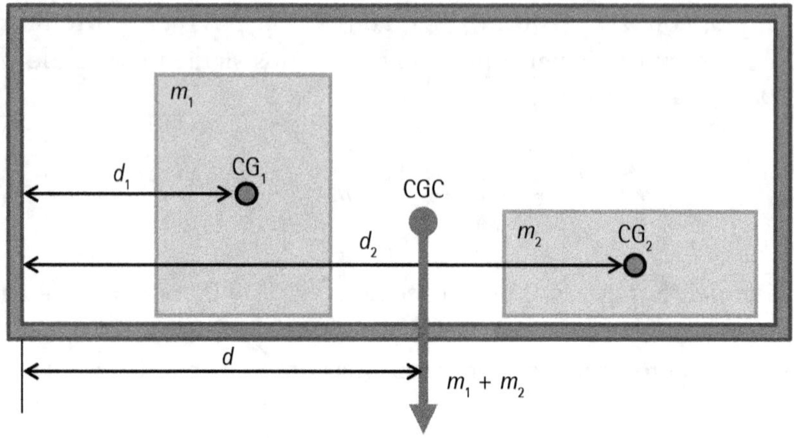

Figura 9.11. Cálculo del centro de gravedad de la carga.

Para calcular la posición del centro de gravedad de la carga (CGC) debe aplicarse la siguiente fórmula, donde m_i es la masa de cada unidad de carga y d_i la distancia de su centro de gravedad a la pared interior de referencia (véase la figura 9.11).

$$d = \frac{\sum_{i=1}^{n} m_i \cdot d_i}{\sum_{i=1}^{n} m_i}$$

Al aplicar la fórmula al caso que nos ocupa se obtiene el siguiente valor:

$$d = \frac{7680 \cdot 5.3 + 1350 \cdot 9.65}{7680 + 1350} = 5.95 \text{ m}$$

Así pues, el centro de gravedad de la carga se desvía 15 cm del centro geométrico del contenedor (5.80 m), hecho que no supone un problema dado que en los contenedores de 40′ se tolera una desviación de hasta 60 cm.

4.3 Análisis del trincaje del cajón n.º 1

Dado que los cajones de madera se apoyan sobre el suelo del contenedor plataforma, compuesto en madera y acero, el coeficiente de rozamiento estático es de 0.4. No obstante, al tratarse de un contenedor abierto y, por tanto, expuesto a la lluvia, debe usarse un coeficiente de 0.3 (de acuerdo con el Código CTU de 1997, ya que el de 2014 contempla otros valores para superficies mojadas, si bien en cualquier caso se admite un valor de 0.6 sobre superficie seca o mojada si se emplean esterillas antideslizantes).

Según la tabla 9.7, un amarre directo con μ_e = 0.3 sujeta contra el deslizamiento una masa de 3170 kg en dirección transversal y de 2370 kg en dirección longitudinal. Por tanto, los dos amarres directos traseros pueden sujetar una masa de 2 · 2370 kg = 4740 kg contra el deslizamiento hacia delante (al igual que los delanteros hacia atrás), y los dos amarres izquierdos pueden sujetar una masa de 2 · 3170 kg = 6340 kg contra el deslizamiento hacia la derecha (al igual que los derechos hacia la izquierda) (véase la figura 9.12).

Sin embargo, dado que el cajón pesa 7680 kg, la sujeción ejercida por los amarres directos resulta insuficiente. En consecuencia, para completar el trincaje se colocan cuatro amarres por encima, que según la tabla 9.7 proporcionan una sujeción de 4 · 910 kg = 3640 kg en dirección transversal y de 4 · 650 kg = 2600 kg en dirección longitudinal (véase la figura 9.13, izquierda).

Al sumar los 3640 kg de los amarres por encima y los 6340 kg de los amarres directos se superan los 7680 kg de sujeción transversal necesaria. No obstante, de la suma de los 2600 kg de los amarres por encima y los 4740 kg de los amarres directos se obtienen 7340 kg de sujeción longitudinal, que aún no alcanzan los 7680 kg de masa del cajón pues faltan por sujetar 340 kg.

Finalmente, se colocan dos topes de bloqueo en dirección longitudinal (uno en la parte delantera y otro en la trasera) constituidos por un tablón de madera de 60 mm de grosor fijado con cinco clavos de 5 mm de espesor y 100 mm de longitud. Dichos topes bloquean alrededor de 500 daN (510 kg de masa sometidos a 1g) y, por tanto, el cajón queda correctamente trincado (véase la figura 9.13, derecha).

Figura 9.12. **Amarres directos cruzados delanteros (izquierda) y traseros (derecha).**

Figura 9.13. **Amarres por encima (izquierda) y uso de un tablón de madera como tope de bloqueo (derecha).**

En cuanto a la sujeción contra el vuelco transversal, obsérvese que el cajón es más ancho que el suelo del contenedor[10] (300 cm > 220 cm), de modo que en lugar de usar la ratio H/B debe emplearse $H/W = 392/220 \approx 1.8$. En la tabla 9.7 se indica que cada amarre directo, para $H/X = 1.8$, sujeta una masa de 6890 kg contra el vuelco transversal, y como $2 \cdot 6890$ kg > 7680 kg el cajón está sujeto contra el vuelco transversal. En relación con el vuelco longitudinal, $H/L = 392/330 \approx 1.2$, y la sujeción de dos amarres directos en este aspecto es de $2 \cdot 8510$ kg > 7680 kg; por tanto, el cajón también está correctamente amarrado contra el vuelco longitudinal.

Los amarres directos laterales sujetan la carga contra el vuelco y el deslizamiento transversales, y los delanteros y traseros lo hacen contra el vuelco y el deslizamiento longitudinales. En este caso no es necesario analizar la sujeción contra el vuelco de los amarres por encima ya que los directos proporcionan sujeción suficiente en este aspecto.

4.4 Análisis del trincaje del cajón n.º 2

El cajón n.º 2 se ha sujetado con dos pares de bucles y dos sistemas de amarre de tirantes. De acuerdo con la tabla 9.7, cada par de bucles proporciona una sujeción transversal de 4440 kg; si se tiene en cuenta que la masa del cajón es de 1350 kg, un par de bucles debería bastar. Sin embargo, debido a la longitud de la carga, si solo se colocase un amarre en bucle (un par) el cajón podría rotar alrededor de un eje imaginario que pasa por el amarre y es perpendicular al suelo del contenedor,

---

[10] La anchura del suelo de los contenedores plataforma suele oscilar entre 2.20 y 2.37 m.

Figura 9.14. **Amarres en bucle y de tirantes.**

motivo por el cual es necesario colocar dos amarres en bucle (dos pares), como se muestra en la figura 9.14.

En cuanto a la sujeción longitudinal, la tabla 9.7 indica que un sistema de tirantes proporciona un amarre de 9380 kg, muy superior a los 1350 kg del cajón. Con este sistema, para proporcionar la sujeción indicada en la tabla, el lazo colocado en las esquinas superiores alrededor del cajón debe ser doble. No obstante, en este caso se ha colocado uno simple porque con menos del 50 % de la sujeción (4690 kg) basta para trincar adecuadamente la carga.

Obsérvese, en la parte inferior izquierda de la figura 9.14, que una misma anilla de trincaje, con una carga máxima de sujeción de 6500 kgf (6376 daN), comparte dos amarres de 4250 daN cada uno (8500 daN en total), y por tanto no tiene capacidad suficiente para una demanda máxima de ambos amarres. Ahora bien, como la masa del cajón pequeño es tan solo de 1350 kg y su demanda de sujeción es muy baja, la carga máxima de sujeción de la anilla permite que la compartan ambos amarres.

En cuanto a la sujeción contra el vuelco, $H/B = 150/150 = 1 < c_z/c_y = 1/0.8 = 1.25$ y $H/L = 150/350 = 0.43 < c_z/c_x = 0.2/0.4 = 0.5$; así pues, no existe riesgo de vuelco transversal ni longitudinal.

5 Trincaje de dos máquinas elevadoras en un contenedor plataforma de 40′ para transporte unimodal marítimo en zona C

Dadas dos máquinas elevadoras de 12 t cada una trincadas en un contenedor plataforma de 40′ como se muestra en la figura 9.15, se determina a continuación si el trincaje practicado es conforme al método empírico del Código CSS.

Figura 9.15. Panorámica general del contenedor.　　　　Figura 9.16. Amarre en bucle lateral.

Cada máquina se ha amarrado con cuatro cadenas de eslabón corto de 10 mm cuya carga máxima de sujeción es de 6000 daN y con un sistema en bucle de cinta textil cuya carga máxima de sujeción por bucle es de 4250 daN (véanse las figuras 9.16 y 9.17).

El método empírico del Código CSS establece que la carga máxima de sujeción de los dispositivos a cada costado de la unidad de carga debe ser superior o igual a la fuerza que actúa sobre la unidad de carga sometida a 1*g*. Para una masa de 12 000 kg, la fuerza resultante de esta condición es 12 000 kg · 9.81 m/s^2 = 117 720 N = 11 772 daN. Por tanto, dado que cada una de las máquinas se ha amarrado por cada costado con dos cadenas y un bucle de cinta textil, la suma de la

Figura 9.17. Amarres directos cruzados delantero (izquierda) y trasero (derecha) de la máquina 1.

carga máxima de sujeción se obtiene como sigue: 6000 daN + 6000 daN + 4250 daN = 16 250 daN > 11 772 daN. Así pues, el amarre se considera correcto conforme al método empírico del Código CSS.

Finalmente, dicho método indica que el ángulo de las trincas no debe ser superior a 60° y que la fricción ha de ser adecuada (las ruedas, al ser de caucho, proporcionan un coeficiente de rozamiento elevado al apoyarse contra el suelo); condiciones que, según se observa en las figuras 9.16 y 9.17, se satisfacen en ambos casos. Por tanto, se concluye que el trincaje de la carga descrita cumple lo estipulado por el método empírico del Código CSS.

6   Estiba de una máquina perforadora en un contenedor plataforma de 40′

En este ejemplo se determina si una máquina perforadora de 16 500 kg puede ser estibada en un contenedor plataforma de 40′ con una carga útil máxima de 40 t.

En la figura 9.18 se aprecia que la disposición de la carga en el contenedor implica un desplazamiento de 1.5 m de su centro de gravedad respecto del centro geométrico de la unidad de carga. Habida cuenta de que la excentricidad máxima permitida es de 0.6 m, aunque la carga se mueva hacia la pared derecha no se consigue una excentricidad inferior a 0.9 m, hecho que imposibilita su estiba en el contenedor. No obstante, como la máquina tiene una masa de 16.5 t y el contenedor

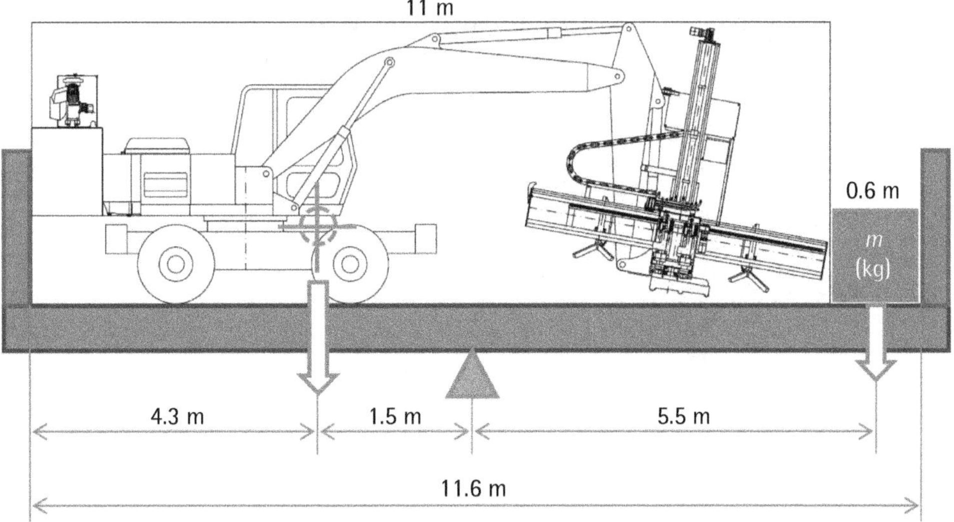

Figura 9.18. Cálculo del contrapeso.

Figura 9.19
Contenedor contrapesado
para equilibrar el peso.

una carga útil máxima de 40 t, existe la posibilidad de contrapesar el contenedor añadiendo un bloque de acero o de hormigón para alcanzar el equilibrio.

En este sentido, como se ilustra en la figura 9.18, el contenedor puede considerarse una balanza cuyo eje aparece representado por el triángulo verde. Para equilibrar el peso debe determinarse la masa necesaria mediante el equilibrio de momentos de fuerza con respecto al centro del contenedor: $1.5 \text{ m} \cdot 16\,500 \text{ kg} = 5.5 \text{ m} \cdot m$, de donde $m = 4500$ kg. En la figura 9.19 se muestra el resultado de la operación, en la que el equilibrio de pesos se ha logrado colocando un contrapeso de acero de 4500 kg de masa en uno de los extremos del contenedor.

Bibliografía

A Master's Guide to Container Securing. Lloyd's Register.

Código de Prácticas de Seguridad para la Estiba y la Sujeción de la Carga (Cargo Stowage and Securing Code, Código CSS). Organización Marítima Internacional (OMI).

Código OMI/OIT/Cepe de Buenas Prácticas para la Estiba de Unidades de Transporte de Carga (IMO/ILO/Unece Code of Practice for Packing of Cargo Transport Units, Código CTU de 2014). Documentos ITC (2014) No. 7 y ECE/TRANS/2014/17. Organización Marítima Internacional (OMI), 2014.

Container Handbook. Gesamtverband der Deutschen Versicherungswirtschaft e.V. (GDV). Disponible en www.containerhandbuch.de.

Container Packing. Hapag Lloyd.

Container Specification. Hapag Lloyd.

Convenio Internacional sobre la Seguridad de los Contenedores (International Convention for Safe Containers, Convenio CSC). Organización Marítima Internacional (OMI).

Directrices OMI/OIT/Cepe sobre la Arrumazón de las Unidades de Transporte de Carga (IMO/ILO/Unece Guidelines for Packing of Cargo Transport Units, Código CTU de 1997). Documento MSC/Circ. 787. Organización Marítima Internacional (OMI), 1997.

El transporte de contenedores. Terminales, operatividad y casuística. Ricard Marí, Adamir J. de Souza, Juan Martín y Jaime Rodrigo. Edicions de la Universitat Politècnica de Catalunya, Barcelona, 2003.

Elements of Shipping. Alan E. Branch. Routledge, Londres, 1996 (7.ª ed.).

Equipment for Efficient Cargo Securing and Ferry Fastening of Vehicles. Nordic Road Association.

European Best Practice Guidelines for Abnormal Road Transports. Comisión Europea. Dirección General de Energía y Transportes.

European Best Practice Guidelines on Cargo Securing for Road Transport. Comisión Europea. Dirección General de Energía y Transportes.

Guía de envases y embalajes. Universidad Tecnológica del Perú (UTP). Facultad de Administración y Negocios.

Guidance for Freight Containers. Korean Register of Shipping (KR).

Guide for Container Equipment Inspection, 5th edition (IICL-5). Instituto Internacional de Arrendadores de Contenedores (IICL).

HPE Packaging Guidelines. German Federal Association for Wooden packaging (Holzpackmittel), Pallets (Paletten) and Export packaging (Exportverpackung).

ISO Standards - Technical Committee ISO/TC 104. ISO Standards Handbook: Freight Containers. Organización Internacional para la Normalización (ISO).

La protección física de las mercancías. Luis Merino, José Joaquín Rodríguez y Donaciano Cabria. Iberediciones, Madrid, 1994.

La seguridad en el contenedor marítimo. Alfredo Soler Martínez. Fundación Valenciaport, Valencia, 2011.

Las reglas Incoterms® 2010. Manual para usarlas con eficacia. Alfonso Cabrera Cánovas. Marge Books, Barcelona, 2013.

Manual de comisario de averías. Jaime Rodrigo de Larrucea. Iberediciones, Madrid, 1994.

Repair Manual for Steel Freight Containers, 5th edition. Instituto Internacional de Arrendadores de Contenedores (IICL).

Review of Maritime Transport. Conferencia de las Naciones Unidas sobre Comercio y Desarrollo (Unctad).

Safe Packing of Cargo Transport Units (CTU) Course/Workbook. Organización Marítima Internacional (OMI).

Safe Transport of Containers by Sea. Guidelines on Best Practices. Cámara de Navegación Internacional (ICS) y Consejo Mundial de Transporte Marítimo (WSC).

Technical and Procedural LCAG-Guidelines for Shipper-built Units. Lufthansa Cargo.

The Cordlash Quick Lashing Guide (CQLG). Cordstrap.

Transport Quality Manual. Volvo Logistics AB.

Transporte en contenedor. Jaime Rodrigo de Larrucea, Ricard Marí Sagarra y Joan Martín Mallofré. Marge Books, Barcelona, 2012 (2.ª ed.).

Transporte internacional de mercancías. Alfonso Cabrera Cánovas. Instituto Español de Comercio Exterior (Icex), Madrid, 2011.

Transporte internacional de mercancías. Juan José Enríquez de Dios. Instituto Español de Comercio Exterior (Icex), Madrid, 1994.

Tratado de estiba. Juan B. Costa. Estudios Náuticos Costa, Formentera, 1999 (2.ª ed.).

ULD Specifications. Pallets and Containers. Boeing.

Webs de interés

Asociación de Propietarios de Contenedores (COA)
www.containerownersassociation.org

Cámara de Navegación Internacional (ICS)
www.ics-shipping.org

Comisión Económica de las Naciones Unidas para Europa (Cepe)
www.unece.org

Comité Europeo de Normalización (CEN)
www.cen.eu

Consejo Mundial de Transporte Marítimo (WSC)
www.worldshipping.org

Instituto Internacional de Arrendadores de Contenedores (IICL)
www.iicl.org

MariTerm AB
www.mariterm.se

Oficina Internacional de Contenedores y de Transporte Intermodal (BIC)
www.bic-code.org

Organización Internacional para la Normalización (ISO)
www.iso.org

Organización Marítima Internacional (OMI)
www.imo.org

València, 558 – 08026 Barcelona – Tel. +34-931 429 486 – marge@margebooks.com – www.margebooks.com